JN320365

新博物館学
これからの博物館経営

小林 克

同成社

まえがき

　私は近世考古学を専攻し、学生の頃から江戸遺跡の発掘に参加し、東京都心部で埋蔵文化財や文化財の調査に携わったが、研究テーマを博物館活動に生かしたくて、1989年、29歳の時に東京都江戸東京博物館（以下、江戸東京博物館）のいわゆる「開設準備室」に就職した。博物館の常設展示作成、資料収集等に携わり、博物館開館後は学芸員として働いた。そして2005年からは、同じ財団に所属する東京都写真美術館（以下、写真美術館）に異動した。

　私はもともと、いわゆるフィールド・アーケオロジストであり、どちらかといえば現場で仕事をしながら考えるタイプで、本書のような博物館に関する本を書くことになるとは、全く思ってもいなかった。ところが江戸東京博物館から離れ、異動先であるいわば最先端の美術館からこの博物館を見たとき、自分が体験してきたさまざまなことを振り返り、その背景や考え方などを明らかにしたいと思うようになった。

　また全国各地の博物館や学芸員の置かれた厳しい状況を見聞きしているが、そうした厳しい状況の中でも、必死に改革に取り組み努力している学芸員が多く存在する。しかし博物館の厳しい現状は、あまりにも世の中に知られていない。少しでも博物館に関心のある方にそうした現状を知ってほしいと考えた。

　本書では主に、今まで経験してきた博物館でのさまざまな業務について紹介し、博物館での経営とはどうあるべきなのかについての私の考えを、実務に即して述べたいと思う。ただそれだけではなく、博物館の基礎的業務についての考え方や実践例も示すことにより、バランスの取れた博物館経営が大切だ、という私の年来のメッセージを少しでも伝えられたらと思う。

　かつて、博物館経営論の教科書を探したことがあったが、各地の博物館、美術館で現在行われているさまざまな経営的試みに触れたものはあまり目にすることができなかった。そこで博物館に興味を持つ学生に、現在の日本の博物館が置かれた状況や、学芸員の実際の状況を伝えられる教科書のようなものを作

りたいと思った。本書がそうなっているかどうかはさておき、博物館、学芸員の現状を広く伝えたいという思いが本書執筆の動機である。

　なお、博物館には動物園や水族館、植物園等も含まれる。これらをより的確に表すには「ミュージアム」という呼称もあるが、私の専門とする考古学からは、美術館と博物館は同じような距離感で捉えられるので、本書では範囲を少し絞って、狭義の博物館と美術館を合わせて「博物館」と呼称した。ただし、美術館を博物館と区別して使うときは「美術館」とした。また、博物館には公立、公設民営、公益法人、民間、NPO法人など、運営主体によりさまざまな種類があるが、本書では執筆の動機から、地方自治体が設立し、公益法人が運営する博物館を中心に話を進めることとする。記述内容については、主として博物館の年報やニュース等に発表された文献を参考にしたが、体験的な事例や感想は、筆者の手帳や記憶等に基づいており、もし事実誤認等があれば、ご寛恕いただきたい。

目　次

まえがき

はじめに …………………………………………………………………… 1

第Ⅰ章　博物館の現状と課題 ……………………………………………… 7
第1節　博物館の歴史と日本の博物館　7
第2節　さまざまな博物館　13
第3節　博物館の問題点と課題　23

第Ⅱ章　博物館を作る ……………………………………………………… 33
第1節　博物館作りの始まり　33
第2節　博物館の施設と組織　36

第Ⅲ章　博物館を運営する ………………………………………………… 47
第1節　資料　47
第2節　展示を作る──常設展の変身──　66
第3節　調査・研究　70
第4節　広報　74
第5節　教育普及事業　84

第Ⅳ章　博物館事業と自立的経営 ………………………………………… 89
第1節　予算と事業、そして決算　89
第2節　企画展　94
第3節　付帯事業の展開　121
第4節　評価する　152

第Ⅴ章　連携する ………………………………………………… 155

第 1 節　博物館を支える組織　155

第 2 節　地域と共に　164

第 3 節　人々と向き合う　170

第 4 節　学芸員の連携　176

第 5 節　コラボレーション　179

第Ⅵ章　これからの博物館──運営から経営へ── ………………… 187

第 1 節　博物館の経営　187

第 2 節　フォーメーション──動ける組織を作る──　195

第 3 節　これからの博物館　200

参考・引用文献　213

あとがき　217

新 博 物 館 学
―これからの博物館経営―

はじめに

　近年、博物館や美術館を取り巻く社会状況は大きく変化してきている。地方自治体が主体となって行ってきた公共サービスに対する民営化の波が、博物館・美術館を揺さぶっている。
　1990年代後半、低迷する景気の中で、多くの地方自治体が財政危機に陥り、公社・事業団等のいわゆる公益法人、行政側から見れば「監理団体」の見直しや統廃合を進めた。こうした中で、公立の博物館でも入場料収入や全体の収支が問題とされ、新聞やテレビをにぎわした。江戸東京博物館も当時、新聞等で維持費や建築費が膨大だと批判的に取り上げられ、色々と非難されたこともあった。東京都が2000年に発表した外郭（監理）団体の評価では、江戸東京博物館はDとされ、評価がEとされた東京都立高尾自然史博物館、東京都近代文学館は廃止となった。
　これに対する当時の筆者の思いは、同じように自治体が作って管理している図書館は問題にされないで、なぜ博物館だけが問題にされるのか、当該博物館に勤める学芸員として、納得のいかないものだった。しかし当時、多くの一般の人びとが博物館に対して感じていた見方には、かなり厳しいものがあったのも事実であった。
　目をデパートの美術館に転じてみよう。デパート最上階にあった催し物会場が、展覧会の会場として活用されて久しかったが、環境が悪いため、文化庁が温・湿度やセキュリティがきちんと管理できる博物館施設の建設を指導した。その結果、バブル期には大都会の多くのデパートに併設する美術館が作られていた。しかしこうしたデパート美術館の多くが1990年代後半には、経営の悪化により閉館に追い込まれていく。そして日本全体でも博物館利用者数は減少し続けた。
　21世紀を迎え、社会全体の博物館に対する厳しい視線の中で、多くの博物館がさまざまな形で改革・改善に取り組んできている。その成果が出はじめた博物館もあるし、悪戦苦闘中の館もある。前述のように地方自治体による見直

しの中で閉館に追い込まれた博物館もある。また現在では、日本全国の博物館の中で、1/6 程がいわゆる公益法人によって運営されている。筆者が働いていた江戸東京博物館でも、東京都が設立した外郭団体である財団法人に管理・運営が委託されていたが、1990 年代後半から、さまざまな改革が行われるなかで人員削減も行われた。

　江戸東京博物館の歴史を以下簡単に説明する。設立準備の時点では東京都生活文化局の所管する（財）東京都文化振興会に所属し、教育委員会所属ではないことから、学芸員の身分は通常の行政職員と同じ主事（学芸）とされ、これは現在まで続いている。1991 年に江戸東京歴史財団が設立されると、開館後 1997 年まで同財団によって管理運営されていた。その間、東京都写真美術館や東京都庭園美術館は（財）東京都文化振興会に残り、別組織となっていた。1995 年東京都の監理団体の見直しの中で、真っ先に江戸東京歴史財団は東京都文化振興会と再統合され、東京都歴史文化財団が誕生した。その後も東京都の監理団体の見直しは強く進められ、2002 年には東京都教育庁管轄の教育文化財団にあった東京都現代美術館、東京都美術館、東京文化会館、東京芸術劇場が東京都歴史文化財団に移管された。その後 2006 年からはトーキョウワンダーサイトも同財団に加わることとなった。こうした組織体制の変更、拡大の中で、私たち学芸員は組織が変わる時点で一つの財団を退職し、新たな財団に就職する形となった。

　2002 年、小泉内閣が進めた市場原理による民間開放の流れの一環として地方自治法が改正されて、いわゆる指定管理者制度が成立し、2003 年度から施行されて博物館にも適用されることとなると、民間企業や NPO も自治体の博物館の運営を受託できるようになった。実際には 2005 年度までは移行期間とされたが、いくつかの新設の博物館が民間会社の運営するところとなった。指定管理者制度とは地方自治体の首長の判断により、直営とするか、あるいは指定管理者を決めて委託先・委託方法を決めることもできる制度である。2006 年度からは各地で指定管理者制度が発足し、いくつかの博物館では民間企業や企業グループが管理受託者になったところも出現している。ちなみに江戸東京博物館については、2008 年度までは特命で東京都歴史文化財団が同博物館の指定管理者とされ、その後 2009 年度から 2016 年度まで 7 年間の指定管理者

として同財団と民間企業2社との共同事業体が決定された。

　以上のような地方自治体の監理団体改革と、指定管理者制度に伴う改革という、二つの管理・運営の見直しの流れが、博物館の現状を複雑にしている。つまり、前段での地方自治体による監理団体の見直しでは、人員・予算の削減の中で、展覧会の資金を自治体からの補助金だけではなく入場料収入も当て込んで予算を組み立てる利用料金制度を取り入れるなど、効率的な運営を目指す改革が各地で進んでいた。収入を少しでも上げることにより、税金の使用を減らす効果とともに、博物館側のやる気を引き出す狙いがあった。

　そうしたさまざまな改革を行いつつあった改革途中の段階で、指定管理者制度の問題が持ち上がった。指定管理者制度の中では、「いかに民間企業に打ち勝つか」ということがテーゼとなり、すでにギリギリの状況であった博物館の現場に、さらなる人員削減や予算の削減、一年ごとに変わる方針や組織体制といった混乱した状況が各地で見られるようになった。監理団体としての改革はオーソドックスな性格のものが多く、公益法人の定数等も自治体の管理下にあり、人員数も決められていた。反面、指定管理者としての位置づけは委託業務の受託者であり、いかに効率的に経営し、利益を生み出すかが大きな目的となる。しかし公益法人としての範囲内ではスタッフ数も限定され、拡大路線を取り収益アップを推進することは限定的にならざるを得ず、ここに大きな矛盾が生じている。スタッフを増やし事業を拡大させて収益アップを図ろうとしても、自治体の監理団体として人員定数が決められていて、それがなし得ない側面がある。

　江戸東京博物館のように早い段階で改革に着手していた博物館にとっては、さらなる指定管理者制度に関連する改革は、つらいものがあった。逆に全国的にも改革に着手したのが少し遅れた博物館では、指定管理者の導入とタイミングが合い、計画的に改革が行われ、成果を上げているところもある。

　このような状況の中で、学識経験者や経営者から、博物館のあり方や実際の経営方法についてさまざまな立場からの発言がなされている。また近年、博物館経営に関するシンポジウムなども盛んに開かれ、その結果がまとめられて刊行されている。

　こうした有識者が展開する大半の議論については、筆者も大筋において賛同

するところであるが、そうした議論や論考には、抜け落ちている点がいくつかある。それは学芸員の雇用や賃金の問題であり、それ以上に深刻なのは、学芸員の定数や、専門性と絡む異動の問題である。さらに博物館の経営をいったい誰がやるのかという、人と制度の問題も大きい。

　実際に博物館の現場で悪戦苦闘している学芸員からは、厳しい博物館の現状についての発言は、あまり聞こえてこない。はっきり言って、現場の学芸員は、忙しすぎて疲れ果てている状況なのである。

　企業の作る博物館や個人のコレクション博物館など特色ある博物館も増えているが、日本の大多数の博物館は公立博物館である。公立博物館でも財団法人などにその運営を委託する博物館がとくに近年増加してきており、このような財団法人経営の博物館は、博物館法によらないものが8割程度を占めている。社会の急激な変化に伴い、博物館の現場は混乱を来している。最近の博物館経営論の教科書でも経営とは運営のことであるとしているものもあるが、博物館の現状を考えると、はたしてそれで良いのだろうか。

　刻々と変わっていく現代社会の中で、博物館だけ変わらないのであれば、来館者は減少の一途をたどる。しかし博物館の基礎的事業をおろそかにし、そのスタッフをひたすら経営的業務につかせるのは問題である。そのことにより数年は何とか経営が維持されても、長い目で見れば、博物館としてのレゾンデートルを放棄したことになる。

　筆者は、江戸東京博物館という歴史系の大規模な博物館と、写真美術館という大規模ではないが特色ある写真・映像の専門美術館に勤務してきた。いずれも公設で同じ財団運営の博物館であったが、美術館と博物館という似て非なる運営実態に触れることができた。さらに市民団体が設立し、NPO法人が運営する高麗博物館の学芸指導員も行っており、全く新しいスタイルの運営方法にも接している。20代の頃には、いくつかの地方自治体で学芸員的業務に携わっており、さらには江戸東京博物館の分館である江戸東京たてもの園という、学芸員数名ほどの野外博物館でも働いていた。また組合の代表として全国の博物館での状況を見聞きしてきた。特に江戸東京博物館では、2003年〜04年度、営業グループのリーダーとして、集客・収益をどう伸ばすか、悪戦苦闘した。本書ではそうしたさまざまな経験に基づき、実例を紹介しつつ、日本の博物館

の現状と学芸員の直面する問題点を明らかにしたいと思う。

　いったい博物館はどこに向かっていけばいいのだろうか。博物館で働く学芸員はどうすればいいのか。そして最も根本的な問題として、地方自治体の文化行政はどこへ向かえばいいのか。今後の方向性を考える一助になればと思う。

第Ⅰ章　博物館の現状と課題

第1節　博物館の歴史と日本の博物館

博物館の誕生

　博物館は、17世紀後半から18世紀にかけて、ヨーロッパで誕生した。英語で博物館を意味する「museum」の起源は、よく知られているように紀元前280年頃、アレキサンドリアに作られたムーゼイオンである。中世には教会が古い宗教的遺物を収集したり、各地の珍しい物を保存し、人々に見せていた。16世紀になると、大航海時代を迎え、個人的大富豪のコレクションや、世界各地の遺跡から発掘された「美術品」をヨーロッパへ運搬しコレクションしたものを展示する「博物館」が盛んとなる。こうして美術品・考古資料などの珍しいものの一部が、博物館に集められ、展示されるようになった。

　そして17世紀末から18世紀にかけて、現代にもつながる博物館がオープンしている。1753年に開館した大英博物館も、そのもとは個人収集家が集めたコレクションであった。ここに展示されているロゼッタストーンは、ナポレオンのエジプト遠征時に発見され、フランスに持ち帰られたが、英仏戦争（1756年～1763年）でフランスが負けたため、イギリスが奪取し、1802年に大英博物館に収蔵された。このように現代に通ずる博物館の成立には、当時のヨーロッパにおける帝国主義・植民地支配の様相が如実に反映している。

日本の博物館の成立

　19世紀後半、そのようにして培われ盛んになりつつあったヨーロッパの博物館を、日本は学び、導入した。明治政府により最初に作られたのが、東京上野にある、現在の東京国立博物館や国立科学博物館の前身である。ただ、日本の博物館は博覧会とも強い関わりがある。

　幕府等の遣欧使節は幕末から欧米での博覧会を見学し、実際に出展した。そ

して日本でも湯島の博覧会が開催され、1873年のウィーン万国博覧会への出展が、明治政府の博物館設立の出発点となる。つまり博覧会から博物館建設へという流れがあったのである。明治政府は明治以降の近代化の中で、博物館にもある役割を与えた。すなわち日本も欧米列強諸国の仲間に加わるべく植民地を拡大し殖産興業にいそしんだのだが、同時に日本各地の物産を集め、そして植民地化した東アジア各地から文化財を日本に持ち帰り、これを博物館に陳列したのである。これはヨーロッパ列強諸国の帝国主義、植民地主義の模倣の一環であった。

他方、日本には以上のような「正当的博物館史」の流れとは別の博物館史の流れがあり、それをひもとかないと現在の日本の博物館の状況を理解することはできない。

江戸時代の寺社は御開帳と称して、秘仏や価値ある所蔵物を公開して、お金を取ったが、地方から都市江戸の寺社等に出向いて開帳することを、出開帳と呼んだ。成田山新勝寺は、何回も江戸での出開帳を成功させ、信者を増やし、結果として成田への参拝者も増やしていったし、門前仲町には、成田山の御不動様が今でも多くの人々の信仰を集めている。ほかにも長野の善光寺をはじめ、さまざまな寺社が出開帳を行い、八丈小島の源為朝神像銅板も江戸で出開帳され、人気を博した。また江戸の大名屋敷内にある祠などで、信仰の対象として町人に人気を博したものもあった。こうした出開帳は、都市における一種の興行であり、成功すれば多額の収益が見込める、今でいうイベント・収益事業であった。

また浅草などの盛り場では、各種の出し物とともに、珍しい物を陳列公開することも行われていた。特に海外からもたらされた珍しい動物の公開は、大人気となった見せ物であった。

さらに平賀源内や田村元雄らの本草学者グループにより宝暦7年（1757）に日本で最初の「物産会」が開催されている。物産会とは、全国各地の産物や新技術などを集めて展示するもので、殖産興行的意味合いの強い事業であった。筆者は、平賀源内らにはヨーロッパでの同様の博物館的知識があり、それにより実行されたと推察している。

その後、江戸時代後半には、日本各地の珍しい品物を集めるコレクターが生

まれ、それらのコレクションを展示する物産会、薬品会などが盛んに行われた。これはヨーロッパの博物館の歴史にも対応し、時期を同じくするものであり、博物館の萌芽と認めることができるだろう。

こうした江戸時代の物産会などの広がりや理解があり、そのうえで1862年にロンドンで開催された万国博覧会の開会式には幕府の使節が登場し大評判となる。そして1867年に開催されたパリ万博には幕府とともに佐賀藩なども出展している。こうした博覧会や博物館に対する認識は明治政府にも引き継がれ、日本国として万博に参加していく。もちろんそこでは産業発展の成果を誇示し、最新科学技術を展示・公開するという目的が中心ではあったが、日本各地の古い文化財、生活・文化を紹介するという側面も持っていた。

ウィーン万博（1873年）への出展準備の意味合いもあり、明治5年（1872）湯島聖堂で博覧会が開催される。そこには全国の文化財が集められ、博覧会は大成功を収めた。明治政府もウィーン万博を視察し、殖産興業のために博覧会が有効であると考え、明治10年（1877）、上野で第1回の内国勧業博覧会が開催された。その後、内国勧業博覧会は、京都（明治28年）や大阪（明治36年）でも開催され、ほかにも明治期には水産博覧会など各種の特色ある博覧会が、全国各地で開催された。大正〜昭和前期にはさらに多くの各種の博覧会が開催された。

そして昭和15年（1940）には東京万国博覧会が計画され、会場の施工も始まっていたが、第2次世界大戦に突入し中止となった。その後、昭和45年（1970）に大阪万国博覧会が開催され、この博覧会は以後の日本の博物館、美術館に多大なる影響を与えていくこととなる。以後も筑波科学万博をはじめとして各種テーマの博覧会が各地で開催され、平成17年（2005）に開催された愛知万博など性格は少しずつ変わりながら、現代までつながってきている。

黒田清輝が裸体を描いて問題にされたのは、第4回内国勧業博覧会に出展された作品であった。明治後半以降にはさまざまな美術団体が設立され、上野を中心として団体展覧会を開催していく。こうした作家の展覧会は、大正から昭和前期にかけて、東京府立美術館や百貨店（デパート）などでも開催されるようになる。

デパート展と博物館

　明治期には勧工場という、展示と物品販売を一緒にしたような施設が、東京各地に建てられ、賑わいをみせていた。最初の勧工場は、明治11年（1878）、前年に開催された内国勧業博覧会で売れ残った品物を展示、販売する目的で開設された。その後、明治後半には東京市内だけで30か所近くも勧工場が営業されるようになった。しかし大正時代に入ると、東京ではこうした勧工場は急速に姿を消していく。これは江戸時代から続いていた呉服店が、明治時代後半に次々と百貨店（デパート）となり、そこに引き継がれていったためと考えられる。三越が明治37年（1904）呉服店から百貨店としてオープンし、その後明治後半から大正期にかけて多くの呉服店が百貨店に変身した。

　こうした百貨店では人寄せのため、催し物や展示を行うようになっていった。こうした展示がデパート催事場に引き継がれ、20世紀初期から多数の「企画展」が開催されてきた。つまり展示やイベントによって、多くの客にデパートに足を運んでもらうという仕組みであった。明治42年（1909）に三越では児童博覧会が好評を博した。また生き人形の展覧会もたびたび開催され、衣装を着たマネキンの展示やイルミネーションなど、デパートは博覧会から大きな影響を受けた。

　第2次世界大戦敗戦後、数年経てようやく復興しつつあった日本各地の都市では、この「デパート美術館」が欧米美術文化の紹介の役を担った。欧米と異なり大都市に美術館がほとんどなかった日本では、デパート催事場が都市における展覧会場、つまり「美術館」として機能したのである。西洋の著名な作家の絵画が、鳴り物入りで来日し、各地を巡回して大勢の来館者を集めた。東京国立博物館などでモナリザ、ツタンカーメンなどの大型企画展が開催されたこともあったが、多くのヨーロッパの有名画家の展覧会はデパートの展示場で開催された。ユトリロ展、ルノアール展など、絵画の展覧会をデパートで見た記憶のある人も多いと思う。こうしてデパートの事業部と、海外から有名な作家の絵画を持ってくる新聞社の事業部が、戦後長い間、日本で行われる海外作品の展覧会をリードしてきたといっても過言ではない。昭和40年代、高度成長期の中頃まで、直接ヨーロッパに行き、実際に博物館を見学することなど、夢のまた夢であった多くの日本人にとって、デパートにときどき展示されるヨー

ロッパの絵画は、実際のヨーロッパ文化に直接触れる数少ない機会であった。

その後、1970年代以降、日本各地に美術館が新設され、展覧会についてもそこで働く学芸員がきちんと関わる形で実施されることが多くなってきた。そして、デパートの催事場で行われる展覧会では、作品や資料の損傷、汚損の怖れがあるため、80年代後半から90年代にかけてデパートの最上階などに美術館が開設されるようになった。これは当時の文化庁が、国宝や重要文化財を展示するためには、博物館相当の施設が必要と指導したためで、食べ物売り場などとは構造的にも区切られた、ランクの高い美術館作りが行われた。こうした背景には、日本での大きな特別展示の大半が、相変わらず新聞社や広告代理店により、デパートなどを主体にしていたという実態があった。現在でも国立や都立の博物館で公開される大規模な展覧会の多くは、そうした民間企業の事業部がパッケージ化して巡回しているのである。ただ近年は、博物館の学芸員がテーマや展示作品・資料について主体的に企画の段階から関わるケースも少しずつではあるが見受けられるようになってきている。

以上みてきたように、現代日本の博物館の展覧会事情には、都市の展覧会の系譜として、江戸時代の見せ物や物産会にまでつながる系譜がある。今日でも欧米の美術館の所蔵品展や著名な欧米の画家の展覧会が、新聞社によって企画され、全国を巡回している。その巡回先には、今でもデパート美術館が見受けられる。ただバブル経済の崩壊した1990年代中頃以降、デパート美術館は閉鎖が続き、現在では大丸・松坂屋等の美術館が残る程度である。そうしたこともあり、公立美術館、博物館が巡回先として利用される場合も多くなってきている。

つまり日本における大規模企画展は、江戸時代の都市における開帳、出開帳、そして物産会、明治初期からの博覧会、観工場そしてデパートと続く系譜に位置付けられるのであり、これが現在も新聞社事業部やデパート事業部主導の大規模展覧会という、いわば興行としての展覧会が行われているゆえんでもある。もちろん、そうした展覧会と類似するものとして博覧会も存在するが、それは同根のものなのである。

平成17年（2005）東京国立博物館で唐招提寺展が開催された。これは仏像修復の資金集めのための展示であり、鑑真和上像が東京で出陳された。筆者は

その展示を見て、これこそまさに江戸時代の出開帳そのものだ、と思った。出開帳する場所が浅草寺などの寺院から大きな博物館に変わっただけである。近年、高齢者が増加し、殺伐とした社会状況が進行する中で、こうした出開帳的展示はさらに増加するのであろう。

地域の博物館と文化財

　明治政府は明治5年（1872）湯島博覧会に際し、全国の古物を網羅的に調査したが、これが文化財指定につながっていく。この調査は日本古来の文化財を把握・保護し展示しようとするもので、こうした流れは、戦後の文化財保護法や博物館法として結実する。そして昭和45年（1970）より、歴史民俗資料館建設に対して国庫補助が認められるようになると、全国の市町村で歴史民俗系博物館が続々とオープンする。また同年開催された大阪万国博覧会は、以後の日本各地での博物館建設に対しても大きな影響を与え、推進力を生むこととなった。こうして社会教育という文脈の中で、公立博物館は各都道府県の文化行政、社会教育行政の一環として推進され、全国文化行政シンポジウムが数回にわたり開催された。

　市町村では、1970年代より、補助金を利用した郷土資料館の設立が活発化したが、市レベルではまだしも、町や村では、率直にいってお粗末な博物館も目に付いた。予算もスタッフも付いていない状況で、せっかく集めた民具や考古資料も埃をかぶり、何年もそのまま放置されて変色してしまった手書きのキャプションが並べられている場合もある。しかし一人でも学芸員がきちんと措置されている館では、地域に根ざした博物館活動が精力的に行われていることが多い。小規模でも地域の博物館として住民に認知され、必要とされている館も多くあるが、学芸員がいなかったり、措置がいい加減であったりする一部の郷土資料館のお粗末な状況は悲しいかぎりである。

　昭和期の後半、都道府県立の博物館が日本各地でオープンし、総合的な人文分野の展示を行うようになった。ただ、多くの都道府県立博物館の歴史展示は、印象として画一的であり、展示も固定的で教科書を見ているようで、対象とする時代もほとんどが近世まで、近代・現代を扱ったとしても本当に申し訳程度というところが、少し前まで多かった。

こうした中で、よくいわれるような「博物館行き」というイメージが、日本の博物館にはできあがってしまったのであろう。欧米の素晴らしいモノは期間限定の博覧会やデパートなどの美術館で行われる展覧会にやってくる、というイメージが定着し、日本では博物館と美術館という二つのイメージが、大きく乖離していった。

第2節　さまざまな博物館

日本の博物館

　博物館を分類するにはさまざまな方法がある。オーソドックスなものとしては、収蔵し展示するモノ（博物館資料・作品）をもって分類する方法がある。これだと美術・歴史・科学・野外・総合・動物・植物・動植物・水族ということになる。また誰が作り、運営しているのかという視点で分けると、国・地方自治体・公益法人・会社・市民団体・個人となる。公益法人の運営する博物館の多くは、地方自治体が設立しており、博物館と地方自治体との関連性が非常に強い。また一部会社などが設立した公益法人が運営している博物館や、近年ではNPO法人などの市民団体が運営する博物館も登場してきている。

　ほかにもさまざまな分類の基準が存在するが、筆者が注目したいのは、博物館の立地場所による分類である。これは①都市の中にある博物館、②貝塚や大規模集落遺跡など土地に刻まれた遺跡にある博物館、③公園などの郊外に位置する博物館、の三つに分けることができる。①の都市にある博物館は、その都市の市民や、都市を訪れる多くの人々に利用されやすい。近年、小さな町や村でも町おこしに伴い、町並みを保存し、展示公開する中核施設として保存街区の中に博物館が設置される場合もある。②の遺跡などの上にある博物館は、三内丸山遺跡や吉野ヶ里遺跡のように、その遺跡が著名であったり、貴重な遺構・遺物があったりする場合に、多くの来館者を得られるが、開館後、時が経つにつれて一般の来館者は減っていく。③の事例は、都道府県立に多いのであるが、土地の関係で都市や街から離れ、郊外に設置された博物館である。この場合もやはり、開館後、時が経つと一般の来館者は減少する傾向がある。

　こうした背景にはいくつかの原因が考えられる。まず第一に、博物館の努力

不足、特に広報不足があげられる。第二には、前節でみたように、歴史的に形成された日本人の博物館や展示に対する独特な感性があげられる。多くの日本人は、前述したように博覧会と博物館を混同したままなのである。大規模な外国からの資料を見に行くのも、マンモスや遣唐使時代の日本人の墓誌を見に行くのも博覧会やデパート美術館なのである。よって、博物館が教育普及機能を持っているということや、地域に根ざしたものだという認識が薄い。これは博物館の開館後の活動が地域に根づいているかどうか、積極的かつ活発に行われているかどうか、住民を巻き込んだ活動になっているかどうかによるが、そうした活動が不十分な場合、入館者が減っていく傾向が生じやすい。博物館にとっては、建物ができてオープンしてからが正念場なのに、予算も人もオープン後は減らされることが多い。館の立地や目的により、来館者のターゲットを見極め、それに対応した事業を実施、拡大し、的確な広報を行わなければならないのにである。

　江戸東京博物館が開館した直後、ゴールデンウィークや夏休みには、来館者が博物館から両国駅近くまで列を作った。そこで筆者を含め館の学芸員がハンドマイクを持ち人員整理をしていたとき、列の中から「このエドハクというのは、いつまでやってるの？」と質問された。この質問をした来館者は、江戸東京博物館を季節限定の博覧会のパビリオンのようなものとして認識していた。この手の質問は開館直後、とても多かった。やはりこうしたことの背景には博物館と博覧会の親近性や、さらには両国という土地の持つ、興行や開帳と重なる独特なイメージがあるのだろう。

　しかし近年は、都道府県立の博物館でも、各地で特色ある博物館が誕生してきている。たとえば滋賀県立琵琶湖博物館は、体験学習もでき、地域に密着した調査・研究が生かされた人文・動植物系が融合した博物館である。ほかにも江戸東京たてもの園など、さまざまな野外博物館が特色ある活動を展開している。

　美術館では、石川県立の金沢21世紀美術館が人気を博しているし、写真美術館のような専門美術館も特徴的な展覧会を実施している。新潟県立歴史博物館や長崎歴史文化博物館なども特徴ある歴史系博物館である。市町村立の博物館でも新しいタイプの博物館が頑張っているし、ほかにもさまざまな種類の新

しいタイプの博物館が日本各地で生まれている。例えばコラム1で紹介する、市民団体が運営する高麗博物館や、後ほど紹介するアイヌ民族博物館など、実にさまざまある。

コラム1　高麗博物館

　高麗博物館は、市民活動から生まれた博物館である。現在は東京都新宿区大久保にあり、NPO法人が運営している。

　戦時中の「従軍慰安婦問題」について日本政府が公に謝罪し日本と朝鮮半島との交流を深めようという気運が高まる中で、1989年から90年にかけて稲城市に住む日本人や在日韓国人や帰化した人々が中心となり、日本人と在日韓国人が共に学び、交流する場、交流の歴史を展示しさまざまな活動を行う場として博物館を作ろうという市民運動が起こった。そうした中で筆者も歴史系博物館に勤める学芸員として、博物館構想検討委員会のメンバーとなり、90年から数年間基本構想を検討し作成した。

　当時は稲城市のキリスト教会が活動の拠点であり、博物館ができる前から資料収集や調査などの博物館活動を始め、さらには有志が集まり学習を深め、パネルを作成してパネル展を開催するようになっていった。広く募金を集め、学習会を開催していたが、趣旨に賛同したある在日の方から、ビルの一部を博物館に提供するという申し出があり、現在は新宿区大久保のビルの7階が高麗博物館となっている。

　館長は舞踏家の宋富子（ソンプジャ）さんで、数人の理事が集まる定例理事会で多くの事案を検討、決定して進めている。年に一度大会を開催して、基本方針を決定して運営されている。メンバーはすべてボランティアであるが、展示部会、募金活動担当チーム、賛助会担当チーム、図書委員会などに分かれて活発に活動を行っている。特に展示部会は、数人のグループで特集テーマを設定して、その調査・研究を行い、パネル

図1　高麗博物館展示室（高麗博物館　2007より）

展示を作成している。そのテーマは独自性が高く、各方面から注目され、展示に基づいた講演会やパネルの貸し出しなども行っている。

日本と朝鮮半島との交流史についての講座やハングル講座なども行い、展示室の監視もボランティアで当番を決めて行っている。しかし「博物館」という名前にしては、資料の収集・整理・保管といった博物館の基本的部分は固まっていなかった。そうした中で、2006年、筆者に何年かぶりに連絡があり、学芸部会を立ちあげることとなった。学芸部会では、寄贈資料の整理、カード作成、収集委員会付議などの業務の手ほどきとして、月一回程度、部会を開催して、ゆっくりとではあるが資料収集から整理、保管・展示の流れを作りあげようと努力している。

市民運動から博物館設立へと進み、博物館が現実化できたことは、今後の日本の博物館活動に一石を投じよう。90年代初頭に博物館設立の運動が始まったとき、メンバーの一部には地方自治体に陳情、誓願などを行って、行政の手で博物館を建ててもらおうという意見も出ていた。しかし地方自治体に作ってもらおうとすることは、市民の運動としては、その時点で制約を受け、変質してしまうのではないか、という意見が大勢を占め、市民団体が設立したNPO法人とし、自主的な博物館としての道を歩んでいる。しかし理想をいえば、本来、こうした市民からの運動を自治体がサポートし、市民参加型で自主性を持たせつつ、博物館へと結実させていくのが理想であろう。現実には、高麗博物館を作る会のメンバーも、関連する地方自治体には何度となく足を運び相談したようであったが、市民運動としての主体性を維持しつつ、かつ自治体が支援するということは難しいらしく、そうした方向性で受けとめてくれる自治体も当時はなかったようである。

外国の特色ある博物館・類似施設

博物館とは広い意味でいうと、美術館をはじめとして動物園や水族館も含まれ、バラエティに富む施設であるが、ここでは、筆者自身が興味関心を持っている考古学に関連する施設を中心に紹介したい。一般に外国のよく知られている有名な博物館は、すでにさまざまな角度で多くの紹介がなされており、テレビでの特集企画や、紹介・翻訳された図書も多い。一方、それとは別に考古学の学術センター的展示施設も各地にあるが、ここでは、筆者が企画展示を通じて知り合い、見学して実状を説明してもらう機会があった、海外の特色ある博物館や類似施設を紹介する。

① ヨービック・バイキングセンターと
　　タワーヒル・ページェント
A　ヨービック・バイキングセンター

　イギリスのヨーク市にあるユニークな博物館的施設である。ヨーク市は中世の建物が多く残っている都市で、イギリス人が大勢訪れる観光地となっている。この町の中で、ショッピングセンターを作ることとなり、発掘調査が1975年に行われた。その結果、バイキング時代の生活の様子がよくわかる遺構や遺物が大量に出土し、当時のバイキングの生活が復元できる重要な遺跡であることがわかった。これをもとに誰でも面白くバイキングとヨークの歴史が学べるユニークな施設が企画された。

図2　魚を売るバイキング（出土した頭蓋骨をもとに再現）ヨービック・バイキングセンター

　この施設は、計画段階では地下1階建てだったビルを地下2階建てとし、この地下1・2階に開設された。入口は集合ビル1階の土産売り場の脇にあり、階段で地下に降りていく。ディズニーランドの「カリブの海賊」のように、自動的に進んでいくタイムカーに乗り、その車が真っ暗な中をゆっくり進むと、中世バイキング時代のいくつかの暮らしの様子が再現されている。例えば出土した頭蓋骨をもとに市場で魚を売っているバイキングも見ることができる。タイムカーは、いくつかの再現コーナーを回って行き、当時の生活の様子を解説するテープが流れる。タイムカーを降りると出口近くには、出土資料を展示解説した「真面目な」小展示室があり、各再現コーナーがどのようにして作成されたのか、その根拠が示されている。

　レールやコースが設定されて、そこを数人乗りの車型の乗物に乗って進み、各再現区コーナーでは乗物に仕込まれた再生装置から解説や生活の音声が流れる。こうした展示施設は、人が歩いて進む施設と区別して、ライドオンシステムと呼びたい。

B　タワーヒル・ページェント

　ロンドン市内、ロンドン塔が立つテムズ川沿いの地下に、ヨービック・バイキングセンターを見本として作られた、ライドオンシステム施設、タワーヒル・ページェントがあった（残念ながら筆者が訪問した数年後に出資者とのトラブルで閉鎖され、今は閉館となっている）。

　この施設は、マクドナルドの脇から入り、エレベーターで地下に下っていく。エレベーターに乗ると時計がくるくると逆回転し、デジタルの時代表示がどんどんと紀元前に向かう。到着した地下の広場にはタイムカーが何台かやって来る。タイムカーには、さまざまな言語による解説があり、日本語の流れるものもほんの少しであったが用意されていた。原始・古代の状況から、古代ローマ時代シーザーによるブリテン島の征服とロンドニュームの建設など、時代ごとにいくつかのシーンが作られ、その中をタイムカーが現代に向かって進むスタイルとなっていた。展示はジオラマや動く人形、匂いや音などが各時代の状況再現として用意され、ナレーションが車の中に流れる。

　展示の根拠を聞いたら、発掘資料をもとにしているとのことであったが、一部、文献資料に基づくものもあった。ここの管理はロンドン博物館の発掘部門（MOLAS）が行っており、そこから学芸員が派遣されているとのことであった。

　タイムカーを降りるとミュージアムショップと隣り合わせに小規模ながら展示コーナーがあった。ここではテムズ川沿いから発掘された資料に基づき、ロンドンとテムズ川の歴史が示されていた。より深く学習したい人にはロンドン博物館を紹介し、さらには再現部分の根拠も示されていた。

図3　タワーヒル・ページェントのタイムカーの模型

コラム2　ライドオン・ミュージアムの夢

　江戸東京博物館の隣には、国技館との中間の目立たない建物であるが、東京都下水道局の下水処理施設があり、博物館の3階広場はその処理施設の上にも延びている。その1階部分はかなり広いのに長らく利用されていなかった。筆者なりにそこの活用策として、ヨービック・バイキングセンターなどと同じようなライドオンシステムの「江戸東京ランド」構想を企画した。その基礎資料として、諸外国でのライドオンシステムの実態の調査をイギリスにいたMさんにお願いした。その結果、ヨーロッパや北米には、現在、ライドオンシステムのものは意外と少なく、コースを歩く形式の施設が多いことが判明した。

　博物館の展示は、なるべく面白くしなければいけないが、面白さにはどうしても限界がある。歴史展示は楽しみつつ、やはり基本的には学ぶものであるから。展示室を際限なく楽しい物だけにしていったら、それは映画のセットと何ら変わらなくなってしまう。それでは困るので、展示は真面目に学ぶ場とし、それと対をなす物として、「江戸東京ランド」を考えた。逆にいえば、歴史に全く興味のない人々も、江戸東京ランドを体験することで、そのうちの何割かでも、江戸東京博物館に興味を持ってもらえればいいのである。

　タイムカーに乗ると、都市東京の歴史をさかのぼり、旧石器時代の東京湾の様子や、暮らしぶりを再現したジオラマを見ることができる。日本語だけでなく5か国語くらいの外国語の解説から選べるようにする。タイムカーは縄文時代、弥生時代、古墳時代と進み、平安時代には平将門が登場。次に源頼朝と江戸氏、太田道灌の江戸城と町、後北条時代の江戸、そして徳川家康の入府、江戸城と総城下町江戸の建設などなどタイムカーは各時代の面白い場面を見ながら時代を流れ降りる。こうした江戸東京ランドは、純粋にイベント性、楽しみ主体とする。もちろん、その再現には考古学を中心とした学問的裏付けを持ちつつということであるが。そして、出口には小さな展示室とショップを作り、その後、興味のある来館者は、江戸東京博物館の常設展示も案内する。

　以上が筆者のドリームプランで、2003年当時は費用積算し、本気で検討した。江戸東京博物館には、年間約150万人の来館者があり、そのうちの十分の一が利用してくれれば、数年でもとが取れて、利益と雇用を生む計画であった。

② アルキオン

　アルキオンとはオランダの中央部にある、考古学的野外博物館施設である。

考古学の成果をもとに原始・古代から中世まで、各時代の住居や暮らしを再現している。発掘されたデータをもとに、各時代の家々を再現し、住居の中には、当時の衣服をまとった人々が暮らしを再現している。

原始時代の人（ボランティア）は竪穴住居の炉の脇で皮をなめし、石器を作る。ローマ時代の家は現代でも通用しそうなもので、暖炉があり瓦葺きとなっている。

図4　再現された原始時代の竪穴住居内と実演するボランティア（アルキオン）

中世の街では職人の家も再現され、筆者が訪れたときには、街の外れの教会に当時の衣装を着た人々が集まり、葬儀と埋葬が執り行われていた。ボランティアの人々は当時のさまざまな衣服を身にまとい、そしていろいろな職人の仕事を再現している。漁師は川に小舟を出して魚を捕っている。

この施設は、オランダの考古学者が作った再現野外博物館である。当然、細かな再現アイテムには、定説が確定していない物もあるのだろうが、そうした場合でもどれかの説を採用して、再現している。平日はボランティアの数が少なく、すべての時代の再現はできていなかったが、考古学者や大学での専攻生のボランティアも多く参加しているとのことである。

③　オランダの野外博物館ほか

オランダ国立野外博物館は、中西部のドイツ国境に近い都市アーネムの町外れにある。ここでは、中世末からつい最近までのオランダ各地の家が移築され、再現されている。生活用具であるさまざまな土器や陶磁器などは、当時の出土資料をもとにそっくりに再現製作して、ストックして各家で使用している。16世紀頃の農家の再現は、とても勉強になった。

筆者の最近の研究テーマは、17世紀のオランダと日本の生活文化比較で、

当時のアムステルダムなどの都市の生活について学んでいたのだが、そのもとは農家に求められるものだった。そうした農家の生活について話では聞いていたが、やはり実際に残っていた家々と、その中での当時の生活再現は、とても印象に残った。例えばベッドルーム。

図5　オランダ　16世紀の農家
（オランダ国立野外民族博物館：アーネム）

ベッドルームといっても、17世紀初頭のアムステルダムの一般の住居にあるものは長さ150 cm程度で、一間の扉の付く押入の上部分のようであった。これでもそれ以前のものよりは大きくなっていたとオランダの考古学者からは聞いていたが、今のオランダ人の背の高さを目の当たりにしていると全く信じられなかった。ところが中世の農家にある箱状ベッドルームは、長さが150 cmもないのである。オランダ人は、昔はヨーロッパでも身長の低いほうだったと聞いたが、実際にベッドルームのサイズで示されると驚いてしまう。ちなみに、同じ頃の日本はどうかというと、やや時代は降るが、江戸時代の平均身長は、男性が150 cm、女性は140 cm以下であったという。実際に江戸東京博物館が所蔵する明治初期の鹿鳴館用のドレスはとても小さく、現在の成人女性の型には着せられず、子ども用の型を加工して着せている。

　農家では囲炉裏が土間の中心にあり、燃料は主にオランダ各地の低地で取れる泥炭である。泥炭は17世紀以降も、アムステルダムでも使われ続けた。就寝前には暖炉の火を消すため、燃えている泥炭に蓋をして酸素の供給を絶ち、火を消すと同時に翌日も使えるようにする「火覆い」という土器がある。17世紀の都市で使われた火覆いは、釣鐘を半分に割ったような形をしている。ところが中世の農家で使われた火覆いは、釣鐘型をしていた。これは土間の中央にあった囲炉裏が、都市では壁際に移り、いわゆる暖炉形式となり、壁際に押しつけるため、火覆いが釣鐘を半裁したような形となったという。このような

説は絵画から見て取れたが、実際に土間と、釣鐘型の火覆いを見ることができて、感動した。

17世紀のオランダでは各家の地下の貯水槽に雨水を溜めて、ポンプアップして使っていた。そして18世紀後半からは町の行政が大きな貯水タンクを地下に作り、その水を使うようになる。その後、19世紀後半に現在の日本と同じような加圧式水道が広まる。そうした変遷を、建物の形式的変遷と相まってリアルに見学することができる。

ほかにもさまざまな生活の様子や、旧い時代の紙漉や洗濯業者の仕事も再現されていて見ることができる。しかもその再現の背景には、堅実に発掘調査で出土した資料などの考証が存在し、そのうえでの魅力的な建物の再現と生活道具の再生産、そして実際の再現が見られる楽しい野外博物館である。

オランダにはほかにも野外博物館が多数あるが、特に国立ゾイデルズィー博物館は海洋関係資料が充実しており、そして海の周辺での実際の暮らしぶりが再現されている。

④　オランダ・イギリスの都市の考古博物館

オランダではほとんどの都市に歴史系の博物館があり、その都市の歴史を、考古資料を中心に概観することができる。また、例えばハールレム市博物館では発掘調査の現場を再現したり、アムステルダム市では、中央駅に展示施設を設け、地下鉄の工事のために行われている発掘調査について、映像記録や出土資料を展示している。オランダやイギリスの多くの都市は、中世から存在し、中にはローマ時代から存続する場合も多い。そうした都市にとっては、発掘資料は貴重な歴史的資産であるが、レンガや石を多く利用する町の構造上、考古学と建築史は完全に一体化しており、考古学者が建築史を専攻するケースも多くある。

オランダやベルギー、イギリスでは、都市の教会に展示施設が併設されている場合が多くある。例えばイギリス・ヨーク市の大聖堂では、その地下でローマ時代の遺構が発掘された。この大聖堂は現在も信仰の対象であり、大勢のキリスト教徒の訪れる「観光施設」ともなっている。そのため、大聖堂床面のわずか2メートルほどの地下に、発掘されたローマ時代の遺構を残し、見学でき

るようにしている。これはベルギーのアントワープの大聖堂でも同様であった。地下には、発掘された教会より古い時代の遺構を残し、1階から降りていくと、展示施設としてそうした古代の遺構や出土資料を見学することができる。大聖堂自体も中世の所産であり、それ自体が貴重な歴史的建築遺産である。ヨークの考古学者に聞くと、こうした大聖堂の地下の発掘は大変な困難を伴う作業とのことだった。建物自体

図6 ヨーク大聖堂地下のサイトミュージアム（小林 1999 より）

も残したうえで発掘調査を進めなければならないからである。大聖堂に伴う土葬墓もあり、これも発掘の対象であるし、その下層に存在するローマ時代の遺構は、トンネル上に床面を残したうえで掘り進めたという。もちろん、一部の床面は剥がして上からの層位発掘を心がけたということであるが、重層する遺構を残し建物を活用し続けている中での発掘調査はかなり大変なものであったと思う。

第3節　博物館の問題点と課題

現代社会と博物館

　博物館のあり方については、各種の学会や、文科省、自治体などで議論されてきている。そこでは学芸員の現場からの発言がなされたり、利用者との対話の場、または社会教育、生涯学習の場としての博物館のあり方などが議論され、少しずつでもよりよい方向を目指している。江戸東京博物館の開館に際しても、歴史学分野の学会を中心に歴史系博物館に関する活発な議論が起こった。これは今振り返り、現状を鑑みると、レベルの高い問題提起であり、的確に現在の日本の博物館が直面する危機的状況をいい当てたものだった。レベルの高さとは、展示手法と歴史叙述の問題だったり、その背景としてある歴史観の問題だったりする。現在は、全国的に多くの博物館でスタッフ数が削られ、学芸員も事

務的業務や経理的業務を担当する事例が増えている。学芸員の専門性と博物館の方向性、研究の内容といったレベルの事柄を議論する以前の問題点が山積している状況である。これには複雑な要因があるのだが、実際のところ全国の各種博物館の状況は悪化の一途をたどっている。

小泉内閣の民営化路線や指定管理者制度の導入に伴い、入館者数や入場料収入といった表面的指標だけがクローズアップされ、一見して成果が上がっているような状況とは裏腹に、現場はもはや「火の車」を通り越し、疲弊が広がり、諦めの空気すら重く漂っている。学芸員からの発言が近年あまり聞こえてこなくなっているのは、さまざまな場面で発言し問題提起を行ってきた「物言う学芸員」が、学芸員という職務から外されてしまうことが全国で起こっているのも一因であろう。学芸員をまず第一に専門職として位置付けることこそ今、緊急に行われなくてはならないことである。

しかし博物館に対しては、一般社会の目にも冷たいものがあるのは事実である。そのことを、学芸員や関係する行政の職員は、真摯に受けとめて、分析し、よく考える必要がある。その原因は何か、そしてどうすれば博物館はより現代社会の中で広く認知され、受け入れられていくのか、熟考すべきである。そうした際には、意見を聴く対象を非来館者まで拡大し、彼らのニーズや意見を吸いあげることが大切であり、その結果に基づいて方向性を検討する必要がある。

そうした状況の中で、さまざまな改革が各地の博物館で行われているが、新聞・雑誌などでよく取りあげられるのは、どちらかといえば美術館である。また有識者や著名な学芸員による本も、多くが美術館を対象として書かれている。しかし実際には国立博物館、都道府県や市町村の狭義の博物館でも多くの改革への挑戦が行われている。ただ不況下での予算の削減や、財団法人など監理団体の見直し、さらには指定管理者制度の実施、公益法人法の改正、博物館法改正などが複雑にからみあい、地方自治体の博物館では、ちぐはぐな動きも見受けられる。

現代社会は日進月歩である。そうした中で博物館も、やはり変わっていかなくてはならない。ただ、やみくもに新しいものを追い求めるのではなく、博物館に合う形で変革を進める必要がある。

指定管理者制度

　2003年地方自治法が改正され、いわゆる指定管理者制度が成立した。筆者は指定管理者制度を博物館に適用することに基本的に反対であるが、必ずしも絶対悪ではないと考える。もちろん自治体が設立した財団で働く労働者としては、全くナンセンスといわざるを得ない。この制度は継続性が必須の文化行政には基本的になじまないものであるが、一定の効能もないわけではない。それはこれまで、あまりにも効率や採算を度外視した博物館やその関係者（学芸員など）が多かったことによる。

　博物館は、文化に関わる施設・組織であるからといって、採算や効率性を度外視していいはずはない。自分の研究だけやっている学芸員や、常勤として就職してしまったら、研究をやる気のない学芸員もいたように思われる。時間は十分あるのに論文はおろか、ほとんど文章も書かず、学会にも行かないような学芸員がいた。そうした中で、指定管理者制度には、博物館経営に世の中の視点を集め問題点を洗い出す、という効能はある。また学芸員の流動化、問題学芸員の顕在化という側面もある。博物館の世界でも、ある程度の成果主義は必要であろう。

　しかし筆者は、何も利益優先の立場から、「学芸員は研究はするな、金を稼げ、営業しろ」といっているのではない。やはり博物館の中枢を担っていくのは学芸員である。だから学芸員は館の全体を見て、館経営についても考え、調査研究・展示を行いつつ、そのうえで絶えず集客や収支、収益についても考慮する必要がある。

　ただ、「学芸員中心主義」は捨て去るべきであろう。博物館に学芸員は必須な存在ではあるが、学芸員はもう少し謙虚になったほうがよい。研究や資料や展示については、学芸員の独壇場であるが、博物館にはさまざまな職種のスタッフが働いており、そうしたスタッフもすべて博物館には必須な人々なのである。学芸員は博物館の中心ではあるが、ほかの職種の人々との協力なくして博物館は成り立たない。特にこれからの博物館には、教育、広報をはじめとして、ショップやレストラン、デザインなど、さまざまな分野のスタッフが必要とされる。そうした意味で、学芸員は博物館のほかの職員に対して、もっと謙虚になり、対話を心がけねばならない。

江戸東京博物館と写真美術館、東京都現代美術館の3館は、2009年度から8年間、東京都歴史文化財団が指定管理者となることが決定した（江戸東京博物館だけは共同事業体）。2007年に3館合わせた指定管理者の公募が行われ、書類審査、提案書の説明の後、東京都歴史文化財団等が選定された。指定管理者となるためには、提案書を作成してそれが採用され、また自治体から意見が付く場合がある。この提案書は、以後の指定管理者としての方針となり、協定書にも反映される。こうしたことは博物館にとってこれからの進むべき方針を明らかにし、それに向かって計画を立案し実行していくというスタイルを確立できるという利点がある。

　公立博物館はどこに向かえばいいのか、そこで働く学芸員はどう行動すればいいのか。指定管理者制度導入により、より広く博物館の抱える問題点が、博物館に、そして世の中に明らかにされつつある、という一点ではこの制度に意義があるといえよう。

専門性と異動

　筆者の友人の一人は小さい町で学芸員として採用されたが、その後水道課に異動となり、水道料金の徴収をやっていた。また別の友人は大きな市の学芸員であったが、清掃局に数年間異動させられた。このように、地方自治体の中では、学芸員が全く関係ない部局に異動したという話をよく聞く。

　現在の地方自治体職員の中には、自分たちと同じように、学芸員もいろいろな職務を経験して、ジェネラリストの管理職となっていくべきであるという考え方が一部に強くあるようである。しかし同じ地方自治体でも、設計士は専門技術職だし、学校の先生は教育職であって、学校の先生が事務職に異動することはない。これらの専門職員が管理職になる過程で、職場を包括するような職務に就くこともあるだろうが、これとは違う。学芸員を全く関係ない事務職として働かせることは、人的資源の無駄遣い以外の何ものでもないのだ。レベルの高いきちんとした展示や教育普及事業を市民に提供し、さらには博物館経営のために、より独自性の強いさまざまな博物館事業を発信していくためには、専門性の高い学芸員に、さらに自分の調査・研究を深化させ、対象を拡大してもらう必要がある。そうしないとその博物館をきわだたせる独自色の強い、魅

力ある事業は生まれてこない。それを数年間であっても博物館から離れさせてしまっては、調査・研究も滞るし、行政が採用した人材を腐らせるだけである。よしんば、管理職としてマネージメントを学ぶとしても、それは博物館や文化行政の中で学ぶべきであり、学芸員の専門性を認めない行政は、人的資源、ひいては税金を無駄に使っているとしか考えられない。現実にそうした人事異動に失望し、反発して退職していった学芸員を数えるのは枚挙にいとまがない。

　また、関係ない部署に異動させられることは、学芸員にとって恐怖であり、人生設計を変える事態である。「何を大げさな」といわれそうだが、大学を出て就職しようとする時点から、何年も「浪人」して学芸員という専門職を目指し、博物館に就職するのである。つまり大学を出た時点から、一般事務職員とは別の価値観で生きてきているのである。これを逆手にとって、ある市の博物館管理職は、「生意気なやつは飛ばしてしまえ」という発言をしたこともあったという。学芸員として採用した人材を関係ない部署に「飛ばす」ことは、地方自治体の横暴以外の何ものでもないし、その後には要領のよい学芸員と、文句をいわない、おとなしい学芸員だけが残ることになる。

　そうした事態を避けるためにも、専門性を尊重した組織を作り、そのうえで学芸員が安心して働ける博物館職場を作ることは、管理者と現在博物館に携わっている学芸員の務めである。こうした専門性と異動の問題は地方自治体直営の博物館だけでなく、すべての博物館を取り巻く状況にも大きな影を落としている。

博物館法の改正と学芸員の多様性

　近年、博物館法の改正が議論され、その答申を依頼された「これからの博物館の在り方に関する検討協力者会議」が2007年3月に中間まとめを公表した。これによれば学芸員資格を現在のように大学卒で取得できることはやめ、大学院レベル、研修の実施により取得できるようにするべきだという。その方向性は間違ってはいないと思うが、日本の学芸員は多種多様である。そして博物館の様態も変化に富んでいる。そうした場合、入口の大学での資格認定を変えるのではなく、博物館の運営の実態にこそ、規定を強化し法律改正を行うべきであろう。そもそも法律に則らない疑似博物館だらけになりつつある実態をどの

ように改めるかということが第一の問題ではないのか。

そのためには、学芸員の専門性を尊重し、専門分野が生かせない他職場への異動を禁止し、身分を教育職または研究職、技術職とする。そして、さまざまな博物館や文化財を扱う職場での学芸員の配置義務を明記すべきである。例えば、町村立の郷土博物館等にも少なくとも最低2名以上の常勤の学芸員を置くとか、デパートや新聞社などでも文化財を扱う企画展を実施する部署には学芸員を置かなくてはならないとか、都道府県立の場合は、専門別に各何人の学芸員を置き、組織は専門性で区分するとかである。そうした規定を守らない博物館には文化財の展示の禁止を命ずる、といった内容である。そうした博物館という基盤を整備したうえで、例えば10年以上の学芸員としての実務経験や展覧会実施経験、論文などを要件として、より上級の資格の取得を設定したほうがいいように思う。

日本の行政は何かにつけて施設や制度を改変し、スクラップアンドビルドを繰り返している。しかしスクラップアンドビルドはきわめて非効率であり、資源の無駄遣いである。「改善」という伝統も日本にはあるのだから、博物館制度も現在ある制度をスクラップするのではなく、手直ししつつ、積みあげていくという発想で、改善していってほしい。

日本の学芸員の採用形態は本当にさまざまである。町や村役場に採用されて博物館職員となるにあたって学芸員資格を得る人もいるだろうし、民間企業に入り博物館勤務になったり、展覧会業務を行う部署に配属される場合もあるだろう。地方自治体に埋蔵文化財の調査員として採用され、職種が学芸員という場合も多い。そうした多様な就職ルートの中で、実務経験を積み、一定の要件を満たした学芸員を上級学芸員とすればいいのだ。なにもイギリスやフランス、アメリカの美術館のキュレーターと日本の学芸員の位置付けがイコールでないからといって、向こうに合わせ日本の学芸員制度を変える必要はあるまい。欧米でもオランダやイギリスの考古学専攻の学芸員は、美術館のそれとは、また少し違ったイメージである。

筆者は日本の博物館制度、そして学芸員制度をそのままに放置していてよいとは思っていない。日本の学芸員に多様性があることはよいことである。しかし、専門性を重視しない多様性は、真の多様性ではない。専門性を大切にしつ

つ、学芸員が博物館で安心して長く働ける制度を構築する必要がある。

公益法人法の改正と博物館

公益法人法が2007年に改正された。現存する公益法人は、数年後に公益性が審査され、5年間の移行期間の後、公益法人と通常法人に分けられることとなる。要は二階建てとなり、公益性が認められた公益法人については、都道府県が認定する。公益法人と認定された場合、寄付金などの税率が低率に下げられる。これにより企業などからの寄付金の増加が見込まれる。認定されなかった場合はより高率の税金を支払うこととなる。

ここでは公益性の判断基準と、内部留保金の割合、寄付金などの控除が問題である。民間企業などが設立した財団法人にとっては、公益事業の割合を高め、その周知度を上げていくことが求められる。博物館に対する寄付金の税金の控除については、日本は遅れており、今後、企業・個人などからの寄付金を増やしていくためにもぜひ確立してほしいものである。内部留保金の問題や寄付金へフレキシブルに対応するための弾力的予算の運用が、公益法人には求められるし、収益の確保と内部留保金、そして必要なスタッフの定数は連動しており、すべてにおいて自立的経営が求められる。そのためには、評議委員会、理事会の活性化とメンバーの意識向上が必須の条件である。多くの公益法人の理事会・評議委員会は名目的なものであり、年1、2回しか開催しない法人も多い。理事や評議委員は名誉職とするのではなく、最低でも年4回程度は開催し、実質的な協議、決定を行う機関としていくことが必要である。

そのうえで最も本質的問題点は、公益法人の二重性である。公益法人は自立的経営を行うべきで、そのために評議委員会、理事会があるのだが、多くの場合、地方自治体の監理団体としての性格も併せ持っている。これは指定管理者となっても残る二重構造であり、多くの矛盾を孕んでいる。建前上は公益法人の自立性をうたっていても、実質的には予算も人員定数も自治体により管理されている場合がほとんどである。そのため、新たな収益事業を開始しようとしても、人材を採用できない。また法人としての考えとは別に、自治体の定数削減があればそれに従わなくてはならない。より積極的な経営を行おうとしても、こうした自治体の強い縛りが残るとそれは不可能である。それはまるでアクセ

ルとブレーキを同時に踏み込んでいる状態なのである。

文化財行政と博物館

　20年ほど前から、地方自治体が作る博物館を、教育委員会ではなく首長部局付けとし、公益法人である財団法人などを設置してそこに運営させる事例が多くなってきていた。江戸東京博物館も開館準備段階から東京都の知事部局である生活文化局が所管し、そこが管轄する財団が運営してきた。筆者も江戸東京博物館の学芸員＝財団法人の職員として採用されたが、博物館開館後しばらくの間は、教育委員会管轄でなくても、あまり不便を感じることもなく、予算も多く付いているという感覚もあったので、教育委員会所管でなくとも問題ないと考えていた。

　ところがこうした場合、景気がよかったり、首長自らが博物館に対して関心が高く意欲的な場合はよいが、取り巻く状況が悪化すると、よって立つ物がない。実際、江戸東京博物館の規定は東京都の条例等で定められている。開館当初は予算もかなり付いていたが、削られるときは極端である。収集のための予算は当初数億円付いていたが、1997年度は約4千万円、さらに次の1998年度は0円となった。その後2007年度まで10年近く収集予算が付かない時期が続いた。自治体の収入が悪化する中で、事業予算にシーリングがかかることは仕方のないこととは思うが、資料収集費が0円では正常な博物館活動ができなくなる。資料(作品)購入は博物館にとって欠くべからざる大切な事業である。

　博物館にとって何よりも困るのが、文化財行政との関係が切れてしまうことである。東京都の場合、文化財の指定や保護、修復、そして埋蔵文化財の調査、管理などは教育庁で行っているが、文化財を公開すべき施設である江戸東京博物館とは直接関係を持たない。江戸東京博物館は開館前から学芸員や職員レベルで文化財行政との交流を目指してきたが、それは容易ではなかった。せっかく費用をかけて調査した埋蔵文化財も、修復した文化財も公開する施設が限られているのである。文化財行政と博物館が一体的な流れとして確立されていれば、博物館で指定された文化財をすぐに展示・公開することができるし、また地域の文化財を取りあげ、地域からの歴史を、そして文化を確固たる土台のうえで公開・展示していくことができる。そしてそれは展示にも大きな幅を持た

せることになる。

展覧会と予算

　現在全国的にみて展覧会予算が潤沢な博物館は、国立の博物館など数えるほどしかない。ならば江戸東京博物館や東京都美術館が、大規模な展覧会を実施し何十万人もの入場者数を数えるのはなぜか、ということになる。江戸東京博物館では、2003年から企画展予算は、東京都からの補助金としては０円である。ではなぜ企画展を実施できるかといえば、入場料収入を事業費にあてているからである。その数年前から、利用料金制度となり、入場料収入で企画展を実施していくことができるようになっていた。ただし、これは入場者が予想よりも減じてしまえば、赤字となり成立しない。そのため、どうしても自主的な企画展よりも新聞社などが持ち込むパッケージ化された展覧会が増えることとなる。もちろん、それまでの収益の留保金もあり、赤字覚悟の自主企画でも必要性が高いものであればやってもよいと言われていたが、やはり結果として巡回展が増えてしまっている面があるように見受けられる。

　やはり展覧会の入場料収入をあてにして展覧会の支出をみるのは異常であり、たとえ自館の付帯事業からの収入をあてるというやり方であっても、企画展の予算を別途確保すべきであるまいか。ちなみに、東京都美術館の場合は完全に貸館として運営されており、その入場料の一部が収入となっている。

　江戸東京博物館の事例は極端であるとしても、多くの博物館で、展覧会の予算は大きく削られている。そうした中で、集客を増やしている展覧会の多くは、新聞社やテレビ局などの事業部が企画して巡回しているものである。これはカタログの後ろを見れば一目瞭然である。しかし写真美術館のように、少ない自主予算の中でも学芸員が企画展を主体的に作成し、時にはそれを巡回して企画料を収入としている場合もある。

　海外の博物館と連携して企画展を実施しようと考え、学芸員間のつながりをもとに企画を立てても、スポンサーがなかなか付かない場合が多い。そうしたとき博物館にある程度の予算があれば、新聞社などが主催者の一員として参加しやすい。しかし現実にはそうしたことはあまりなく、新聞社やテレビ局事業部が独自で主体となっているのが実態である。やはり美術だけでなく考古学や

さまざまな分野で海外の博物館の学芸員とネットワークを構築し、新しい視点で展覧会を組み立てていかないと、勢いどこかで見たことのあるような、集客力がありそうなテーマの展覧会が多くなってしまうのは必然であろう。

第Ⅱ章　博物館を作る

第1節　博物館作りの始まり

基本構想・基本計画

　博物館を作ろうとするとき、最初に必要なのが、基本構想と基本計画である。自治体で作る際も、市民が主体的に作ろうとする際も、まず第一にこれを検討し、作成する必要がある。そしてこの検討には地域の住民、学芸員経験者、必要と考えられるさまざまな専門分野の研究者、また建築に携わる人にも参加してもらうべきだろう。

　これらの人々を集めて、目的、建物、展示内容、組織などを検討するのであるが、大切なのは建設後にどのような事業を行っていくかという点である。作るときにはどうしても、建設第一となる傾向があるが、そうではなくて、建設後の事業実施方法をよくよく検討する必要がある。また最初からすべての施設が一度に建設できなくてもよい。「生成発展」していく博物館として、建物も第一段階として基本的な部分だけ作り、5年、10年を目途に増築する計画を立案してもよい。「ハコモノ」とスタッフが共に成長していく方が健全である。

誰が作る

　博物館を作る主役が地方自治体ではだめである。自治体職員がやると周辺の博物館と同じようなありきたりなものができあがるか、建物だけは有名な建築家に依頼し、使い勝手の悪い博物館となる傾向がある。博物館は独自性や特色が大切であり、そこで機能が形を規定するように設計すべきであり、根本となる機能にこそ独自性を出すべく知恵を絞り努力するべきである。

　そこで、さまざまな人が参加する協議会を作り、なぜ、何が目的で作るのかを検討する。その際、お題目のように市民参加、住民参加という言葉が使われているのをしばしば耳にするが、行政の都合で博物館を作ることになっても、

市民は集まってはくれない。なぜその博物館を作るのか、という基本が決まっていないとだめである。行政主導で作ると決めた場合も、どのような目的で、どのような博物館を作るのか、明らかにすることが最初に必要である。そうした基本的目的や方針、機能の特色を決める際、博物館に関心のある市民に話し合い（協議会）に参加してもらうことは必須で、その際は、参加者を公募するべきであろう。そこには、市民だけではなく、地域の商工会や青年会議所など、地域企業の人たちにも加わってもらおう。地方自治体だけで作ろうとしてはだめで、いうまでもなく、大学の先生を入れて、地方自治体職員と大学教授という組み合わせは最悪である。博物館の目的にかなった専門を持つ大学人を入れることはよいが、作ろうとする博物館の専門分野の研究者が、必ずしも博物館の専門家とは限らない。地域の名士的な大先生に参加してもらう必要はないが、できたら建築家には参加してもらいたい。博物館を作るということは、組織を作ると同時に、建物を建てることでもあるのだから。

　そしてやはり最も大事なのは、学芸員である。最初の構想を検討する段階では、経験のある学芸員を何人か入れるべきである。ここで間違っても大学や大学院を出たての学芸員有資格者を入れてはいけない。また研究だけの業績で学芸員も選んではいけない。博物館経営について経験と意欲のある学芸員を選ぼう。

どこに作る──都市・町づくり・観光地・遺跡──

　博物館をどこに作るか、場所も大切である。博物館は多くの人に来てもらって成り立つ施設である。いくら地方自治体が広い土地を所有しているからといって、誰も行かないような山の中に作っても、展示を見にくるのは、せいぜいタヌキやクマだけである。やはり人々が行きやすいところ、アクセスのよいところに作るべきである。どうしても山の中に作る場合は強力な広報計画を前提として、アクセスやショッピングモールの整備など、総合開発計画と連動させないとやっていけない。

　筆者の意見では、博物館は都市の中にこそ作るべきである。都市に暮らす人々が利用しやすいように、人々が集まりやすい街の真ん中に作るのがよい。今日は、地方の農村や漁村にまで都市的暮らしが拡大している状況であるが、各地

の中核都市の地価が下がり、シャッター通りが多くなっている今こそ、都市の中に博物館を作る絶好のチャンスである。さまざまな複合施設の一角に博物館があると、都市の住民にとって使い勝手がよい。ただし、博物館には当初からそれなりの設備が必要である。たとえば消火設備にしてもハロン消火区画にしないと重要文化財は展示できないし、飲食エリアからは完全に区切る必要もあるし、空調も特別である。そのほかにも、多種多様な設備が博物館には必要である。ただビルの１階が空いているからといって、すぐにそこを博物館にできるというものではない。

都市の真ん中に博物館があれば、ほかの地方に住む人々も利用しやすい。サッポロビールは工場跡地の再開発にあたり、町づくりの一環でモダンアートの美術館を作った。恵比寿ガーデンプレイスはその一例であるが、工場跡地に高層住宅、高層オフィスビル、ホテル、映画館、デパート、ショッピング街、レストラン街、スポーツジム、イベントスペースなどを作り、住むスペースと働くスペース、そして楽しむスペースが盛り込まれた街を作り出した。その中に写真美術館も存在する。サッポロビールは写真美術館の建物を造り、それを東京都に貸して美術館を設置・運営してもらうという手法をとっている。

このように街ごと作り、その中にモダンアートの美術館を建設して、地方自治体に運営してもらうというスタイルは、埼玉県川口市のサッポロビール工場跡地や北九州市などでも行われている。美術館に人気があり、その街が賑わえば街全体が活気づき、その地区としての価値も上がっていく。それは住人にとっても居住地の価値が上がることを意味する。

また、都市の再開発では、発掘調査で出土した遺構や遺物を積極的に活用すべきである。都市は、各々独自の歴史を持っており、結果として、その地下には都市の記憶が考古資料として眠っている。そうした考古資料は、発掘調査をして報告書を刊行したらおしまいとされる事例が多い。もしくは博物館でほんの一部の優品だけが展示されるのが関の山で、せっかく費用を投じて土の中から「よみがえらせた」埋蔵文化財が、倉庫の中でまたや死蔵されるというだけではあまりにもったいない。それらを新しい町づくりに利用してこそ、税金で発掘する意義もあろうというものである。それらの出土地に建つ新しい建物に展示コーナーを設置したり、時には小さくても展示資料館を作ったり、壁の一部に

出土資料を使用するという発想も大切である。博物館のほかにも、町の至る所に、その都市の記憶としての考古資料を使った新しい建物があってこそ、遺跡もよみがえる。具体的には建物のエントランスに展示施設を設け、遺構や遺物を展示するといいし、ときには出土した遺物の破片を埋め込んだ壁があってもよい。

　また、観光地や遺跡の上に博物館を作る場合もある。そうしたときも、地域開発や活性化の計画に博物館をうまく位置付けるとよい。博物館はきちんとしたコンセプトで設置して経営すれば、必ずや観光の目玉になる。有名な観光地に行ってみて、そこの博物館があまりにもひどい状態だったとき、観光客はがっかりして、もう二度とその地に行こうとは思わなくなるだろう。筆者は、東北の江戸時代の面影を残す町や、南の島でそうした経験をした。そうした博物館は、むしろ観光にとってマイナスである。町づくり全体のきちんとしたコンセプトを作り、その中に博物館をどう位置付けるのかを検討したうえで建てるべきだろう。コンセプトをしっかり持ったまともな博物館を作れば、それは観光の資源となり、中核となりうるのである。建てた後の経営がさらに大切であることはいうまでもなく、むしろ建てた後にこそ予算を付け、そして効率的に経営を進める必要があるのだ。

　博物館と、隣接した別の施設をセットで組み合わせるのもよい手法である。例えば、図書館、観光ぶどう園や温泉施設、ショッピングモールなどである。ただし、それは経営の手を抜くためにではなく、真剣に二つの施設を作り、その結果、集客率を上げるためでなければならない。民間施設と併設したり、ときに一緒に作るという自由な発想が必要である。近年ではサッポロビールの事例のように、郊外の住宅地開発とジョイントさせている事例があるし、さらにはショッピングモールと博物館を併設することも、これからの方向性の一つであろう。

第2節　博物館の施設と組織

施設と考え方

　博物館は、展示室、収蔵庫、事務室だけでは機能しない。どんなに小さい博

物館でも、きちんと博物館活動を行っていこうとすると、さまざまな施設・設備・空間が必要となる。当然、予算規模により、十分な規模が確保できない場合もあろうが、基本構想を立案する時点では、段階的でもよいので、すべてを満たそうとすることが大切である。予算が限られている場合でも、必要な施設は計上しておくべきである。将来増築するスペースを確保し、各部屋を兼用にし、会議室などで多目的に利用できるスペースを当面確保し、開館後、博物館活動を活発化していく中で増築していくことも一つの手段である。千葉県佐倉市にある国立歴史民俗博物館も、1984年の開館時にすべての常設展示室がオープンしていたわけではなかった。民俗の展示室や近代の展示室は、きちんとした調査と展示計画の検討のうえで順次オープンしていった。博物館の地域に根ざすという基本的性格を考慮に入れるなら、当初は部分開館とし、数年以上をかけて順次オープンさせるという計画がよい。財政規模が小さい自治体が無理をして立派な「ハコモノ」だけ作っても、学芸員や必要な人員が確保できず、活動予算も十分付かなければ、それこそ絵に描いた餅である。

　現代の鉄筋コンクリートの建物は、30～40年で建て替えの必要も出てくるし、補修・修復の予算も確保しておく必要がある。自治体が博物館を持つということは、継続して費用がかかるということなのである。ただ、部分開館して活動を活発化していく過程で、技術の発展でより効率よく建設できる場合もあるだろうし、第Ⅳ章で述べるように外部資金を活動の過程で確保し、活動資金や建設費用に充填することも可能となろう。

　建築家は、しばしば自治体の首長や館長候補者の要望だけ聞いて博物館を設計する。しかしそれではだめである。江戸東京博物館の設計者は、当初、大展示室の屋根の中央に大きな丸窓を開ける計画であった。これは、空間としては魅力的な発想である。しかし実際には作られなかった。それでも南側の壁の真ん中に直径4メートルの円形窓が付けられたが、5階展示室南壁面はカーテンで塞がれている。おそらく当初設計に示された建築にあたっての条件に、博物館の展示物にとって外からの光は望ましくないことを伝えられていなかったのか、あるいは原資料が展示されるという情報が伝えられていなかったためと思われる。

必要な施設

　博物館の裏方としては、以下のような部屋が必要となる。

　トラックヤード、荷解き室、資料清掃室、資料整理室、燻蒸庫、各種収蔵庫、撮影室、現像室、映像編集室、修復室、分析室、データ作成室、各種資料保管室、展示準備室、企画展示準備室、展示用ケース・演示台置き場、学芸研究室、会議室、事務室、館長室、各種ホール準備室、楽屋、参考図書室、コンピューター制御室、各種機械室や警備や清掃、建物管理室。そしてトイレ、資料や作品を運ぶ大きなエレベーター。

　ほかにもレストラン、ミュージアム・ショップの事務室、解説や受付などを外部組織に委託するようなら、そうした委託会社のスタッフが事務を行う部屋や休憩室もそれぞれ必要となる。また博物館で図録やオリジナルグッズを制作するのであれば、そうした商品倉庫も必要である。それと友の会やボランティアのメンバーが集まる部屋も必要である。

　総合的な博物館で、歴史・考古・民俗などの専門分野が必要な場合は、収蔵庫はもちろんであるが、資料整理室や学芸研究室などもそれぞれに必要であり、少なくとも大きな部屋を分割する必要がある。専門分野が限定された特殊な博物館でも、規模の小さい館でも、忘れてはならないのが、二次資料の保管場所である。博物館でさまざまな事業を活発に展開すればするほど、事業に伴う資料や関連するデータ類が蓄積される。当然こうしたデータ類を保管しておく部屋も必要である。地方自治体には文書の保管年限という決まりがあり、しばしばこれを博物館にも適用しようとするが、総じて博物館では自治体よりもかなり長期間の保管年限が必要である。また、一般来館者用の図書室を設けることが望ましい。これは展示に関する質問や、関連する学習ができる場として整備するのだが、その場合、閲覧室、図書整理室や図書事務室、書庫などの付随する施設も必要となる。

　一般の来館者が入ることのできる表側の施設とその関連施設としては、展示室、企画展示室、資料閲覧室、図書室、レストラン・喫茶室、厨房、レストラン関係事務室、ミュージアム・ショップ、商品倉庫、ボランティア室、ホール、会議室、学習室、体験作業室、映像映写室、介護室、トイレなどが必要である。こうした裏側、表側に共通する要件として、電気、水まわりなどはすべて博物

館仕様として、特殊な条件が要求される。空調も特殊なフィルターを用い、酸、アルカリの中和やその他の有害物質の除去フィルターも必要である。湿度も室温と共にデリケートな調整が求められるし、二酸化炭素の濃度もチェックする必要がある。またエレベーター、エスカレーターなどが必要となるが、消防法との関係で多くの人が集まる公共施設として、展示室内など導線にも、より厳格な基準が規定されている。

　展示室には、いわゆる常設展示室のほかに企画展示室が必要である。この企画展示室も2部屋かあるいは、入口が別の2部屋に区切ることのできるスペースにするとよい。2つか3つの部屋に分割して使用できるようにしておけば、大きな企画展示を行う場合は一続きの企画展示室にし、やや規模の小さい企画展示を行う際には同時に2本の企画展示も可能である。さまざまな展示を企画したり、ときには貸し展示スペースとすることもできる。こうした可変的な利用により、場合によっては、貸出施設としての収益も期待できる。また、こうした企画展示室にも展示準備室や控室、展示具保管庫などが必要なことはいうまでもない。

　さらに駐車場も必要である。一般の来館者用の駐車場を設置するかどうかは立地の問題もあるから一概にはいえないが、業務用の駐車場は絶対に確保しなければならない。トラックヤードには、美術品専用トラックが入る。雨の日でも資料を濡らさないで博物館の中に搬入できることは、博物館の必須条件である。ほかにもメンテナンスの日には、多くの業者の車が駐車する。特に経営効率を上げるために、企画展と企画展の間隔を狭めたり、休日を減らすためには、こうした業務用のスペースの確保が必要条件となる。

　ここでは、以上のような博物館の基本的な施設についての詳細な説明は行わないが、筆者があえて述べておきたいのは、ミュージアム・ショップとレストランである。いずれもある程度のスペースと基本設備は設置しておく必要がある。特にレストランの場合、ある程度以上の厨房設備を作っておかないとまともな料理はできない。そして博物館ゆえに、厨房と博物館的施設との隔離が大切である。レストランは委託する場合が多いと思うが、空間だけ用意する場合と基本的設備は館側が用意しておく場合がある。そして、床や壁などの内装は、レストランの委託業者が決まっていればその業者と調整しつつ作る。建設にあ

たってごく一般的な物を作っておいたために、その後委託された業者がすべて作り替えなければならないという話もしばしば聞く。これでは資源と予算の無駄遣いである。内装や厨房を委託業者に作らせることは、業者側にしてみれば設備投資となるわけだから、最低でも5年以上の期間は委託すべきである。レストラン経営もある程度腰を落ち着けて行う必要がある。そのほうがレストラン委託業者のモチベーションも高まるし、結果として予算・資源も有効に使える。

　ミュージアム・ショップは、博物館の中でも導線的によい場所を確保しよう。多くの来館者が立ち寄ってくれる場所に目立つかたちでショップを設置することは、これからの博物館経営には必須である。博物館の規模にもよるが、1か所でなく企画展示室・常設展示室の出口にも小さいショップスペースを確保すると、売り上げ増加には効果的である。また、こうした設計も、ただ建築士や事務職員の個人的発想で決めてはならない。販売のプロやミュージアム・ショップ経営者を開館準備のメンバーに加え、基本設計時からそうした人の意見を反映させるべきである。

　それから、類似した施設・博物館の経験からどのようなコンセプトでどのような商品を開発して販売戦略はどうするのか、計画書を作成する。そして、ショップの運営組織をどのようにするのか、直営か委託か、実際のスタッフはどうするのか、展示作成と同じくらい真剣に検討して、モデルを作成する。もし委託するならショップでも結果を出すためには、最低5年以上、できたら10年くらいの期間で委託したい。ミュージアム・ショップでも、経営を軌道に乗せるのは、やはり人である。どのようなスタッフを用意できるかが、大切な点である。

　さらにこれからの博物館には、パーティーを開催できたり、多目的に使える場所も確保したい。それは展示室や移築される建造物などと有機的に関連付けて設計したほうがよい。積極的な経営を展開する場合には、それなりのスペースが必要となる。

コラム3　大阪くらしの今昔館

　大阪の市内にある、この博物館は、1999年にオープンしたとてもユニークな博物館である。新しく建てられたビルの8～10階が博物館であり、8・9階は吹き抜

け空間となっており、そこに江戸時代の大坂の町人地の一角が実物大で再現されている。再現された大阪の商家の街並みには、実際の商売である、古着屋、小間物屋などがその店先や奥の住空間までも再現され、ボランティアの人が実際の江戸時代の町人の姿で、商品を売ったりしている。8階は、近代大阪の展示空間となっており、さまざまな大型模型や動く模型で、近代大阪の住環境の変遷史が理解できるようになっている。

　同館館長の講演会を聞き、建築の専門家を博物館作りの側に参画させるべきであるという主張は、本当にその通りだと納得した。街並みの再現や、古い住生活環境の再現にあたっては、現実の博物館の建物の構造に強く規定されるので、建築のことをよく知っている専門家を学芸員とともに博物館を作る側に入れるべきである。例えば行政の中にいる建築士がビルを建て、そこに建造物を移築するとする。そのとき与えられた条件や、学芸員のやりたいことが、建築基準法に照らし合わせて、できるかできないか、発想を変えて一部をどのように手直しすれば展示側の要望が通る話なのか、建築がわかる専門家が、展示作成の側にいないと議論もできない。

　開設を担当する学芸員と、博物館の設計・施工を行う建築事務所の間に、行政の事務職員が介在するパターンでは、直接話ができない不都合がさまざまに出てくる。学芸員の考えが直接、建築事務所に伝わり、議論がなされれば、この場合はこうするとか、あることができないとしても与条件の一部を変えればこのように対応できるといった多くの選択肢が、設計の段階あるいは工事の最中でもみつけられるのである。その場合でも建築の事情がわかる人間が、博物館を作る側のスタッフとしていればよいわけである。

　この博物館の事例は天井高や壁の先のパースの問題、消防法との関係など、示唆に富んでいた。江戸東京博物館でも開館前の企画の時点では、展示を担当する学芸員は、消防法の関係で、木造建物の再現や、その中に入ってもらうことは不可能だと間接的に知らされて悩んでいた。しかし開館直前には、不燃化してあれば、木造での再現や、その再現建物の中に人を入れることもある程度は可能ということが判明したのである。

作るときの組織と人員

　博物館を作る前には、開設準備室を設けて、館長候補者と学芸員が中心になって、展示やさまざまな準備を行うことが一般的であるが、江戸東京博物館では、その準備室の段階から、江戸東京学の提唱者である小木新造氏が中心となり、展示などの準備作業が精力的に進められた。後に2代目館長となる同氏は、館

の基本構想策定の段階から展示部会の代表者であったが、1990年から東京都江戸東京博物館準備室の参事となり、常設展示作成を中心に江戸東京博物館の準備に大活躍した。そして江戸東京博物館には江戸東京学のセンターを目指す都市歴史研究室が設置された。

一般的にいって、館長には現役で、力のある人を当てるべきである。地方の博物館では館長職が、役所や学校を定年退職した人の名誉職であり、ときどき館に来て、座っているだけという場合もあるという。

写真美術館の館長には、都知事の要請で徳間書店社長が就任し、彼の没後は、資生堂会長のF氏が就任した。こうした「財界人」を館長に迎えることも、選択肢の一つではある。筆者はF氏が館長が就任してから3年目に、江戸東京博物館から写真美術館に異動となったが、民間企業人の館長には当初不安を抱いていた。しかし同館長の下で働きだすと、バランス感覚があり、また写真文化やそれに携わる調査・研究の重要性もよく認識している方であることがわかり、働き心地のよい職場と感じるようになった。写真美術館の学芸員も調査・研究と企画展示の実現に努力し、それを館長もよく認識し奨励していた。館長の意見で筆者の印象に強く残っていることは、各スタッフが担当業務の細部をきちんと処理していけば、必ず成果は出るということであった。展示の内容にはほとんど口を挟まないが、唯一妥協しないで意見を主張されたのが展覧会の題名であった。得てして自分もそうであるが、学芸員の考案する題名はしばしば面白みの少ない、内容をそのまま言い表したものであることが多い。展覧会初日の夕刻、今日の入館者数は何人だったかという問い合わせの電話が館長から直接かかってきたことがあり、すぐに意見や感想を記したファクスが届いた。館のスタッフはすぐにそれを回覧し、必要な指示はすぐ行った。こうしたことから、館長がいかに写真美術館を愛しているか、ひしひしと伝わってきた。

筆者は、博物館の館長には、できれば博物館に学芸員や職員として勤務した経験のある人で、博物館のことをよく理解している人、そのうえで地方自治体の首長と話ができる人が望ましいと思う。研究者や実務家として能力があり、経験が豊富でも、その博物館に骨を埋めてもよいというほどの人でないと、学芸員はなかなかついていかない。また、館長が自治体の首長と親しい間柄であれば、自治体職員が暴走することがない。さまざまな地方の学芸員から話を聞

くと、出先の博物館では、本庁と違って好きなことができると勘違いしているような自治体職員もかつてはいたようである。また、館長と首長の間にコミュニケーションがある場合、一般的な傾向として、実務能力のある有能な行政職員が博物館に派遣されることもあるように聞く。

　学芸員は、館の規模や特性に応じて公募試験によって集めるべきであるが、中心となるスタッフには経験豊富な学芸員が必要である。まずはじめに中心となる経験のある学芸員を採用し、その後に試験によって適性を見て必要な人員を集める。これは学芸員だけではなく、マネージメントの分野でも同様であるが、全体的な年齢構成も考慮する必要がある。また幹部職員となる民間人を開館時から採用し、民間からの資金導入についての道筋を検討し、行政から出向するスタッフと一緒に、博物館の経営方針を作成できるといい。できれば、教育普及分野でも広報分野でも同じように経験のある人材を集め、そこで基本計画に沿った実務的計画を立案しつつ新しい人材を追加していくことが理想といえよう。

　また、準備段階から参加してもらっている地域の市民の集まり、専門分野の研究会、さらには商工会や企業グループ、地域の学校教員とも連携を取り続けていく必要がある。各種の協議会を設置するのもよいし、さまざまな関わり方があるだろうが、時には手間がかかって面倒でも、そうした地域の人々の意見を絶えず聞きながら博物館経営を進める体制を作っていくことは、将来必ず役に立つ。

　そして前述のように、構想を作成する段階から建築家を仲間に入れ、その人には建設の最後まで関係をもってもらう。この建築家とは、博物館を設計・施工する建築家とは別の人物である。

　博物館作りにおいては、学芸員と博物館を設計する建築家や設計会社、展示施工会社が対立関係になることがある。学芸員側は、勢い使いやすさを追求する。ときには展示の調査と並行して建物の設計が進むと、実施設計が決まった後で大きな展示物が発見されたりもする。それが展示の内容として欠くことのできない資料であったりすると、学芸員は何とかしてその巨大な展示物を追加してくれるよう交渉する。それが展示設計前なら問題ないが、設計が決まった後だった場合は、設計変更になってしまい、困難となる。博物館を作る場合に

は、そうしたことがよく起こる。その背景には、博物館を作るにあたって展示のための調査を新たに行ったりする場合があり、それと設計がタイミング的に合わないことが生ずるのである。博物館作りではまず、展示の目的や展示物の決定を最初に行う必要があるのは、そのためである。

　こうした設計の変更が可能かどうかは、建築を専門としない学芸員には全くわからない。それでも設計者と交渉するのだが、そのプロセスに、自治体職員が入ると、ことはさらに面倒になる。彼ら職員にとって業務とは基本的に予算に基づいたものであり、一度決まった事業計画は変えるべきではないからである。もし建築家が博物館の内容を考える協議会側に入っていれば、この時点であってもこうした設計変更はできるとか、どのような追加工事ならできるかなど判断することができる。何よりも、最初の時点で機能と設計のデザインのせめぎ合いの際に有効である。また、最初に策定する基本構想でも、設計の条件をきちんと設定できるのである。最も望ましいのは博物館に詳しい建築家を入れることである。民間の設計会社に所属する一級建築士でもよいし、地方自治体で建築に携わった人でもよい。

　江戸東京博物館の開館準備では、すでに実施設計が決まり着工している時期ではあったが、学芸員にもさまざまな意見を述べる機会が与えられた。そのことによってさまざまな部屋の位置や構造、仕様について一部変更がなされたが、変更できない問題点も多々あった。最も問題となった点は、資料運搬用のエレベーターであった。

　同博物館は、4本の足で中空に建つ形をしており、4階全体が収蔵庫となっていて、常設展示室が5・6階、図書室やレストランが7階にある。それなのに資料を運ぶエレベーターは横幅が4.7 m、高さ2.8 m、奥行きが2.2 m程度という小ささなのである。一般の

図7　江戸東京博物館外観（江戸東京博物館編 2008 より）

人から見れば、展示物もさほど大きくないので、これだけのスペースがあれば十分と思われるかもしれないが、バラエティに富む資料を展示する歴史系博物館としては狭すぎる。例えば、海苔を取るためのベカ船やその櫓、大名籠（乗物）の担ぎ棒も長すぎて入らない。また、地層の剥ぎ取りやさまざまな大型模型も入らない。そのため、開館前の常設展示制作のときは、建物の屋上に大型クレーンを設置し、外から大きな資料や制作物を吊り上げて展示室まで運び入れた。その後、開館後にはこのクレーンは撤去されたので、現在はエレベーターに入らない資料は、曲がりくねった階段を苦労して通すか、それでも大きすぎて常設展示室の階に上げられない資料は展示を断念せざるを得ない。

　このエレベーターの大きさを設計図で知ったとき、大多数の学芸員が反対した。しかしすでに実施設計に入っており、エレベーター部分は変更できないといわれた。確かにこの時点では遅かったのだろう。このときは学芸員の側にも建築をわかる人間がいたならばと痛切に思った。

　地方自治体が博物館を作る場合、担当の幹部職員は、可能な限り博物館の開館まで継続して、その任に留まるべきである。N県の歴史系博物館では、開館前から開館後まで5年以上、同一の責任者が任命されていたという。一人の責任者が継続して業務にあたることにより、より効率的に博物館建設が進む。もしも責任者が変わってしまうと、人によって、さまざまな点で判断が異なる場合も出てくる。

　また、優秀な地方自治体の職員も多く必要であるし、民間出身のさまざまなスタッフが開館後に必要となる。そのことを見越して、それらスタッフの中心となる人材を開館準備段階から集め、開館後の経営組織を作っていく必要がある。

　開館準備を行う時点から、自治体に学芸員等の定数を要求していくことになるが、そこで注意すべき点がある。それは学芸員の調査・研究業務に関してである。関係人員の業務量を積算し、それに基づいて人数を決めていくのであるが、その際、調査・研究に関する時間が業務量として表面に出てこない場合が多い。学芸員の携わる基本的博物館業務については、すべてに調査・研究が伴う。これについても業務量として把握し、定数要求に反映させないと、学芸員が業務過多に陥ってしまう。調査・研究部門を設けたとしても、博物館の場合、

その部門だけが調査・研究を行うのではなく、すべての学芸的業務には、調査・研究が付随する。筆者のイメージとしては、通常の業務量の1.5倍程度を積算しないと調査・研究業務の部分が欠落してしまう。

資料収集にもその背景として調査・研究が必要だし、体験型講座でも資料整理でも展示でも、目に見えない調査・研究がその背景にあるのである。例えていうならば、学校の先生が授業の前に教材研究をするのと同様で、それが範囲、質量、回数ともに多い状態と考えればよい。もし博物館の展示等の業務を企画から外部に委託したら、大学教員レベルの監修者と、展示制作者、ライターなど大勢の専門家が必要となり、膨大な委託料となるのだ。

現存している博物館においても、今からでも学芸員の調査・研究分の業務量を定量的に把握し、行政に対し要求していくべきである。そして条例などで学芸員の最低必要数を記載するようにすべきである。

第Ⅲ章　博物館を運営する

　博物館とは何をもって、博物館というのだろうか。
　筆者なりにいえば、博物館とは貴重なモノを所有し、管理し、調査・研究を行い、展示公開する施設である。博物館法によれば、博物館施設とは、動物園・水族館・植物園から美術館、郷土資料館まで幅広く含まれるが、ほかの施設と区別できる最も重要な点は、価値のある貴重なモノを所有し、それを維持・保管して後世に伝えるとともに、展示、公開し、調査・研究を行い、教育普及活動を行う点である。つまりモノを中心とした諸活動を展開する施設ということである。したがってモノを意識的に収集していくことは、博物館にとって最も基本的な活動といえるだろう。
　ただし、いくらモノを持っていても公開しなくては博物館ではないし、いくら講座や講演会を頻繁に実施していてもモノを持っていなければ博物館ではない。そしてこのモノの収集・保管・展示・教育普及・調査研究・広報活動が博物館の基本的業務であり、筆者はそれをきちんと行っていくことが博物館を運営していくことと捉えている。
　モノに対する直接的、一次的働きかけと、そこからの発信が博物館の基礎的運営のコアであり、それを直接担当するのが学芸員である。そしてそれを取り巻く人・組織・施設などが運営の体制といえよう。

第1節　資　料

資料収集

　博物館にとって何が貴重で価値があるのかは、その博物館の性格や目的により規定される。歴史系博物館、考古学博物館、美術館、民俗資料館、文学館、動物園など、博物館の性格により、集めるモノは変わってくる。収集対象となるモノは、主に歴史系博物館などでは資料と呼ばれ、芸術作品を収集対象とす

る美術館では作家の作品（関連資料を含む）が主な収集対象となる。動物園や水族館では、生きた動物などが収集・飼育・育成の対象である。こうした対象となるモノの違いは、分類や整理、保管、そのほかさまざまな運営業務に影響を与えることになる。

　資料収集は、大きく寄贈と購入が中心で、採取や交換、寄託という手段もあるが、あまり一般的ではない。収集方法としては、学術的調査実施に伴うものがよく知られており、発掘調査や民俗調査では採取も多くなるが、寄贈や購入の場合も出てくる。そのほかさまざまな博物館において、資料の購入にしても寄贈にしても、調査・研究が前提となる。

　① 寄贈資料を集める
　資料収集にあたっては、その博物館での独自の収集方針を決める必要がある。ただ、こうした方針は、どうしても概念的なものになりがちである。博物館でも専門館は、収集方針が決めやすい。たとえば、切手博物館であれば、切手や切手に関連する資料を集めるということで、その収集方針は比較的決めやすい。

　江戸東京博物館では、開館の数年前から準備室により資料収集が開始されていたが、開館前後の収集方針は、抽象的な表現となっていた。収集する対象範囲があまりにも広く、どうしても各分野により象徴的な表現にならざるを得ないのである。一つの着物にしても生活民俗という分類に入れるべきか、工芸という分類に入れるべきか迷ってしまう。生活の道具はさまざまあり、そして現代の道具・容器・機械になるとさらに種類は膨大となる。

　たとえば、浮世絵といっても何千と種類が存在するように、冷蔵庫もミシンも携帯電話も恐ろしいほどの種類が存在する。しかし収蔵庫はスペースに限りがある。そのため寄贈の申し出を受け入れるか断るか、いくつかのハードルを設け、ふるいにかけることになる。何を寄贈してもらい、何については断るのか、なかなか難しい判断となる。学芸員がその分野の専門家でなければ、適切で素早い判断はできない。専門の学芸員でも、そうした寄贈の申し出があった場合、調査に出向き、実際にその資料を確認し、履歴などについても聞き取りを行う。物質文化的な視座から必要かどうかということと、もう一つは展示ができるかどうかということが判断基準になる。そのためには、モノの持つ単純

な情報のほかに、そのモノの履歴は必ず調べなくてはならない事項である。それと寄贈者の意思確認と、博物館に寄贈することの意味について説明して理解してもらう。博物館に寄贈すると必ず展示室に展示されると勘違いする人も多い。また、ときには寄贈する意志がなかった、本当の所有者が別にいる、という場合もある。よって現地での現物確認と聞き取りが大切となる。

　逆にいえば、寄贈資料で履歴のわからないものは、その価値が半減してしまうのである。いつ、どこで、誰が、どのように手に入れ、どのように使われてきたのか、詳しく聞くことが重要である。これを行わないと、生活文化の歴史を再現し展示するために使うことが難しくなる。ただし聞き取りがないからといって、必ずしも展示で使えないわけではない。例えば徳利などは形式や技法で、その年代や生産地がほぼ同定できる。しかしそのモノが持つ来歴を語る展示はできない。

　寄贈資料には予想していなかった貴重な資料が含まれていることもある。かつて今戸焼の調査を行い、その過程で今戸焼の製品や関連する資料を寄贈してもらったことがあったが、その際、今戸焼職人の母親が使っていた衣類を行李ごと寄贈された。調査時の10年ほど前に高齢で逝去した明治前半生まれの女性で、彼女の寝間着は、古くなった手拭いを縫い合わせて作った浴衣であった。もととなった手拭いには数桁の電話番号が認められ、ここから明治期以降のものと推察された。こうした寝間着はあまりにも下着に近いという感覚から、一般にはあまり寄贈資料として出てこない。このときの寄贈も、行李の中にまとめて入っていた着物類の中に紛れ込んでいたものであった。この手拭いで作られた寝間着は、博物館が開館したとき常設展示室の「江戸の暮らし」のコーナーで展示された。手拭いを縫い合わせて寝間着を作るのが江戸の習俗だったといわれていたが、その現物は皆無だった。この資料は明治期以降の所産であるが、江戸の習俗を引き継いでいることから、学芸員の判断で江戸の生活のコーナーで展示された。こうした生活の様子がわかる具体的資料は古文書や絵画よりも、強い展示パワーを持つ。

　博物館ではこうした例は結構多い。例えば、中央区・佃や、江戸川区から寄贈された海苔の道具や農具なども、作られた年代は近代であったが、展示のコンセプトに合致する資料であることから、江戸時代の「村と島」のコーナーで

展示された。これら資料が形態的にも江戸時代の資料と変わらないと学芸員が判断したとき、こうした展示がなされるのである。そうでないと、実物がない場合は当時の絵画や文書の展示で済ませることになり、それでは効果的な展示ができないからである。

収集には、市民に対する呼びかけも大切であるが、その博物館が地道な活動を続けていくことで広く周知されることとなり、その結果、自然と寄贈の申し出が多く寄せられるようになる。江戸東京博物館の場合も開館後、貴重な寄贈資料が増加した。これは多くの来館者を得て、その知名度が上がるとともに、資料を大切に保管する博物館であるという認識が広がったことで、家宝とされていたような、珍しい資料の寄贈も増えたのである。中には旧幕臣の資料があったり、ほかの博物館には見られないような生活道具などの寄贈資料も多い。

反面、有名になったおかげで、同じような資料の寄贈の申し出も多くなる。こうした場合は、時期的にも形態的にも同じ物は、残念ながら断らざるを得ない場合が多い。ただし、既収蔵資料と同じ物でも格段に状態がよかったり、以前寄贈された物より履歴がよく聞き取りできる場合は、寄贈を受けることもある。

一つの焼けこげたトランクがある。これは東京大空襲で逃げまどった当時20代の女性が大切に保管していたものだった。これは聞き取りの情報がなければ、ただの焼けこげた古いトランクであり、さしたる価値もなく、展示することもできない。それが空襲のときの様子や寄贈者の生活状況なども丹念に聞き取り、資料カードに書き残すことで、空襲のコーナーで展示できる博物館資料となる。カードに記録が残っていれば、担当の学芸員が変わっても、そのカードをもとに展示できる。

② 寄贈資料の受け入れ

博物館に寄贈の情報が来たら、その時点でわかる情報を通報カードに記入する。第一次情報は、電話だったり、博物館に直接モノを持ってきたり、写真を添えた手紙が送られてきたりさまざまで、近年ではメールによる寄贈の申し出も多くなりつつあるが、ともかく寄贈の第一報が来たら、情報が寄せられた日時、所蔵者名、連絡先、住所、第一次対応などを通報カードに記載する。例え

ば電話で資料を寄贈したいという連絡があったとする。そうしたら、概要などを聞くと同時に、博物館に寄贈するとはどういうことか説明する。博物館に寄贈したら、所有権がなくなること、寄贈したからといって、必ずしも展示されるとは限らないこと、こちらが調査して、そのうえで寄贈をお断りすることもあるということなどを説明し、納得してもらったうえで、実際に資料の調査に出向く。

　小さい資料だと、郵送すると言ってくる人も多い。しかし、なるべく相手先に出向いて行き調査する。前述のようにどういう場所で、どのように使われたのかが、大事だからである。郵送してもらうと、なかなかそうした情報は得られない。こうした調査は、できるだけ二人で行うほうがよい。一人が話を聞き、もう一人がメモを取ることもできるし、一人だと聞き忘れたり間違う場合もある。それから、調査の写真を撮影したり、簡単に資料の状態を確認し、ときには大きさを測る。申し出のあった資料は、どんな物でも一点しかない貴重な物であり、丁寧に扱わなくてはならない。

　また実際に出向いていくと、情報が寄せられた資料のほかにも、いろいろと面白い物が出てくることがある。相手は、寄贈を申し出た資料よりも価値がないと思っていても、こちらにとってはのどから手が出るほど欲しい資料が出てくる場合もある。実際、ある寄贈の申し出で、中国製の天目茶碗があるとのことで、調査に出向いたところ、その茶碗自体は新しいものであったが、それとは別に勝海舟が自分で作ったという楽焼の茶碗が出てきた。こちらをぜひにとお願いし、快く寄贈してもらったことがあった。また、関東大震災の資料があるとのことで、調査に出向くと、戦後新橋で購入したという統制番号入りのカップアンドソーサーなどヤミ市関係の資料が出てきた。これは現在、常設展示室のヤミ市の展示コーナーでときどき展示されている。

　寄贈の受け入れは、最終的には収集委員会および評価委員会の審議を経て正式に決定されるが、その前に、調査後担当係レベルで、学芸員が合議して寄贈を受け入れるか断るかを協議する。この検討会ではときに激論を戦わせることもある。さまざまな専門分野の学芸員が集まっている博物館で、専門分野が異なるとその判断基準も異なり、収集資料について判断が分かれる場合もある。こうした場合は、その資料に最も適した専門分野の判断が最終的には尊重され

るべきであろう。

　そして受け入れる方向で結論が出れば、資料を仮に受け取ると同時に、寄贈書を書いてもらう。これは所有者本人の保持する資料を博物館に寄贈することを明示した書類で、これには住所・氏名・印が必要である。

　寄贈の受け入れが決まれば、いよいよ資料の引き取りである。数点の場合は、学芸員が梱包し手持ちで運ぶこともあるが、その場合もなるべく博物館の車を使う。通常は博物館の車を使うが、点数が多い場合や車が使えない場合は、美術品専門の輸送業者のトラックと作業員を手配して受け取りに行く。その場合、1か所行くだけではトラック代、作業員代がもったいないので、数軒の家を順番に回ることもある。

　こうして資料を引き取るのだが、その際には、担当学芸員名の「仮受領書」を発行する。これはまだ、正式に寄贈してもらったわけではないので、「仮」なのである。引き取る際には、寄贈者名、資料名、引き取り年月日を記入したラベルを資料に付けておき、後で整理する際に野帳（ノート）のメモを確認しつつ、資料整理を行う。熟練した学芸員が数名いる場合は、この段階で資料整理まで行ってしまうことも可能となる。

　江戸東京博物館が開館間近だった頃、常設展示の「江戸の村と島」のコーナーで展示できる農家の資料が出てきた。もちろん近代の所産の農具であったが、近世のものと同じ形態で、近世の展示コーナーにも利用できるものであった。そのため、筆者のほかに民俗学に造詣の深い学芸員3名で引き取りに行ったことがあった。事前にこの寄贈者宅を訪問し、資料名の聞き取りと各種の情報を得ていたので、あらかじめ資料番号を取り、ラベルに資料名と寄贈者名を記入したうえで、館の車で引き取った。一人が寄贈者から聞き取って、名称と使用方法を再確認、もう一人が大きさを測量・記入し、それを資料番号のあるラベルに記入し、筆者と共に資料カードにも記入した。もう一人は資料のクリーニングを行い、ラベルと並べて資料の写真を撮影し、梱包。そうした手順で50点以上の農具を半日強で引き取り、整理作業を終了し、博物館のオープンに間に合わせることができた。

　こうして引き取ってきた資料は、清掃し、整理作業を行うこととなる。一点一点の資料について資料カードを作成し、資料番号を与えていく。これをコン

ピューターに入力し、寄贈予定資料の台帳を作成し、それを資料収集委員会や評価委員会に付議し、その決定を経て、初めて正式に寄贈資料を受け入れることとなる。正式に受け入れが決まった後に、受領書を寄贈者宛てに発行する。

③　資料を購入する

博物館にとって資料の購入は、寄贈と並んで、なくてはならない資料収集の一手段である。

博物館の目的を達成するためには、資料を収集して整理・保管、調査・研究を行わなくてはならない。そうしないと展示やそのほかの教育普及事業、さらなる調査・研究に供することができないからである。ただし、資料の収集は購入だけで事足りるわけではない。歴史系の博物館では、調査に伴う資料収集のほうが、より貴重な資料を得られることも多い。古美術的資料、たとえば浮世絵や古地図、版本類は市場ができあがっており、古書店や入札会（オークション）で購入することができるが、本当に貴重で骨董市場に出ないようなモノは、やはり目的を持った総合調査や寄贈により入手される。

古書店が年何回か発行する目録を見て、資料を購入する場合もあるし、七夕入札会などの大きな入札会や古書市で購入する場合もある。資料でもいわゆる紙モノは古書店の目録によく出てくるが、立体物は骨董屋や古美術商からということになる。個々の業者から、これこれの資料が入ったのでどうかという申し出がある場合もあるし、いくつもの骨董商が集まる骨董市で購入する場合もある。入札会や骨董市のように多くの業者が集まる場合は、一つの業者に取りまとめを依頼してそこから購入することが一般的である。すべての場合、原則的には寄贈と同じく通報カードを作成し、資料の調査や検討した経過の記録を後でたどれるようにする。

どのような場合でも、適正な価格で資料を購入することは必要条件である。資料にはそのモノの持つ価値があり、それが価格となる。購入資料は寄贈資料とは違い、来歴など背景が不明なモノが多い。いつ誰がどのように入手して使用していたのかといった情報が取れない場合が圧倒的に多いのが、購入資料といえよう。もう一つ複雑な場合として、資料の所蔵者から売りたいとの依頼がある場合である。そうした場合、寄贈で入手することもありうるが、購入する

手段を用意しておくことが大切である。所蔵者が個人であったとき、仮に預かるというシステムが理解されないと不信感を生む場合がある。業者を絡ませて一時業者に購入してもらったうえで博物館が購入するという手段もあるが、これだと手数料が上乗せされる。どのような場合でも真摯に相手の要望を聞き、そのうえでケースバイケースで処理するのが肝要である。購入についてもその契約が地方自治体であると書類が多く複雑な場合が多い。一般の所蔵者はそうした契約手続きに慣れていないので、信頼のおける古書店や骨董業者を通して購入するほうがスムーズにいくことが多い。

資料購入案件についても内部の担当セクションにおいて金額の妥当性と、購入するかどうかの判断を合議して決める。購入を内定したら、資料を仮に預かり、仮預かり証を発行する。この辺りは業者と博物館との信頼関係のなせるところとなるが、仮預かりした資料をやはり整理して、収集委員会、評価委員会に付議して初めて博物館としての正式な購入が決定する。その後に契約手続きを行って代金の支払いとなる。

また資料の購入は、博物館の経営において行政的な年度主義予算がそぐわない例の最たるものといえる。貴重な資料は市場に出る年もあれば、あまり出ない年もあるという性格のものだ。地方自治体の年度主義の予算では、その年度の予算を消化しないと、次年度はその予算は必要ないと見なされて付かなくなるため、一度付いた予算は何が何でも使おうというスタイルになる。ある年はその博物館に必要な作品や資料がほとんど見つからなくても、次の年には待ちに待った貴重な資料が出てきて、それは年度の予算では買えない高価なモノだったりする場合もある。したがって、資料購入は基金として予算を管理し、年度で予算を切るのではなく、必要なときに支出できるようなシステムを作っておくべきである。

N県立博物館は、工夫された資料購入のシステムを作りあげている。館では次年度に実施する企画展示に合わせて資料を購入するため、見つかった資料は信頼のおける古書店に仮預かりしてもらい、その価格を次年度の予算として要求するのである。これには予算がある程度は付くという前提がないとできないシステムであるが、資料購入において実質ベースでの予算要求ができるのがよい。さらに企画展示実施のためにも、資料購入費とその資料をどのように展示

するか、展示計画を実現レベルで作成し、見積もりを取り、それに基づいて予算要求している。この方式は、資料購入の必要性と企画展示の実施を一元化し、さらにこの企画展示が常設展示の一部分として位置付けられることによって、常設展示の改善にもつながるという注目すべきシステムであるといえよう。

またA区立博物館では常設展示の小テーマを深める形で企画展示を実施し、図録を作成している。少ない予算の中でも工夫して関連する資料を購入し、学術的にも価値ある図録を作成している。さらにそれは企画展示が終わってからも、常設展示で活用できるわけで、これによって常設展示の幅を広げ、各テーマについての学問的調査・研究も深化させている。これは江戸東京たてもの園の前身である武蔵野郷土資料館でもとられていた手法であった。

美術作品の購入には、作家の制作との関係がある。展覧会に合わせて作品を制作してもらい、それを展示制作費として計上する場合もあるし、購入する場合もある。そうしたときに大切な点はやはり適正な価格であるが、そのためには、作品のマーケットでの相場を把握しておく必要がある。相場の価格を調べ、それより少しでも安く購入する方向を探る。現代美術作品の場合は、特に収蔵委員会、評価委員会が重要である。

もっとも、作家の作品購入は、公益法人がある程度の自由度を持っていれば、戦略的投資として位置付ける考え方も成り立つであろう。作品購入は本来展示等のために行われるが、その作品は時を経るにしたがい値上がりしていくことが想定される。当然資料も長い年月で見れば同じであり、資料や作品は、年月を経ればしばしば価値が高まるという、独特の属性を持つ資産でもある。

繰り返しになるが、資料収集委員会と評価委員会は博物館にとって必須の審議機関となる。収集委員会で資料収集の妥当性を審議し、評価委員会ではその価格について審議する。また評価委員会では、資料の評価額について確認してもらう。こうした評価委員会には古美術商が入って、評価額を検討することが多いが、その場合も、資料カードに背景となるさまざまな情報が多く記入されているほうが評価額が高くなる、ということを理解している骨董商に頼むべきである。民間やNPO法人、公益法人が資料を所有する場合は、この金額が資産として計上される。そのため、博物館資料の評価額は団体の資産としても重要な意味を持つ。

博物館には、さまざまなコレクションが収蔵されているが、筆者が購入に関わった「永田三郎あかりコレクション」を例に、コレクション購入についてみてみよう。

開設準備段階から、常設展示の江戸のコーナーで、あかりの道具についての展示を企画していた。江戸の展示コーナーの展示において、照明具については研究者のF氏が協力者として関わっていた。F氏に紹介されたのが、埼玉県・秩父地方であかりの道具をコレクションしていた永田三郎氏のご子息であった。何回か事前に調査に行き、コレクションの概要を把握したうえで、価格の交渉を行った。具体的には、事前調査で作成した仮リストを信頼のおける骨董商に見てもらい、想定価格をはじき出した。総点数は2千点以上にのぼったが、価格の事前調整が折り合い、直接購入する運びとなった。仮受けのシステムを説明し、学芸員数人で、美術品専門運送会社の作業員を手配し、丸2日かかって、資料をチェックして梱包し、博物館準備室まで運び入れた。これが1990年1月末だったが、この年は昼でも秩父の気温はマイナス5度以下であった。

その後、学芸員が毎日数名のアルバイトを使って整理し、資料カードを作成し、何とか3月末の収集委員会に付議した。このときは、当時江戸時代の資料収集担当であった資料第一課と近代担当の資料第二課のほとんどの学芸員に整理に参加してもらい、モノの略図を資料カードに書く形で行った。またこの段階で相場を参考にして評価額を付けた。ただしこの時点では整理作業をあまりにも急いだため、不備も多く、次の年にアルバイトの力を借りて再整理した。

こうしたコレクションは収集者の意志によるが、展示する際に「〇〇コレクション」と記載するのが普通である。

資料の調査・研究

資料の調査・研究は、寄贈、購入を問わず必ず必要であり、それゆえにこそ学芸員の存在が必須となる。これは資料の収集に伴う調査という場合もあれば、歴史系の博物館や郷土資料館が目的を持って発掘調査し、出土した資料が館の収蔵品となる場合、また民俗学や人類学のテーマで野外調査を行い、それによって資料を収集するというスタイルもある。モノには、おおよそすべてに、研究の歴史があり、研究者がおり、そのモノに関する研究会がある。

博物館がモノを中心とした施設であるという性格上、学芸員にはモノについての専門性が求められるが、学芸員といえど、すべてのモノ、すべての分野に精通することは不可能である。ただ博物館の特性に合わせて、自分の専門分野を深めると同時に横に広げていく努力が求められる。加えてさまざまな分野の研究者やコレクター、研究会の情報を集めておく必要がある。自分がわからないモノの情報が寄せられたとき、迅速にそのモノに関する情報を集める手段と、そのための情報網を作っておくことは、学芸員の大切な条件である。

　資料収集時における調査・研究は、直接そのモノを収集するかしないかを決めるにあたってきわめて大切である。ある一つのモノに関する歴史、分布、使用方法などを知る必要があるし、博物館にどのような資料がすでに収集されていて、何が収集されていないか、展示ではどのように活用できるのか、調べる必要がある。そのうえで大切なことは、寄せられたモノの来歴などの聞き取りである。これも学芸員の必須の技能といえる。そのモノに関する聞き取りがきちんとできているかどうかにより、そのモノの博物館資料としての価値が左右され、展示や教育普及活動に利用できるかどうかも決定される。

　資料を購入する場合も、同様にさまざまな調査・研究が必要であるが、購入のほうが来歴などの情報が得られない場合が多く、そのモノの価値をどのように評価するか難しい。そうした中で、形態やさまざまな付帯物、特徴から、そのモノの年代、用途、使用地域などの属性を明らかにしていく必要があるわけで、物言わないモノをいかに観察し、どのような情報を引き出すか、学芸員の腕の見せ所でもある。

　江戸東京博物館では、開館前から東京湾の海苔生産に関する資料がまとまって何件か寄贈されており、開館後も海苔関係資料を寄贈したいという情報が時折入り、また購入資料の一部に海苔関係資料が含まれることもあった。こうして海苔関係の資料は、葛西、佃島、大田区域などから比較的まとまった形で集まってきていた。そのため、館内の文化人類学研究グループで、2000年より海苔をテーマとして、継続して調査・研究を行っていた。

　収集時に書かれた資料カードを見直し、情報が不十分なモノについては、再度寄贈者から情報を取り直した。また、多くの立体資料について実測図を作成し、不十分なモノについては、写真撮影を追加して実施した。大田区や千葉県

浦安市、江戸川区などの博物館、教育委員会の先行研究を学習し、必要な場合は研究者や学芸員から直接聞き、各地域のものを比較研究し、担当学芸員がテーマを決めて研究発表を行った。この活動は4年ほどで休止せざるを得なかったが、こうした活動の結果、参加学芸員の知識は高まり、研究者とのネットワークも作られ、関連施設がどのような資料を所蔵しているのかわかり、資料カードは充実したものとなった。

　また「貧乏徳利」という、江戸時代、酒屋が酒を量り売りした陶器製徳利の寄贈の申し出があった。以前、寄贈者が工事現場で拾ったものだという。拾われた工事現場の場所はわかったが、土中からの出土物なので、来歴、使用方法などは不明。しかし江戸時代の貧乏徳利については、年代的に形がどのように変化したか考古学的に研究されており、徳利の肩の張り具合や口の部分の形で年代が判明した。江戸時代の考古学研究が進展していて、これに詳しい考古学専攻の学芸員がいたからこそ判断できたのである。

　筆者は、開館準備時に戦後の「ヤミ市」コーナーの展示担当となり、新宿のヤミ市を模型として再現するためにさまざまな調査を行ったが、この調査の過程で、占領時代の英語表記の道路標識を探し求めたことがあった。そしてS区博物館の学芸員のアドバイスにより、まだ実際に道路脇に立つ「ルート2」道路標識を見つけだし、交渉を重ねて、ついに道路から抜き取り、江戸東京博物館の資料とすることができた。この「ルート2」標識は、現在も常設展示コーナーに立っている。こうした調査があってこそ初めて欲しい資料が収集され、リアリティのある展示が可能となる。

図8　ルート2道路標識の抜き取り作業
（小林ほか 1994 より）

資料の整理・管理

　資料整理は、そのモノに即した専門性がなくては難しい。前に触れた

が、具体的には、次のような流れとなる。

収集時には、モノにカードを付けて、いつ、どこで収集したかわかるようにしておく。それと共に一つ一つのモノについて、寄贈者、収集日時、その来歴、使用方法などを聞き取り、メモに記録を取っておく。収集する時点で、採寸したり、写真撮影する場合もある。運搬で破損しないように、薄用紙や波段ボール、エアキャップなどで簡単に梱包し、車やときには手持ちで博物館まで運ぶ。

博物館に運んだら、寄贈者ごとにまとめておき、なるべく早く資料整理を開始する。最初にクリーニングを行い、あまりに埃にまみれた民具などは水洗いする場合もある。そして資料カードを作成するのであるが、これが博物館にとって必須な作業であり、できあがった資料カードは博物館の財産になる。

カードの設計は館により異なるが、通常数種類のフォーマットが用意される。専門博物館であれば、１種類の資料カードにすることも可能であろうが、バラエティに富んだ資料を収集する総合博物館では１種類では対応できない。江戸東京博物館の資料カードは上半部分が共通フォーマット、下半分が分野別のフォーマットとなっていて、資料の性格により、A～Eまでのカードを作り、

年度　第　回収集委員会　　　　年　月　日

1資料番号	2分類	3収集年月日 年　月　日	4収集担当者	5記入年月日 年　月　日	6記入者名
7資料名	8資料現地名		9入手先	10受入状況	
11作者・制作者	12使用者		13補修　1不要 2要	14法量（重さ、時間も） ×　×　×	
15形態・仕立	16数量	17保存状態 1良　2部分不良　3不良	27写真・解説図等		
18資料の種類 実物・レプリカ・模型・複写 その他（　　　）	19材質・技法				
20収集方法 寄贈　購入　採取　製作　交換 その他	21制作・使用年代				
22制作地・使用地 1現認　2推定	23備考				
24用途・変遷・伝来・分布（制作状況含）					
25関係品（コレクション）					
26付随記録（銘・箱書・印・出版事項等）					

図９　高麗博物館の資料カード（表）

Aは生活民俗資料、Bは歴史資料（文献など）、Cは典籍類、Dは工芸品、Eは映像音響である。原則的に5W1Hの情報と、資料そのものの情報（大きさ、材質、付属物など）を記入し、写真をカードに貼る。資料番号は8桁で、最初の2桁は、収集委員会の西暦の下2桁、次の2桁は寄贈、購入、制作などの資料収集の方法を表している。その下4桁が資料ごとに付与される番号となる。開館以前は、番号取り簿があり、そこに想定される点数より少し多めの番号を、寄贈者ごとの資料群のために確保した。ただしこの方法だと空番が多く出たり、ときには間違って重複も起きる場合があり、開館後は仮番号を付与して整理しておき、後でコンピューターで自動的に番号を付与していた。

　資料カードを作成したら、カードの情報をコンピューターに入力して出力したリストを収集委員会、評価委員会に付議する。購入の場合は、委員会の決定後、正式に購入して博物館資料となる。寄贈も同様で、寄贈を受けることが決定した後、受領書を寄贈者に発行する。評価額によっては感謝状も発行する。

　委員会終了後、資料は薫蒸して、バーコードを付けて、収蔵庫に保管する。ちなみに江戸東京博物館では、前年度に収集した資料のお披露目展を2002年度から実施しており、これは寄贈者に好評を博している。

　収蔵庫は、考古、生活民俗、美術、染織、漆器、歴史など、資料の属性ごとに分かれている。そのほかに、展示や貸し出しのために出庫する資料を仮に置いておく展示収蔵庫、企画展示用の借用資料を入れる借用収蔵庫、仮置きの収蔵庫などがある。収蔵庫では棚番号をバーコードリーダーで読み込んで、資料のバーコードを対応させ、コンピューターで管理している。常設展示、企画展示での利用や、ほかの博物館などへの貸し出し、研究者の特別閲覧などのときには、コンピューターに予約を入れる。そして実際に収蔵庫から資料を出す際には、出庫処理でバーコードを読む。常設展示での利用の後は、またバーコードを読んで入庫処理を行い、次に本来の収蔵庫に戻し棚番号を読み込み、入庫処理の完了となる。このようにして、コンピューターで資料の利用履歴や存在する収蔵庫、棚番号がわかる。ただし、人間がやることなので、ときどき資料が行方不明になる場合もある。単純な棚の置き間違えや、バーコードの読み違い、小さな紙資料が大きな紙資料の中に挟み込まれたり、など原因はさまざまであるが、念のため展示や貸し出しの前には、コンピューター上での予約だけ

でなく、実際に収蔵庫に行き、現物を確認することが必須の作業となる。

資料の分類は博物館にとってきわめて重要な、そして大変な作業である。江戸東京博物館の場合は、第一分類、第二分類、種別という階層構造になっていて、資料整理の段階で分類を当てはめる。開館後5年くらいまでは、第一分類のみであり、第二分類、種別については基本的に未分類であった。開館後、専門分野ごとの研究グループを立ちあげ、主にそのグループが主体となり分類の検討と資料の再分類作業を行っていた。これにより、統一的な分類基準が確立してきた。ただし分類についてはその境界線や、大分類としてどこに位置付けるかといった問題があり、分類検討会が継続して開かれる必要がある。そのうえで、あるものはどこに分類するといった事例集を多数記録しておくことが大切である。

保存・修復など

資料の保存・修復のためには、分類ごとに資料の状態チェックを行い記録を作成する。そのうえで状態の悪さ、破損のひどさ、修復の緊急性などを勘案し、予算と必要性に応じて、補修・修復を実施する。補修や修復には、最初に博物館として、資料分類ごとに方針をきちんと決めておく必要がある。どこまで、どのように修復するのかは、組織として決めた大方針に沿って実施する。たとえば現状を最大限生かした修復なのか、どの程度制作時の姿、形を再現するのか、判断は難しい。ほとんどの博物館では、現状を維持する形で補修、修復を行っている。ものによっては、専門の業者に依頼するが、これには入札はそぐわない。熟練し実績のある業者と入念に資料を見ながら打ち合わせし、修復計画を立案する必要があるからだ。修復が終了したら学芸員は資料の状況を確認し、修復担当者は修復実施報告書を提出する。そして修復の記録は、カードやコンピューターにも追加する。出土遺物や生活民俗資料の保存処理も同様である。まずどのような現状か、状態を観察してそれを記録し、そのうえで保存処理を施すが、その記録は重要であり、資料とともに半永久的に残す必要がある。

資料の保管・管理方法はそのモノの属性により変えるべきであり、さらに個々の資料の状態により、ケースバイケースで判断していく必要がある。すべての資料を厳密に保管していくことが、よりよい状態で資料を後世へ伝えるには最

もよいのだが、博物館には資料を展示・公開し、教育普及活動で活用するいう相反する使命がある。そうした中で、資料の分類ごとに管理の基準を決めると、活用が難しくなる。同じ資料がいくつあるのか、状態そのほかさまざまな状況を個別、多角的に判断して、個々の資料に対して活用基準を決める必要がある。つまり貸し出し日数や貸し出し先、実際に動かしたり、触ったりすることの基準である。こうした見解については、専門分野、学芸員の指向性により大きな意見の違いがある。しかしその博物館の現状を大局的に見つつ、議論して基準を決めていかなければならない。

江戸東京博物館では、2001年度に資料の体験型活用基準要項を設定した。学芸員などの立ち会いのもとで、実際の浮世絵を見ながら学習したり、近代の機械類を実際に動かしてみることができるようにとの意図に沿ったものであり、体験型の教育普及事業での資料活用の促進を図ったのである。実際にある学芸員の指導により、古い音楽再生機を鳴らして昔の音源を聞いたのは、筆者にとっても感動的な体験であった。

収蔵庫の温湿度管理は大切であるが、当然展示室でも継続して管理されなくては意味がない。資料を博物館や図書館に貸し出す際にも、展示する場所について、事前に温湿度や自然光が当たらないか、ライトはミュージアムライトを使用しているか、そして経験のある学芸員が担当しているかなどを確認する必要がある。また、資料を動かしたり、貸し出しなどで管理責任者が変わる場合は、そのつど資料の状態確認を行う必要がある。原則的には収蔵庫から展示室へ移動するとき、展示終了後、収蔵庫へ戻す際も、資料の状態を確認する。

すべての資料は世の中に一点しか存在しない貴重なものである。そのため、価値が高ければ高いほど、展示などでの利用も多くなる傾向があり、それはすなわち資料の破壊が進むことを意味する。そうした貴重な資料は複製を制作する。複製にもさまざまなレベルがあり、土器のような単純な立体物であれば、型どりして彩色する場合や、木を削って作る方法がある。近年ではコンピューターとFRP（強化プラスチック）を利用した自動的制作も行われている。それはコンピューターで資料を三次元実測し、そのデータを元に実測した資料と全く同じ形態の複製をFRPで作り出す技術である。絵画などの場合は、詳細な写真を撮影したうえで手彩色する場合と、レベルは落ちるがコロタイプ印刷

という方法もある。さらには体験型講座で使用するための複製制作もある。

　江戸東京博物館では生活民俗資料については、開館数年後に、収蔵庫内の一斉状態調査を実施し、その結果に基づいて、必要性の高い資料から修復を行った。一つの事例として、中世から続くという、ある名主の家から寄贈された江戸時代の駕籠がある。この家の納屋を調べたときは、町人用の駕籠は形状を留めているのが不思議といった状況で、ほとんど崩壊していた。それを修復するにあたっては、まず類似した町人用駕籠の類例を調査して、その構造を把握し、そのうえでバラバラになっていた部品をもとに全体像を推定復元した。どのように修復し、どこを復元するかという計画を修復専門の業者と一緒に立案し、その後、解体・清掃・修復・復元を行った。しかし、もし工程の途中で、新たな情報が出たりすると、そこで計画を修正することもある。そして修復が終了した町駕籠についての修復報告書を作成した。いつ、誰がどのように修復・復元したのかは必ず必要な情報である。大名の駕籠（乗物）は美術工芸品であり、各地に残るが、逆に簡素な町籠はあまり残っていない。歴史系の博物館としては、いずれも貴重な資料である。

　複製については、展示利用だけではなく、体験的な教育活動に利用する場合もあり、さまざまなレベルの複製制作がある。自館の所蔵資料を複製制作する場合、手続きなどは簡単であるが、博物館が所蔵していない資料を複製する場合は、所蔵者の意思確認やさまざまな手続きが必要である。当然複製制作にあたっても資料には危害が加わらないように細心の注意が必要で、複製制作の経験豊富な業者に作業を依頼しなくてはならない。

　こうして制作した複製資料は、基本的には博物館資料として、原資料と同じように管理する必要がある。

利　用
① 　特別利用

　江戸東京博物館では、1993年の開館時、来館者用端末を図書室に、高精細システムの検索端末を図書室と1階エントランスに設置していた。

　前述のように専門グループを中心に資料の再分類を行ったが、その後は各分野ごとの資料目録の作成が命題となった。まず筆者の所属していた考古グルー

プが先頭を切って、1999年に江戸東京たてもの園考古資料目録、そして2000年には本館考古資料の目録を完成し出版した。そのほかの各分野も順次分野別の目録を作成し、利用者がその目録を用いて資料を検索することができるようになってきている。さらにこれまで実施してきた展覧会カタログも、資料を検索する貴重な入口となっている。

こうした検索ツールから、来館者は資料を検索して特別利用や資料閲覧の申請を行うことができる。館内職員用のコンピューターではさらに自由度の高い検索が可能である。税金で購入した博物館資料・作品は広く公開すべきであり、決して収集を担当した学芸員だけに優先利用権があるわけではない。さらに公開する中で、その資料の重要性が新たに認識される場合もある。そうした中から文化財が生まれるのであり、学芸員は資料・作品について、「これは文化財である」という認識で扱うべきである。

特別利用には、資料の閲覧、資料の借用、資料の写真撮影、資料写真などの掲載などが含まれていた。これらは規則により決められた書式で申請してもらい、個別に許可を決定して実施される。まだ写真がない資料や、写真があっても利用者の希望するアングルとは違う場合には撮影を許可する。すでに写真がある資料については、その原板を貸し出す。

② 閲　覧

資料の閲覧を希望する人が、資料目録や展示図録を見て、コンピューター端末などを使って資料を絞り込み、申請書を提出すると、館では閲覧の必要性を審査する。申請者が資料の情報を確認したいだけであれば、資料の写真や図録などに掲載されている写真と情報で済む場合もあるからである。資料を出し入れし動かすことは、破損を進行させる原因ともなり、また担当学芸員が資料を確認して準備し立ち会うことは、かなり労力を必要とする作業となるので、本当に資料を見る必要がある場合だけ許可し、そのうえで担当の学芸員と日程調整して、学芸員の立ち会いのもと、閲覧を許可することとなる。

閲覧は、あらかじめ、コンピューターに予約し、出庫手続きを行い、そのうえで収蔵庫から資料を出して、閲覧室で見てもらう。ほかの博物館が企画展などを行うための貸し出し前の資料確認も、こうした閲覧として申請してもらう。

この場合でも、資料を収蔵庫から出して閲覧室に運ぶときは、コンピューターに予約を入れ、バーコードを読み、運び出す。終わったら、またバーコードリーダーで読み込み、もとあった収蔵庫の棚に戻す。

③ 貸し出し

　原則的に資料の貸し出しを受けられるのは他の博物館や図書館、類似施設であるが、学芸員が必要性を認めた場合は、それ以外にも貸し出すことがある。これについてはすべて一律に基準を設けるのではなく、対象となる資料ごとに検討するという考え方である。ただし、いずれの場合も学芸員が資料を扱い、展示の条件も厳しくチェックするため、博物館以外の施設では、実際には借用を断念することのほうが多い。

　博物館ではデパートの催事場や社会教育会館にも資料を貸し出すこともあるが、温湿度、空調、消防施設、調光、エアタイトケースなどその条件は、博物館に対するときと同じ条件である。

　貸し出しに際して、一律に基準を設けず、資料ごとに検討するというフレキシブルなシステムは、多種多様な資料がある総合博物館の場合に好適といえるが、貸し出し担当者が変わるたびに、若干の判断基準の変化が生まれるという弱点もある。貸し出しなどの特別利用についても、専門分野別に委員会を作り、そこで検討し、事例を積み重ねていけば、そうした担当者による齟齬は生じない。

　資料の貸し出しについては、事前に資料確認がなされたうえで貸し出し依頼があり、館内検討を経てコンピューター処理を行った後、貸し出すこととなる。貸し出すにあたっては、日程調整をし、事前にもとの収蔵庫から借り置きする収蔵庫に資料を移動させておく。貸し出し当日に最も時間のかかる作業は、資料の状態チェックである。借りる側の学芸員と貸し出し担当学芸員の共同作業で資料の状態をチェックし、図に記録する。これはレンタカーを借りる際に店の人と一緒にキズをチェックするのと同じである。

　この作業が雛道具のように細かくて点数の多い資料群の場合は大変である。一点一点すべてチェックした後、資料を梱包するのであるが、梱包作業は基本的に貸し出し側の学芸員が梱包の許可を出し、美術品運送専門業者の作業員が

行う(学芸員が行う場合もある)。

　小さく点数のある資料も大変であるが、江戸時代の大名駕籠など大きな資料の場合も時間がかかる。資料を事前に計測し、角材やベニヤ板で入れる容器を作っておかねばならない。

　展覧会が終わって資料が戻ってくると、貸し出したときのチェック図を用いて同じように状態を確認し、変化がなければ収蔵庫に戻す。ここでキズや変化が認められたときは、両者確認のうえ、そのキズなどの修復を行うことになるのだが、これに要する費用は、展示借用のためにかけられた保険金でまかなう場合が一般的である。

第2節　展示を作る──常設展の変身──

常設展示からテーマ展示へ

　博物館の常設展示というと、博物館関係者でもないかぎり、「恒常的に変わらない展示であり、一回見ればもういい」と考えている人がほとんどだろう。つまり博物館の常設展示とは、いわば負のイメージを持って受けとられているといっても過言ではない。おそらく「博物館行き」といった言葉と相まって、常設展示がマイナスにイメージされているものと思われる。しかし実際には、多くの博物館が常設展示でも展示替えを常に行っている。展示のイメージを新しくするためであり、さらに資料は脆弱なものが多いので、その保護のためにも長い期間展示しておくことはできないからである。学芸員は年間を通じて展示替え計画を作成し、それを実行している。

　江戸東京博物館でも毎月2回、月曜日の休館日は展示替えの日であった。学芸員がそれぞれ常設展示のいくつかのコーナーを担当し、年間の展示計画を立案する。その展示計画に基づき、コンピューターに展示予約を入力し、展示替えを行っている。展示する資料のバーコードと資料番号、資料名、収蔵場所などが記載された帳票を出力し、コンピューターが打ち出した棚番号を頼りに、その資料を収蔵庫から探し出し、展示予定資料を仮置きする展示収蔵庫にまとめ、資料のバーコードを読む。それを展示替え当日、再度バーコードを読み、出庫処理を行い、常設展示室に運搬する。その後、あらかじめ作っておいたキャ

プションとともに、資料を展示ケースに並べ、場合によっては壁に解説パネルを掛けたりする。

　これは学芸員一人ではとてもこなしきれない作業量で、小さい展示コーナーひとつであっても、美術品専門運送会社の作業員とアルバイトの協力で、一日がかりの作業となる。それまで展示してあった資料は、バーコードと共に展示収蔵庫に運び、バーコードを読み、入庫処理をしなければならない。その後、もともとあった分野別の収蔵庫に戻し、またそこで収蔵棚番号を読み込み、コンピューターにそのデータを流し込む。これによりコンピューター上に展示履歴が記録される。

　しかしこうした展示替えを毎月2回程度行っていても、一般の来館者からは、常設展示が変わっていない印象で見られているのが現実である。では、どうしたらいいのだろうか。

　筆者の提案としては、まず第一に呼称を変えたい。「常設」という言葉が、変わらないというイメージ、使い古されたイメージを呼び起こすのであり、これを「通常展示」、場合によっては「テーマ展示」としてはどうだろうか。

　さらに展示スタイルも変える。例えばある歴史系博物館で、それまで原始・古代から明治までを歴史の流れに従った常設展示を展開していたとする。その展示ストーリーでは、いくら展示物を変えても、一般の来館者は同じ印象しか持たないだろう。もちろん開館時は通史展示を用意する必要もあろう。だが、最初の1年間は通史展示を行ったとしても、1年後にテーマ展示に変える。そのテーマ展示はコレクションを中心としたものでも、埋蔵文化財のものでもいい。学芸員がその地域にあったテーマを決め、展示する。それは「企画展示」ではないかといわれるかもしれないが、そうではない。あくまで収蔵している資料を見せる展示なのである。

　そもそも歴史展示とは、多くの歴史的事象の一部を何らかの視点で切り取った展示にすぎない。そこには必ず捨て去られたテーマもモノも存在する。つまり、通史展示といっても、一つの大きな展示ストーリーに基づいたテーマ展示なのである。通常よく見られる通史展示は、日本の歴史教科書のトピックスを掲げ、それに関連する資料を展示するというものである。これだと展示できる資料は限られ、どこか別の博物館でも見たことがあるような展示になりがちで

ある。だが通史というのであれば切り口は無数に存在しよう。それこそ「切る」という観点から旧石器時代のナイフ型石器から現代のレーザーメスまで、歴史的な流れを展示するという切り口もあろうし、衣服でもよいし、食べ物を焼いたり煮炊きする場の変遷でもよい。そうした日常生活の変遷を示すのも一つの通史展示であろうし、またもしその博物館に大量に存在する資料があれば、その大量具合をそのまま展示してもよい。そこには必ず大量に存在することの意味があるはずである。

　また歴史の見方、歴史観や評価は時代により変わってくるのであり、そうした意味でも、日本史の教科書をコピーしたかのような展示を通史展示とすることは、もうやめようといいたい。なぜなら、教科書で学べないことを学べるのが、博物館なのだから。

　そして、それぞれの博物館が受け持つ主要な地域の歴史を展示すべきだと思う。そのためには、地域に密着し、地域研究の実態を知りつつ、地域の資料や文化財をきちんと把握、評価する。そうした前提があってこそ、地域の個性を出せる展示が展開できる。それには学芸員の地道で息の長い調査・研究と人脈のネットワークが不可欠である。人と人との信頼に基づくつながりにより、地域の貴重な資料が把握でき、地域研究を進めることができる。これは業務は組織が行うものとし、担当者が替わった場合は引き継ぎをすれば事足りるとする役所流の人事異動とは相反するものであろうが、博物館にとっては必須のことなのである。

　博物館の開館時に、すべての通史展示ができあがっていなくてもよいだろう。テーマによっては先行研究があまりなく、博物館の開館後に、地域の研究を進め、その結果初めてしっかりした展示が企画できるというテーマも多い。また第Ⅱ章で述べたように、展示室を順次オープンさせていくことのメリットもある。来館者にとっても、開館時に行ってみて面白い展示と思えれば、まだオープンしていない展示室がオープンするときにまた見に来ようと思うに違いない。そしてプレス発表の機会も増える。

　江戸東京博物館では、開館数年後から常設展示のリニューアルを検討しはじめ、各種の調査を行い、リニューアル構想を検討した。学芸員によりリニューアルのワーキンググループが作られ、さまざまな活動が行われたが、現実には

予算が毎年縮小されていた頃であり、大規模リニューアルは将来のこととなり、それに向けて各ワーキンググループが地道な活動を開始した。そうした活動の中で、小規模改善や、短期改善が実施され、これは全体的には、展示の見直し、細部への気配りを生み、常設展示によい影響を与えたと思う。この活動はその後休止したようだが、こうした意味のある活動は、スクラップアンドビルドではなく、長く継続することが大切だと思う。

コレクション展の展開

　ここでいうコレクション展とは、歴史系の博物館で収蔵するコレクションをまとまりとして見せていく、テーマごとの展示の一つであり、それをこれまでの常設展示室で通史展示の代わりに展開するというものである。もちろん一つの展示バージョンとして、通史展示バージョンも用意しておく。そして通史展示は、春や秋とか、ある一定の時期を決めて実施する。地域の小・中学校の生徒にとって、地域の通史を、地域の文化財や資料を主体とした展示で見ることは、地域学習の有効な場となる。

　開館時に原始・古代のコーナーと現代のコーナーを作り、その間の時代で、見たい、知りたい時代をアンケートで聞いていくのも一つの方法であろう。その間の時代の何が知りたいのかアンケートを取り、それをもとに抜けている時代の展示を考える。また、「美術の歴史」「食べ物の歴史」「道具の歴史」などさまざまな展示テーマを作ることができる。それは地域や市町村の規模によっても違ってくるが、意欲のある学芸員がいればいろいろなテーマが企画・作成できよう。

　肝心なことは、テーマごとに展示を替えることである。現在の常設展示の常識である「展示テーマの不変の原則」を打ち捨てるわけで、テーマごとにコーナーがすべて変わると、来館者も展示が変わったという印象を持つ。また、初めてのテーマであれば、それをネタにプレス発表もできる。ただしここで注意しなくてはならないのは、ただ面白いとか、人が来そうだということで考えた企画を、全体のコンセプトを無視して導入してしまうと、かえって展示のイメージダウンにつながってしまうことである。あくまでも、来館者や地域の人々のニーズ調査を行い、さらには学芸員が博物館の展示にふさわしいかどうか検討

したうえで、テーマと展示物を決めていく必要がある。

　江戸東京博物館の常設展示は、大ゾーン、大テーマ、中テーマ、小テーマと階層的に分かれており、開館以後しばらくは基本的にテーマは変えないことになっていた。その後、部分的ではあるが、小テーマを一時的に変え、近代東京ゾーンの中テーマ「モダン東京」全体を「アールデコ」に変えるという試みがなされた。このテーマ設定は好評を博したが、それはアールデコがモダン東京を表す一つの類似したテーマだったことと、さらにアールデコを長年研究していた学芸員が、他館から異動してきたために、収蔵資料からアールデコに関連する資料を難なく抽出することが可能だったからである。

　しかし、こうした常設展示の中で、テーマごとにコーナーを変える試みについては賛否両論がある。コーナーをがらりと変えることで、常設展示が変わったという印象を生むが、その反面、目当てのものが展示してあるはずと思って見にきた来館者を失望させてしまうこともあるからである。

　写真美術館の場合、開館時には地下１階が映像の常設展示、２階が写真の常設展示であったが、その後それを取り払って、収蔵・映像展と称する企画展示に変更した。企画展示ではあるが、収蔵資料を中心に構成する１〜２か月に期間を区切った、テーマ展示に変えたのである。この時点で写真美術館はいわゆる常設展示のない博物館になったわけで、これにも賛否両論があろうが、毎年入館者数が上昇し続けている要因の一つであることは確かである。

　以上のような事例を考え合わせると、狭義の博物館では特に、常設展示という名称を外しても、基本的な展示は年何回か必ず公開して、通常の展示を見たいという来館者のニーズにも応えつつ、さまざまなテーマ展示を展開することで、何回も来てもらう工夫をしていく必要がある。さらにいえば、現在開館している博物館でも、その活性化には常設展示の改造が必須といえよう。

第３節　調査・研究

博物館、学芸員にとっての調査・研究

　前にも述べたが、博物館の基本的運営業務の中で、資料収集という入口部分から調査・研究が必要条件となるし、資料の管理や修復においても、調査・研

究は必要とされる。展示でも他の教育普及事業でも、調査・研究なくして博物館の活動はないことはいうまでもない。こうした調査・研究の成果は、当然学芸員個人の努力によるものであるし、学芸員というパーソナルな存在に蓄積していくものでもある。結局博物館も人であり、いかに素晴らしい調査・研究が展開できるかは、学芸員がどのような方向性で調査・研究を行い、自分の特性を伸ばしていくかに関わっている。しかし、そうした前提のうえで、調査・研究の成果は、確実に機関である博物館に蓄積させていく必要がある。個人はやがては博物館を去るのだから、得られた情報は博物館内全体で共有化すべきであり、さらに調査・研究の成果を、広く来館者や地域住民、一般研究者に公開してこそ、税金を使った博物館での調査・研究が認められもするのである。

だから学芸員は、絶えず自分の調査・研究が博物館の目的に合致しているか、その成果の共有化をどのように図るのか、館の展示・教育普及活動にどのように反映できるのかを考えつつ、調査・研究にあたらなくてはならない。そして調査・研究の内容について、立案・実施・評価を行う必要がある。こうした評価を行うことによって、学芸員の調査・研究の成果と実態を博物館全体が組織として承認し、把握することが大切である。

繰り返しになるが、博物館の場合、展示をはじめ特徴あるすべての事業展開には、その背景に調査・研究が必要である。博物館の調査・研究は、大学や研究機関と同様に高い専門性に基づいていなくてはならない。ただし、博物館の場合、専門性だけではなく、対象とする地域への、より広い専門分野の統合や連携・協力が求められる。例えば、自分が近世農村史が専門だからといって、それだけやっているだけではだめで、民俗学や考古学と連携して一つの地域に対する調査を行うことこそが博物館的である。そしてその前提として、学芸員は博物館が対象とする地域に対しては、広い時代についてよく知っている必要がある。

また、歴史が専門ということで、対象とする資料は文献資料だけというのでは、博物館では話にならない。歴史系博物館だからといって古文書だけを展示したのでは、大多数の来館者は興味も持たず、理解もしないからである。文献資料だけではなく、建築物やその一部、生活や生産の道具といった民俗資料、あるいは土の中から出土する考古資料などさまざまな物質資料が博物館の展示

の対象であり、ひいては調査・研究の対象となる。

　つまり歴史系博物館の調査・研究は、すべての物質資料が対象なのであって、文書は多くの紙資料の一つにすぎず、人の関わった、そして関連するモノすべてが対象となる博物館資料なのである。また一つの専門だけでなくさまざまな専門分野を結集して総合的な調査・研究を行うことも、博物館の特徴である。大学のようなタコツボ化した専門性ではなく、広く専門分野を統合していくグローバルな視座が博物館には必要となる。

　そして地域研究なくしてグローバルな歴史研究はない。

　江戸東京学のセンターを標榜する江戸東京博物館であれば、東京地域の調査・研究を取りあげ、掘り下げて、区市町村の学芸員や教育委員会の調査員などと一体となって地域研究を推し進めていく姿勢が必要である。そしてその成果を図書にまとめ、さらに展示として結実させ、教育普及にも活用していくべきである。そのうえで比較の視座をもって日本全国、ひいては世界各地に調査・研究対象を広げて行く。

　以下、筆者が関わった地域に関係のある調査・研究の実例を述べる。

今戸焼

　今戸焼とは、浅草の北、隅田川東岸の地域・今戸に江戸時代に成立した、土器を主体とする窯業である。筆者が江戸東京博物館の開館準備作業を行っている「江戸東京博物館資料収集室」に採用された頃、映像製作のテーマ候補を募集していたので、筆者は以前からの研究テーマであった今戸焼を推薦し、採用された。今戸焼は江戸遺跡からも出土するので、筆者は出土品を研究するとともに、現代の今戸焼職人への調査も行っていた。

　そして映像を作成することとなり、今戸焼の工場・窯などの測量を行い、製品の実測図を作成し記録化した。ちなみに今戸焼に関連した瓦作道具一式は、江戸東京博物館収蔵資料としては初めて1995年東京都の重要文化財に指定された。これはやはり、道具類の使われ方に関する聞き取り調査や、再現作業の映像記録、実測図の作成による資料化など、総合的な調査と記録化が、文化財として指定される大きな要因となったと考えられる。こうした資料類や調査の記録は、映像製作過程も含めて調査報告書としてまとめ、出版した。

調査と映像記録などの作成の過程で、さらに多くの今戸焼資料を探し出し収集することができた。前述の調査報告書や、筆者が書いた小論を読んだコレクターや関係者がさらなる情報を寄せてくれたのである。こうして資料もたくさん集まり、人とのネットワークが

図10　今戸焼の調査（工場の測量）

構築され、情報も集約されていった。報告書を作成したことにより、自分一人がその内容を論文に利用するだけでなく、学芸員であれば誰でも今戸焼の資料を展示することができるようになった。

　通史展示室で開始された特集展示の第一回目は今戸焼であったが、このとき筆者は江戸東京たてもの園に異動しており、同僚の学芸員が報告書をもとに展示を行うに際し、筆者は多少アドバイスしただけで済んだ。こうして小規模ではあるが、調査・研究の成果を展示し、さらに資料も集まるという、展示・調査研究が連関して回転する博物館特有のサイクルが生まれた。博物館にとって、調査報告書や目録作成がいかに重要かを示す一例といえよう。

隅田川調査

　江戸東京博物館では、開館準備の段階から、館内の業務上の組織は、資料収集、資料管理、展示、普及広報といった業務の性格と流れによって分ける係構成となっていた。こうした組織は専門性で分かれていないため、所属する係によっては専門的調査・研究ができにくい状況があった。そこで館内で議論した結果、都市歴史研究室が中心となり、業務の流れで分けた係とは別に、学問的専門性に基づいたいくつかの調査・研究グループを立ちあげることとなった。このグループでの調査・研究は、所属する係の業務に支障が出ない範囲で保証されることとし、実施計画を各グループが立案、その報告を毎年行うスタイルがとられた。調査・研究には、出張費や消耗品費、印刷費などが必要だが、それらは

都市歴史研究室で予算要求を行い確保した。これは学芸員の専門性の確保のため、組織の二重構造化を目指したものであった。

　都市歴史研究室には開館当初学芸員が3名しかいなかったが、次年度から江戸東京学のセンターとするため、大学教授クラスの研究者が3名入り、次に助手クラスの専門研究員を公募により3名採用し、さらには学芸員も4名体制となった。都市歴史研究室に所属する学芸員は、自分の調査・研究を進めるとともに、全館の学芸員の調査・研究のサポートを行った。当時の都市歴史研究室での筆者の業務の割合としては、館内のほかの学芸員の調査・研究サポートが4割程度、自分の調査・研究が3割程度、展示など他の係のサポートが3割程度であったと記憶している。

　こうした専門分野別の研究グループの一つ、文化人類学グループで調査・研究対象として取りあげたテーマが「隅田川」であった。この研究グループには民俗学や絵画史、考古学などさまざまな専門の学芸員が集まり、各学芸員の持つ興味対象から多角的に隅田川の歴史や関連する生活文化などの全体像に迫っていこうとした。数年次にわたる調査・研究の計画を立案し、各メンバーが多忙な業務の間に調査を進めた。この調査の過程では、隅田川花火大会事務局の段取り用の書類のように、寄贈の申し出を待っていたのでは決して入手できそうもない資料も収集している。そしてこの調査に基づき、隅田川展を企画した。当時この企画は館長はじめ数人の教授の支持を得たが、実施体制について折り合いが付かず、残念ながら実施に至らなかった。ただしその成果は報告書として刊行され、多くの人々が利用できるようになっている。

第4節　広　報

広報の必要性

　広報とは、広く社会に報いることである。そのためには、多くの人の考えを聴き、経営や事業に役立て、広報活動を展開するためニュースリリースを作成してマスメディアに情報を提供し、記事にしてもらう。広く捉えれば、宣伝・広告も広報の一環といえるが、狭義には公共性・ニュース性のあるテーマを記事にしてくれるようにマスメディアに働きかけることである。したがって事業

実施の前に、客観的なリリースを各マスメディアに対して公平に発信する必要がある。

　地方自治体に関係する博物館での広報も、以上のような原則で進めるが、事前に地方自治体の記者クラブへの記事配信を行い、その後、各マスメディア担当者にリリースを送付する。博物館の事業には広報が必須である。事業と広報はいわば光と陰の関係であり、展示やさまざまな事業を行うときには、広報を行わなければ意味がない。展示や講座は、多くの人に知ってもらい、来場してもらって初めて意味を持つからである。そのため情報を欲している人に的確に情報を届ける必要があるので、博物館には必ず広報担当者を置くべきである。広報担当者は、ポスター、チラシなどを関連する博物館や施設、役所などに送付するだけが仕事ではない。そうしたルーティンな仕事をこなしたうえで、より積極的な広報を展開する。積極的な広報は、博物館の生命線であり、学芸員が作りあげた展覧会などの事業が、生きたものになるかどうかを決める大切な仕事である。

　具体的には、広報には下記のようなポイントがある。
- 事業実施や広告（宣伝）よりもできる限り早い時点で行う
- 記者クラブへの投げ込みは各社公平に行い、その後プレスリリースは、記者へ個人名で送付する。
- リリースは目に留まりやすいように、わかりやすく、客観的に作成する。
- リリースには広報用の写真（データ）も用意しておく。
- ニュースにしやすい内容や素材を用意する。
- リリースは全く知識のない人でもわかるように作成し、見出しになるようなポイントを作っておく。
- 記者会見・レクチャーと資料配付・記者用内見会・取材誘致というように、レベルを決めてリリースを作成し配布する。
- 企画展やイベント的な事業の前には、記者内見会や説明会を開く。

　博物館の広報ではプレス発表が特に大切である。地方自治体の場合、プレス発表といえば、自治体記者クラブへの記事の投げ込みを意味することが多いが、それだけでは不十分である。自治体記者クラブには政治部や社会部の記者が詰めているが、そこに博物館や美術館の事業のプレスリリースを投げ込んでも、

ほとんど反応のないことが多い。博物館側にとっては画期的な、力を入れた企画であっても、地方自治体の記者クラブは、主に政治・経済・社会的ニュースを中心に扱っており、文化の企画に興味を持ち、それを記事にしてくれる可能性は低いからである。

だが、文化欄や生活欄の担当ならば博物館のニュースに関心を示す。だから、博物館は、その館独自の記者・プレス送付先リストを作成し、「ミュージアム記者クラブ」を立ちあげる必要がある。

江戸東京博物館と写真美術館では、館独自のプレスリストを作成し、「刺激的」なプレスリリースを送付していた。展覧会のプレスリリースは、結論を先に書き、簡単な要約の文章と写真を何枚か用意しておくとよい。簡単な記事を書きたい記者は、そうしたプレスリリースをもとに、記事を書く。より大きく取りあげ、長い記事を書きたい記者には、広報担当者や展覧会担当学芸員が一緒に取材を受け、写真撮影にも立ち会う。そうして記者に積極的に素材や情報を提供し、いい記事を書いてもらうことが大切である。記者発表はその事業の事前説明であり、展覧会の場合は、内覧会の前に記者用のプレス内見会を開催する。

広報の予算

企画展はもちろんのこと、さまざまな事業を実施するにあたっては、予算作成時に、必ず広報に関係する経費を積みあげて要求するべきである。事業費全体の2〜3割を広報関連費として確保すべきである。

広報と聞くと、新聞やテレビ、雑誌、ホームページなどに広告を掲載することを連想するかもしれないが、これは広告であり、狭義では広報ではない。博物館広報で必須なのは、プレス発表を行うことである。こうしたプレス発表を業者に委託することもできるが、博物館に広報担当者を置き、広報のノウハウや情報を博物館に蓄積していくようにしたい。プレス発表をおおよそ年何回やるかを決め、予算に組み入れておく必要がある。

また、展覧会の広報の場合は、駅にポスターを貼ったり電車内に小さいポスターを張り出すことが多いが、こうした広告には、専門の業者がいるので、年間を通じて契約しておく。そうでないと突然の発注ではよい場所や枠を確保できない可能性が高い。そのほか、年何回かは新聞広告やテレビ広告、インター

ネット広告を打つ費用も積算しておく。最近では、アドカードや無料配布の雑誌があり、ほかにもさまざまな広報媒体があるので、若干の予備的な広報費も確保しておく。こうした広報については、ポスターやチラシなどの配布先を当初から想定して必要枚数を作成すべきで、事業終了後に費用をかけて数多く廃棄するような愚は避けたい。これらに要する費用は、広報費用として独立させる場合と、事業費の中に入れ込んでおく場合が考えられるが、いずれにせよ広報費用は必ず確保しておかないと事業を実施する意味が失われかねない。

広報のポイント
① 展覧会広報
　展覧会の概要は、あらかじめ展覧会担当の学芸員が作成しておく。広報担当者は、それをもとにしてプレスリリースを作成するが、展示のねらいや面白いポイントについて、担当学芸員から直接話を聞くほうが、魅力的なプレスリリースを作ることができる。プレスリリース作成においては、プレス用に展示する資料の写真を何枚か用意しておく。最近は紙焼写真だけでなく、データでも用意しておき、送信したり、場合によってはホームページ上にアップしておいて暗証番号を伝えてダウンロードしてもらうことも可能である。今は記者やメディアに対して、数え切れないほどのプレスリリースが届けられるが、記者はあまりにも多く送られてくるそれらのリリースに食傷ぎみであることが予想される。とはいえ記者にとって、いかに面白くタイムリーな記事を書き、デスクに採用されるかは、社内の競争事である。だから、目に留まりやすく、簡潔なキャッチフレーズの付けられた、客観的でわかりやすいリリースには飛びつきやすい。

　記者にとっては、短い記事を手早く書く場合、すぐに概要がわかり、素早く写真が借りられることが肝要である。また、詳しく取りあげてくれる記者に対しては、快く取材に応じ、関連する資料を新たに撮影することも必要となる。この場合、展覧会担当の学芸員は、展覧会の開く前後は超多忙なので、取材への対応はプレス担当者が行うことになるが、資料撮影については、学芸員の立ち会いが必要となる。

　展覧会には他館からの借用資料が必要となることが多いが、それらは借用期

日が限られているため、展覧会開始直前に借りることが多く、そのため、準備はギリギリで進み、しばしば開催日の前日に内覧会を行うこととなる。この内覧会に合わせてプレス内見会を行うことが多いのだが、日程によっては内覧会をせずに展覧会をオープンし、その後ちょうどよいタイミングで内覧会を行う場合もある。ただあまり後にしてしまうと、展覧会の期日は短いため、記事になっても間に合わないことも出てくるので、なるべく早めにプレス内見会を行い、プレスリリースはさらにそれより早く送付するように心がけたい。

展覧会のプレスリリースの目的は、プレス内見会に来て記事を書いてもらうことであるが、プレス内見会が雑誌などの発行日程に間に合わない場合は、リリースと写真だけで、展覧会を取りあげてもらえればよしとする。展覧会の場合は、内覧会の前にプレス用の内見会を開催するのがベストである。これは内覧会直前ということで展示も完成し、担当学芸員や作家、関係者も集まるので、取材も行いやすい。そこでは担当の学芸員が解説を行い、記事にしてもらう。プレスリリースは500か所に送付してその一割の記者が来てくれれば上出来である。だからプレスリストは、絶えず新しく更新しておく必要がある。担当のデスクや記者が変わればすぐにリストに反映させ、名刺交換して、新たに記者と知り合いになったら、リストに加える。場合によっては、プレスリリースの送付だけではなく、知り合いの記者を電話やメールで誘うことも効果的である。

展覧会の場合、ポスター・チラシを作成・配布するが、後述のようにほかにもさまざまな広告媒体が存在するので、さまざまな媒体に案内を送るよう心がけたい。さらに関連して行う体験型講座や講演会についても広報を行い、記事にしてもらう。関連事業がラジオやテレビにより取材され、それが放映されれば展覧会の広報にもつながる。

② 攻めの広報

これまでの博物館広報の主体は、ポスター、チラシなどを関連施設や関係者などへ発送し、告知することであった。当然であるが、地方自治体の設立した博物館ならば、自治体としてプレス発表をする必要があり、江戸東京博物館でも開館してから数年間は、いわゆる「都庁プレス」の後でないと、館独自の広報はできない状態が続いた。これは博物館の広報にとって、大きなマイナスで

あった。しかし近年では簡略化され、年間の企画展示の予定を年度当初にまとめてプレス発表することでよしとなり、ようやく博物館独自のプレスを早い時期から、戦略的に行えるようになった。

　以前、江戸東京たてもの園で、文学に関する企画展の際、ブックカバーを作成して書店や古書店に配る計画を立案したことがあった。展示で取りあげるイメージデザインをもとにブックカバーを作成し、それに割引券を付けることとした。これは直前でブックカバーから栞に変更になり、その企画展は武蔵野を取りあげていたので、多摩地域、東京都心西部の古書店組合、書店組合に栞を配布した。

　近年注目される広報媒体として、ポストカードと類似した形態のアドカードがある。アドカードは若者向けの企画の場合、広報媒体としては有効であるし、近年では、インターネット上での広告も着目度が高い。また無料配布の雑誌もある。そのほかシールを作成し企画展示の前や期間中の館内のすべての発送物にそのシールを貼って出すとか、各自が送付するすべてのファクスの頭に展覧会等の案内を必ず入れるとか、仕事のメールにも事業の案内を載せるとか、簡単な広報の工夫は無限に存在する。ファクスやメールへ載せる事業の紹介は、例文を広報担当者が作成し、事務系や経理の職員など館の職員が皆使うようにすると、より効果的である。

　駅や繁華街に電光掲示板がある場合は、そこにも広告を出す。また、博物館で車を所有している場合は、その側面などにポスターを張り出す。協力者の自宅の塀や店の中にポスターを貼ってもらうのは、まず最初にやるべきことであろう。地域の商店街に頼んで、駅から博物館までの商店街に展覧会のバナーを吊り下げてもらう。講演会などでは、駐車場のフェンスや壁にチラシを貼る。そして博物館の車にスピーカーを付けて広報を行うこともできる。さまざまな体験型の事業では、地域の新聞局やラジオ局にプレスリリースを送り、取材してもらう。そうした地域のメディアは記事になる事業を探しているので、一回だけの事業の場合は、取材して記事が載るのは事後になってしまうが、連続企画や、毎年やる企画ならば広報効果は大きいし、もし事後の掲載となっても、博物館自体の宣伝と捉えれば、それもプラスである。

　またJRやチケット販売会社に展覧会の前売り券の販売を委託すると、チラ

シや案内が掲示され、広報的な見地から見ればプラスである。さらに新聞の折り込みチラシ、バスやタクシーも広報（広告）に利用できるし、その場合プレゼントを付けたアンケート調査も可能である。チンドン屋やアルバイトに駅前でチラシを配ってもらうことも一つの手段である。ただし博物館外でチラシを配る場合は各種の許可をとる必要がある。道路でチンドン屋等がチラシを配る場合は、事前に警察に届出なければならない。

　ほかにも館の事業とは直接関係なくても、学芸員が他の会場に出向いて講演を行う際には、必ず博物館の紹介をしてもらう。自分の博物館を紹介し、チラシなどを配り、その講演会の来聴者に行ってみたいと思わせるのである。

　最近ではホームページ（以下、HP）の重要度が増している。HPを見て情報を得て博物館を訪れる人の割合が増加してきている。そのため、見やすく、わかりやすいHPを作成し、検索エンジンでヒットしやすいHP作りを目指す必要がある。検索エンジンはそれぞれ年々変化しているため、検索エンジンで上位に位置付けられるためには、その変化を的確に把握して、HP作りに反映させねばならず、これには専門家を呼んで研修を行うことが望ましい。

　このように、あらゆる機会が広報のチャンスなのであり、それを利用することを意識して、広報担当者はもとよりすべての職員がチャレンジしていくのである。当然広報には、さまざまなクリアしなくてはいけない問題や調整が必要なことも多い。そのためにも広報専門の職員が博物館には必要なのである。

③　中・小規模館での広報

　江戸東京たてもの園は江戸東京博物館の分館で、東京の多摩地域にあり、東京都域の古い家屋などを移築して再現展示している野外博物館である。入場者は年間20万人前後と多いのであるが、財団の職員は学芸員を含め十数人である。

　この江戸東京たてもの園では学芸員が自前で広報を開発して実施していた。1993年の開園当初から、多摩地域を中心とした新聞・雑誌テレビ・ラジオのリストを作り、ほとんどの事業についてプレスリリースの投げ込みをやってきた。ここで有効だったのは、大手新聞社の多摩地方版を制作している多摩支局である。筆者も何回か取材を受けるうちに何人かの記者と知り合いになり、縄

文土器作り、七夕飾り、お絵かき教室、昔語りといった規模の小さい事業でも、よく記事に取りあげてもらった。展覧会や新規移築建物のオープンなどの中心的事業ばかりでなく、規模の大小に関わらず面白い事業であれば、地域のミニFM局やローカルテレビ局も取材にやってきたし、担当学芸員が電話取材を受けたり、ときには学芸員がスタジオに出向き生出演することもあった。

　文化庁の主催で毎年開催される「発掘された日本列島展」は江戸東京博物館を皮切りとして、全国の6、7館を巡回する展覧会である。筆者が担当者として、全国から集まってくる開催館担当者の会議に出て、驚いたことがあった。それは、ある地方の博物館の担当者から「新聞社が後援についているのに、あまり記事に取りあげてくれない」とか「江戸博は口開け館なので、たくさんの新聞記事が出てうらやましい」といった意見が聞かれたことだった。

　広報は待っていてもだめである。こちらからメディアに働きかけないと取りあげてはもらえない。仮に朝日新聞の後援を受けていても、朝日新聞社以外の新聞社にこちらから広報資料を送付すれば取材してもらえる場合もある。江戸東京博物館で筆者が担当だったときは、展覧会に付随する独自の事業を行い、それを朝日の地方版や、別の新聞に取材してもらった。展示で浅間山の噴火で埋もれた村を取りあげたときは、群馬県埋蔵文化財調査事業団から遺跡に積もった浅間山の火山灰を提供してもらい、先着200名に配る企画を行ったが、これも事前に新聞記者にプレスを投げることで、主催とは別の新聞社に記事にしてもらえた。いうまでもなく、新聞社が主催で加わる企画展でも、展覧会前のプレスリリースを数百通は出すのである。

　広報リストを持っていない博物館がある、ということも驚きだ。いくら市立の博物館であるといっても、その市の市民だけが見に来ればいいわけではないだろう。市域外の多くの人が来館すれば、地域に対する経済効果も出てくるし、その市の活性化にもつながる。それに平成の大合併でわかるように現今の行政区というのはきわめて一時的なものであり、その行政区画で区切ることにはあまり意味がない。

　中小規模館にも、それなりの広報があるはずである。職員数も少なく、手が回りかねる状況であっても、事業をやる以上広報を行わなくては、事業実施が無意味になりかねない。広い地域から多くの人が来てくれてこそ、その博物館

の存在意義も増す。広報リストを作成し、事業が決まったら、プレスリリースを早めにマスメディアに投げる。送付先は地域に密着したタウン誌、大手新聞社の地方支局、ラジオ、テレビなどであるが、ほかにも地域独自のニュースペーパーは探せばたくさんある。鉄道、バス、農協などのさまざまな団体が広報媒体を持っている。そのためさまざまな記者と知り合いになることが大切である。

そして最終的にものをいうのは、やはり人と人のつながりである。意欲を持って探せば広報媒体はいくらでも出てくる。これらはすべてに広告費をかけていたら莫大な金額になるが、プレスリリースを送付することで記事にしてもらえたら無料である。

また、ときには新聞の折り込みチラシも有効である。そのチラシに何らかの割引特典を付けるとなお効果がある。ポスター・チラシも配布先リストを作り、地域の小・中・高校、社会教育施設、高齢者施設などには必ず配布する。さらには学校の学年やクラス単位での見学には、学芸員やボランティアの解説員を付け、予約を受け付ける旨を記したチラシを作成し配る。これによって団体の見学が増加する。比較的時間のある高齢者に届くように、ポスター・チラシを老人クラブや町内会に配布し、チラシには団体見学の場合は解説員が付くことを記す。地域の商工会の会員であるレストランや飲み屋などにもポスター・チラシを配布する。地域の町内会や商店会の協力を得て、バナーを繁華街に下げてもらうのもよい手である。行政の施設（図書館・公民館・社会教育会館・スポーツ施設、出張所など）はいわずもがなである。

④ 事業の広報

博物館事業の広報も基本的には展覧会の場合と同じであるが、特に参加型の事業であれば、友の会や賛助会の会員にチラシやポスターを配布して参加を呼びかけるとともに、それを会員の家の壁などに貼ってもらうよう依頼することもできる。講座などを連続して行う場合は、申込用紙も一体となった案内パンフレットを作成して、さまざまなリストの宛先に郵送する。こうしたリストは、毎回の事業の参加者に同意を取って、配布先に加え拡充を期して、案内配布先リストとする。最近ではインターネットを活用して事業内容をHPで宣伝したり、メールマガジンを配信して、事業の周知を図ることが有効である。

また、博物館にとっては、単発の事業もできるだけ毎年継続して実施するほうがよい。博物館事業の成功・失敗は、単年度だけでは論じえないものであり、何年か継続実施して、初めて事業の正当な評価ができる。それに次年度も継続するのならば、事業実施後に記事になっても、次年度もその媒体に取りあげてもらいやすいわけで、長い目で見れば事業の広報として成り立っていく。展覧会の広報も含めて、さまざまな企業や財団、商工会、研究会などとタイアップして事業を実施することにより、広報効果も増加する。その場合、お互いの役割をきちんと分担し合同して事業実施にあたることが大切である。

広報の検証
　広報もやりっ放しではいけない。どのように広報計画を作り、実施し、その結果どのような媒体にどういう形で広報ができたのか、広報によってどれだけ反応があったのかを、各事業ごとにまとめる必要がある。まず展示などの大きな事業では、事業ごとに行う総括の中で、取りあげてくれたメディアについてまとめる。さらに入場者へのアンケートにより、何を見て企画展に来たのかを問い、広報媒体の効果を確認する。
　小さな事業であっても、広報活動を行ったら、その成果をまとめ、コメントを作成する。よかった点・まずかった点（失敗等）について紙にまとめ、館内で報告・周知する。そしてよかった点は次の広報活動に発展させ、まずかった点は改善していくことが大切である。そのためには、アンケート調査や来館者聞き取り調査、さらには広報の反応がわかるように、ときには広報紙やHPに抽選プレゼントをうたい、来館者の反応を収集して観察・分析する必要がある。ただしこうした検証は、手段が目的に陥ってしまっては元も子もないので、できる範囲でやっていくことが肝要である。広報も、そしてその検証も重要な業務であるが、人と時間がかかることは博物館の経営者や一緒に働くスタッフ全員が理解してしておく必要がある。

コラム4　江戸東京フォーラムと博物館

　住宅総合研究財団（以下、住総研）が20年ほど前から開催してきた「江戸東京フォーラム」は現在も江戸東京フォーラム委員会が中心となって運営しており、2006年度より「東京の地域研究を取りあげる」を中心テーマの一つに据えた。以来、都内各自治体の郷土資料館などの調査・研究や展示などの活動を取りあげ、郷土資料館等とタイアップしてフォーラムを実施している。この企画には都市出版社が協力し、雑誌『東京人』でその内容を紹介している。

　2007年2月には荒川ふるさと文化館が実施した「杉田玄白と小塚原の仕置場」展とタイアップして、フォーラムと見学会を共催で企画した。見学会では、同館の学芸員や地域のボランティアが関連史跡や遺構を案内し、60人以上の参加者を3グループに分けて街の中を回った。このフォーラムと現地見学会の様子は『東京人』で取りあげられたほか、さらには住総研のHPなどでも取りあげられた。さらに展示はNHKのニュースでも取りあげられ、荒川ふるさと文化館の来館者数は歴代第2位を記録したという。その後2007年3月には、文京ふるさと歴史館で開催された近代住宅展でも同館と合同でフォーラムを実施し、見学会を行った。

　2008年度からは、住総研として展覧会カタログの出版助成を開始した。これは予算のない中で展覧会やさまざまな活動を行っている区市町村の博物館に対する地域研究の助成となるべく構築されたものである。豊島区立郷土資料館の「A・LA・SUGAMO＜あ・ら・すがも＞展」とタイアップしたフォーラム「巣鴨の賑わいの原点をさぐる―江戸の拡大と巣鴨地域―」を開催し、これに関連して、巣鴨地域の発掘調査の概要をわかりやすく解説した『巣鴨町を掘る―眠りから覚めた江戸時代―』をとしま遺跡調査会が発行したが、その出版は住総研が助成した。

　このように展覧会に関連したフォーラムを実施することは、その展覧会の広報にも役立っている。

第5節　教育普及事業

　博物館における教育普及事業は、その博物館ならではの専門性のある、特色のあるものを多く行うべきである。すべての教育普及事業を特徴的なものとするのは現実的ではないが、その何割かは館独自色のある事業とする。これまでこうした事業の大半は学芸員の手によって行われてきたが、理想をいえば学芸

員とは別に、教育普及事業の専門教育を受け、実体験も積んだスペシャリストが当たるべきであろう。少なくとも国立や都道府県立の博物館では、教育普及専門職員を置くべきである。

　ただ、日本の現状ではそんなことを言ってられないくらい学芸員の数が足りず、行政の意識も低い。そうした現状では、教育普及について、学芸員が教育普及を担当することは過渡的な状況として、容認せざるを得ないと考える。

　教育普及専門職員が博物館にいても、学芸員の教育普及的役割も依然としてあり続けることはいうまでもない。特に展覧会や博物館の展示に関連した講演会、講座などは基本的には、特定分野の専門家である学芸員が中心になる。そのうえで、どのような手法が最適なのか、例えば子どもたちが参加しやすく、深く入り込めるプログラムはどういうものか、そうしたいわゆる教育普及のスキル部分については、教育普及専門職員と一緒に作りあげていくほうが、よりよいものができるだろう。

　例えば筆者の専門である近世考古学の立場から、泥メンコ作りを体験学習としてやろうというアイディアが出てきても、それをどのようなプログラムにすれば、小学校低学年の子どもたちでも江戸の遊びを理解しつつ、楽しめるのかといったことには、なかなか考えが及ばない。そうしたときに教育普及担当職員が一緒に考え、実施にもっていけば、よりよい企画となる。

　学校教育との連携（博学連携）は、今日各地で行われているが、今後は教員も主体的に関わる有効な連携を考え、時代にあった形で実施していく必要があろう。

講演会

　博物館では、展覧会に合わせて、講演会やシンポジウム、座談会などを行うことが多い。展示の背景や関連する事項について、より深く広く学びたい人にとっては意義深い教育普及事業である。

　こうした展示に付随する講演会などは担当する学芸員が企画するが、その広報は結構難しい。だいたいは定員割れを心配することが多いのだが、意外な局面で周知されて人気が出たり、チラシを撒きすぎて定員の倍の応募者が殺到することも時にはある。申し込み方法は、当日先着順、締め切りを10日ほど前に設定しての往復はがきでの応募、そのほかさまざまな形態がある。なるべく

クレームが発生しない形で、なおかつ多くの聴衆を集めなくてはならない。講演会の性質や日時・天気などによりキャンセルの割合が変わるので、いわゆる歩留まりを想定し、会場のキャパシティと天秤にかけつつ適切な広報を行うのはかなり難しい。

　江戸東京博物館の都市歴史研究室が主催する講座はいずれも評価が高い。それは内容の充実はもちろんであるが、民間のカルチャーセンターで講座の運営を担当していた人を途中から採用し、その豊富な経験をもとに講座が運営されたことが大きいと思われる。それ以前に筆者が担当した「掘り出された都市展」では、担当者は筆者のほかに2名の展示担当学芸員のみだったため、運営は大変であった。シンポジウム資料集を作成しつつ、その間に毎週のように講演会を組むのである。やはり、本来的には学芸員は内容に責任を持ち、教育普及事業の専門職員と一緒に教育普及を行う形にすべきである。学芸員はスーパーマンではない。仕事のどこかに漏れが出たり、過労でダウンしたりする。

体験型講座

　地域の特色、また博物館の特色を最もよく出せるのが、さまざまな体験型講座であり、これは学芸員とボランティアが一緒になって行うことができる事業である。江戸東京たてもの園では、古い建物を利用して、その建物に合ったさまざまな体験型講座を行っていたが、特に日本の伝統的な行事に合わせた体験型講座は、好評であった。「食べる」「味わう」「暮らす」という要素を含んだ講座を工夫して行うことが大切である。

　江戸東京博物館でも、体験型講座を実施するボランティアを養成して、さまざまな講座を実施した。また文部科学省の事業である「子どもの居場所づくり事業」の一環としての講座や、子ども向けの体験型講座もあった。江戸東京たてもの園では、同じく「子どもの居場所づくり事業」の一環として「江戸丸団」が活躍しているが、これは季節ごとに子どもを対象とした楽しい講座を開発して実施している。

　筆者が絵馬の調査で、伊豆諸島の御蔵島に行ったとき、偶然東京都現代美術館の数名のスタッフとヘリコプター乗り場で出会った。夕方、御蔵島の遺跡を訪ねたが、誰かが訪れた痕跡があり、不思議に思っていたら、現代美術館が縄

文土器を参考に製作する作家と一緒に来ていて、出前授業を行っていたのだった。後で聞いたところによると、毎年現代美術の作家と共に日頃現代美術に接する機会の少ない奥多摩地域や伊豆諸島の小中学校を訪問し、出前事業を実施しているという。

さまざまな博物館の特色を出した体験型講座は、その館の売りになる。どこでもやっているありきたりの事業よりも、ほかでは体験できないような内容を考え実施するのがよい。その際、きちんと背景などを調べあげ、学問的にも考証されたものを行えるのが、学芸員のいる博物館の強みである。

泥メンコ作りは「発掘された日本列島展」に合わせて、筆者が担当した数年間実施したが、毎年楽しみにしている親子もいた。また「あかりの今昔展」では、火おこし体験型講座を実施した。これは小学校高学年の親子を対象にしたものであったが、大変好評で、以後、考古グループの定番講座として毎年のように実施された。この火おこし講座で興味深かったのは、小学校の先生がよく参加していたことである。聞けば小学校の授業でも火おこしを取りあげることがあるのだが、実際に体験したことのある先生は少ないのだという。

教育キットの開発

江戸東京博物館では、教育普及のスペシャリストにアドバイザーとして指導、協力を仰ぎ、主として子ども向けの体験型の道具セット「教育キット」を制作し、学芸員やボランティアが希望した来館者に実際に使ってもらった。これは常設展示の内容をさまざまな方法で体験できるよう工夫された教材である。

最初に5階江戸ゾーンの「芝居と遊里」のコーナーにある大型模型中村座に関連し、歌舞伎で使われる音を出す「鳴物」を

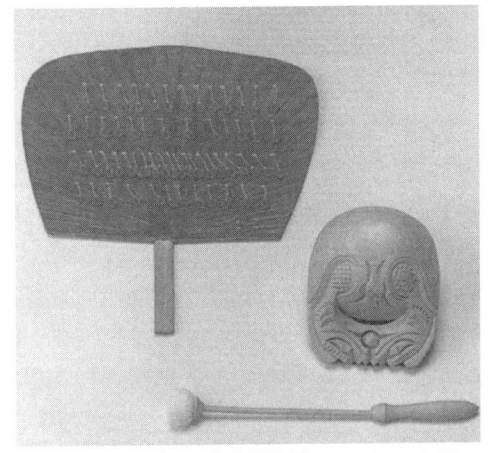

図11 鳴り物（江戸東京博物館 NEWS、vol.45、2004 より）

制作した。雨の音を出す雨団扇など音が出る道具を制作し、学芸員やボランティアが、ときに中村座の前や中で興味を持った来館者に説明し、希望する来館者はこの道具を使って実際に音を出すことができる。こうした「教育キット」の開発では、アドバイザーと一緒に、展示室で来館者の反応を見ながら、試行と改善調査を繰り返した。使い方は学芸員が何度も試して考えた。ほかにも江戸の暮らしの道具やさまざまな教育キットを開発する計画があり、興味を持ったボランティアの人に実際にこのキットを使ってもらっていた。

第Ⅳ章　博物館事業と自立的経営

第1節　予算と事業、そして決算

予算の大切さ

　現在、多くの博物館は入場者数を増加し、収入を上げることが求められている。博物館の評価とは、入場者数や収入だけで行うべきでないことは当然だが、地方自治体の公共サービスの見直しや民営化の検討が行われているように、博物館でも経営的視点を持つことは必要である。実際に昭和後期の博物館の状況を振り返ると、あまりにも費用対効果を無視した事業の実施や、逆に全くといっていいほど予算と人が付かない博物館も見られた。

　しかし、地方自治体の厳格な予算主義の中では、より積極的で新しい事業展開や入場者数の増加、そして収益の増加を行うことは難しい。また、やる気があって収益の増加を考えた事業展開ができる人材が博物館にいたとしても、予算をはじめとする博物館の規則や業務実施体制がそれに見合った制度になっていなければ、どんなに民間的な手法を導入して活発な事業展開を図ろうとしても、徒労に終わってしまう。そうした意味では、公益法人などが博物館の経営に当たるようになることは、今後の方向性の一つであろう。

　2005年夏頃に、ある北関東の美術館で、展覧会に対する企業からの寄付金を、博物館の事務方の幹部が簿外で管理していたことが新聞で報じられた。予算にも計上せず、私的な口座に入れていたという記事であった。しかし記事をよく読むと、その幹部は、美術館にはそうした収入を計上する科目がなく、やむを得ず私的な口座に入れていただけで、個人的に流用しようとしていたわけではないらしい。ここで問題となるのは地方公共団体の予算システムでは、あらかじめ科目がなければ寄付金などは使えないという点である。寄付金の申し出があっても、科目がなければ受け入れられないのである。これが公益法人であれば、地方公共団体とはまた違った予算システムとなっているので、想定して予

算の受け皿と仕組みを作っておけば、寄付金も収入に入れることは可能である。
　この事例からも明らかなように、博物館がよりアクティブな方向に変身するためには、人の変化と共に財務制度の変化も必要である。それなくして新しい博物館は作れないといっても過言ではない。公益法人が管理・運営する博物館の経理担当は、まず第一に公益法人会計を学ぶことと、監査法人の担当者から、何ができて何はできないのか、地方自治体との違いは何か、確認する必要があるだろう。博物館が自立的経営を行うためには、予算や財務の変化が、これからは必須である。
　博物館にとって理想的な収支バランスは、以下の3点が収入の柱としてバランスよく存在することである。
① 　自治体からの補助金など。
② 　博物館が稼いだお金（入場料収入、レストラン・ショップからの付帯事業収入など）。
③ 　賛助会や友の会の会費、企業からの寄付など。
　純粋に民間経営と仮定すると、①がなくて②と③だけで利益を上げていくことになるが、これは一般的には不可能である。なぜなら博物館の最も大切な基礎的業務である、資料の収集・管理、調査・研究などでは基本的に利益を生むことはできないからである。地方自治体からの補助金だけに頼るのではなく、博物館が自立的な経営ができる仕組みが各地で工夫され始めており、公益法人の税制や仕組みもこうした動きに対応できるように変わっていきつつある。具体的には、公益法人法は2006年に改正され、2008年度から施行された。2008年4月には「公益認定等に関する運用について（公益認定ガイドライン）」が内閣府公益認定委員会から公表された。
　地方自治体が設立して、公益法人が運営している博物館は、自治体本体とは異なるので、自治体の常識で予算管理をするべきではない。当然法律に則ったうえで、執行の簡素化を図り、事務の効率化を進めるべきである。それに加えて監査法人の月ごとの監査が欠かせない。
　たとえば外国の図書を買おうとすると、現在はネット上で直接その国に注文してクレジットカード決済で申し込むのが最も安く、そして早い。日本の書店に頼むと手元に届くまで数週間かかり、手数料も馬鹿にならない。こうした場

合、スタッフがネット上で申し込み、現物が来た時点で個人のカードで支払い、その明細のコピーを添付して決済を行うことになる。これは地方自治体の仕組みではありえないことであろうが、きちんと適正に支払ったことが証明できれば、公益法人としては問題ないと思われる。監査法人に相談する際も、どうすればできるのかというスタンスで尋ねるべきで、どうしたらできないことを正当化できるか、というスタンスで尋ねれば、それなりの方向性で方法を検討してくれる。だからその前提として、経理担当者にも、博物館の経営方針をしっかりと伝え、共通認識を持ってもらう必要がある。

　博物館も予算主義をとる必要があることは、いうまでもないが、地方自治体とは別であまりにも硬直化した、厳密な予算主義をとる必要はないであろう。予算作成は事業実施の約1年前に行うので、どうしても実際の事業実施にはそぐわない部分も出てくる。また、外部からの要因により、より魅力ある事業が発想され、実施する場合も出てくる。展覧会への協賛金や助成、各種の協力なども前年に予算を作成する時点では決まっていないものの方が多い。博物館は、来館者第一主義であるべきで、外部の組織や企業とコラボレーションして資金を導入し、地域と密着して連携していなければならない。そうした外部との連携を進めれば、博物館単体としては想定できない要素が入ってくるのが、展覧会である。展覧会の関連事業にしても、その外部資金や協力についても、実施する1年以上前から細部まできっちりと決まっているものは少なく、そのため収入も支出も最大規模の予算となる。

　博物館では、緩やかな予算主義を標榜する必要があるといえるだろう。一般的に地方自治体の職員は、経理業務を事業執行とは独立し監視する業務と捉え、予算書にない支出や収入は認められないというスタンスをとることが多い。しかし地方自治体にも現業部門には弾力要項なるものがあり、収入については、想定外のものも認められるようである。博物館においては予備費的な科目を設け、ある程度の自由度を持った予算主義をとらないと、公共サービス機関である博物館で魅力的な事業や、時期を得た事業を行うことが難しくなる。

受託事業費（自治体から業務委託を受けている費用）

　江戸東京博物館や写真美術館は、2002年度から展覧会などが「利用料金制

度」に変更となった。それ以前は、支出は支出、収入は収入としてすべて東京都に入る方式であったが、展覧会予算の何割かに、その展覧会の入場料収入があてられる方式となったのである。つまりある展覧会事業の予算の中に、その入場料などの収入が組み込まれており、その収入が想定された金額に達しなければ、年度後半の事業実施は不可能になるというもので、これは基本的には自治体の支出を減らし、博物館の主体性とモチベーションを高める方向として変更されたものであった。さらに 2004 年度からは東京都から受託した事業の経費が余っても、それを東京都に返さなくてよくなった（受託料精算不要）。

　利用料金制度の導入以前は、展覧会で入館者がどんなに多くても、その入館料収入は東京都の大きな財布の中に入ってしまい、博物館の財政には関係ないし、逆に予算の範囲内であれば、確実に全額使えたのである。それが利用料金制度になると、博物館として収入を多くすればそれだけ大きな事業ができるし、支出を減らせばそれだけ事業の範囲を広げられ、そのうえで余剰金は財団としてプールできるようになった。また、個人、団体、企業からの寄付金や協賛金も収入として一部の展覧会事業に充当できるようにした。こうした方式に変えることにより、企画展示を担当する学芸員に、いかに支出を少なくして収入を多くし、予算を効率的に使うかという意識が芽生える。また、余った資金も自治体に返還しなくてよいので、入館者増加に対する現場のモチベーションが上がってくる。この方式をとらない他の自治体の監理団体では、いくら経費を削減して収入を増やしても、受託した費用は、残れば自治体に返さねばならないので、返すよりは使い切ったほうがよいという発想もしばしば見られた。このような予算構造のままでは、いくら収益増だ、外部資金の導入だといっても、現場でのモチベーションは容易には高まらない。

自主事業予算と特別予算

　博物館の独自の事業を実施する予算を自主事業予算と呼ぼう。事業ごとに次年度の支出と収入を予算化するが、社会の変動や流行に合わせた事業実施が最も望まれるところなので、予備費的な科目が必須である。また収入についても、事業ごとに科目を設定する必要がある。たとえば、友の会、賛助会、大学などのパートナーシップ、各事業に対する助成金なども、自主事業に位置付けられ

る場合は、金額が確定していなくても収入・支出ともに事業と科目を設定しておく。

　写真美術館では、主として企業を対象とした賛助会を設立し、会員を募っていた。そのための特別会計を設定し、2006年度末には、約200社、6千万円ほどの会費を集め、これらの収入を中心として、さまざまな自主企画展を実施した。この自主企画展の入場料収入や映画の上映の入場料なども当然のことながら本会計の収入として事業実施の経費にされる。

　今後は博物館にも充実した賛助会システムは必要となるはずで、そこには特別会計を設定するなど会計的工夫が必須であるといえよう。

付帯事業費

　付帯事業費とはミュージアム・ショップ、レストラン、駐車場や自動販売機など、博物館の付帯的な事業に関する予算のことをいう。これは博物館の収益を考える場合、非常に重要な科目といえる。入場料収入のほかでは工夫次第で最も収益が期待できる科目であり、付帯事業をおろそかにしては博物館経営は成り立たない。また公益法人というのは、自治体の資産である博物館資料や土地、建物を利用してさまざまな収入を上げるのであるから、自治体の理解と協力が必須であり、自治体側が硬直化した考えを持っていては、付帯事業で収入を上げることは困難である。自治体には、博物館が自治体の資産を使って自由度の高い事業展開を行うことを認める度量が求められるといえよう。

予算と執行

　各事業の実施とその経過について、毎月一覧表を作成し、あとどれほどの経費を使えるのか、どれほど収益を上げねばならないのかを、担当の学芸員も認識する必要がある。年間の計画を立案し、どこでどの程度お客を入れ、どこでお金を使うか、絶えず確認しつつ、計画を実行しなければならない。

　公益法人が内部留保金を持つことは、赤字覚悟で重要な展示等を実施するときのために必須である。そのため、公益法人で差益が発生し、事業費が余ったようなとき、その分を自治体に返却する必要がないシステムにしておくべきである。また、その内部留保金を、どのような目的に、どのような形で使ってい

くか、公益法人としてのルールを作っておく必要がある。

　筆者は、こうした資金は博物館の事業に再投資し、人件費やさらなる事業展開や回収可能な投資的資金として利用すべきであり、損失補填的な利用は出来るだけ避けるべきだと考える。もちろん、経営努力によって、黒字になる場合もあるし、逆に赤字が出る場合もあって、年度内のほかの事業と平均化して一事業の赤字は帳消しにするべきだと思うが、予想外の事情によって全体的な赤字が生じることも、一つの経営体としては想定されるので、そうした際に内部留保金は必要である。ただ、公益法人としては、利益を加算していくことが経営の目的ではないので、ある程度以上にふくらんだ内部留保金については、自主的な財源として、積極的に自主的経営費用として利用すべきであろう。

　またいくつかの博物館や、そのほかの施設が多数ある公益法人では、収益を上げた施設がその施設自身のために使える割合をあらかじめ設定しておく必要がある。Aという施設が稼いだ収入をBという施設の赤字補填にまわしたり、全体の施設で使用することは、大きな公益法人の経営としては必要であろうが、それだけでは収益を上げた施設には不満が増加する。拡大路線を進めれば自ずと支出も増えるし、収益を上げるための努力で利用者が増えれば、施設自体の疲労も高まる。だから半分は収益を上げた館が自由に使用目的を検討し、残りの半分は公益法人本体が内部留保金としてまとめ、戦略的に利用するといったような決まりが必要となる。その上で施設ごとにスタッフ数を含め、拡大路線をとるのか、現状維持なのか、外部委託を考えるのか、長期的な方向性を定める必要がある。

第2節　企画展

さまざまな企画展

　博物館にとって、常設展示と企画展示は、一般の人々に最も注目される花形の事業である。これまで見てきたように、こうした華やかな展示は、その影に、資料の収集・整理・管理・保存など地道で目に見えにくい、しかし博物館にとって最も重要かつ必須な業務があって、成り立っているのである。本来的には、博物館の企画展示とは学芸員が企画立案して実施するものであるが、第Ⅰ章の

博物館史でも述べたように、現代の日本においては、新聞社やテレビ局などの事業部が主導する大規模企画展示が多い。しかしあまり目立たないが、市町村の博物館が地域に根ざしたテーマで行う質の高い企画展示も多く実施されてきている。

かつて筆者はある自治体で、生活道具と発掘調査を紹介する企画展示に関わったことがあった。その自治体では広報誌で以前から昔の生活道具を集めるということを発信し、通報があるとリヤカーや軽トラックで収集に出向いていた。また自治体の管轄下にある古い蔵や競技場の倉庫に入れられた生活道具を点検し、資料カードを作成し、それらの資料を整理して主だったものを展示した。それと同時に筆者が発掘調査を担当した遺跡の概要を自治体の会館で展示したのである。

この展示では会場費、輸送費のほかはチラシやポスター、簡単な冊子を印刷する費用が予算として付けられただけであった。それでも当時、その自治体にとっては、予算が多く割かれたほうであり、博物館がなかったその自治体にとっては、意欲的な企画であったといえよう。しかし今振り返ってみれば、広報で呼びかけて集まった生活道具を並べただけのもので、時代設定や、生活の背景、生活道具についての分析などには及ばなかった。やはりきちんとした博物館が存在し、学芸員がそこで地域に根ざした博物館活動を展開しないかぎりは、満足のいく企画展の実施は難しい。

区市町村の博物館の企画展示では、調査・研究に基づいたレベルの高い展示や、市民と共に継続的に調査した結果を展示する企画展など、内容の濃い展示も多い。毎年、調査を行い、その成果を継続して展示している場合、市の広報紙だけの告知でも、長年継続することにより、しだいに入場者も増えていく。博物館の事業は評価を焦ってはいけない。毎年継続することも博物館事業の大切な要素なのである。

計画と実施

中、大規模な博物館の企画展示がどのようにして決定され、実施されているのかを実例に基づいて紹介しよう。

① 展示案作成の流れ

学芸員が日頃からの関心や、調査・研究の成果をもとに展示の企画書を作成する。とはいえ、すべての企画展が、学芸員の調査・研究の成果でなければけないとはいえない。展覧会のきっかけは、いろいろあっていい。例えば博物館に一括で寄贈された特色ある農具や漁具の展示、まとまったコレクションに関する展示、埋蔵文化財のお披露目の展示など、どのような切り口、機会からでも企画展の実施は可能である。

　展覧会の企画は、一定の様式のもとに記入された企画書を博物館内の学芸員会議に諮ることから始まる。研究員体制をとれる館ではそこに研究員も加わって、展示案の採用、不採用が決定される。こうした学芸員会議は博物館に必須なものである。議論を重ねたうえで学芸セクションの責任者が最終的な決断を行い、その後さらに館内で各部署の責任者の集まる会議に諮って、最終的には館長の了承を得て、博物館として企画展示案が正式に決定される。できうるならば外部の専門家も入れた「企画展審議会」にも諮り、そのうえで正式決定されることが望ましい。

　江戸東京博物館も開館後はこうした体制で企画展を決定していたが、開館直後であったが、一度展示案を集める際に、一般の事務職員からも案を募ったことがあった。このことは当時、筆者を含め学芸員にはきわめて不評であったが、筆者は近年、これは意外とよい試みだったのではないかと思うようになった。もちろん企画展の内容は学芸員が立案すべきであり、学芸員の調査・研究に基づくものが企画展の中心であるという考えに変わりはないが、学芸員では気づかないような新鮮な切り口や、考えもしなかったテーマを、一般の事務職員が提案してくれることがある。そして展覧会を見に来るのは、圧倒的に一般の人が多いわけで、そうした意味からも一般事務職員の声を聞くことも必要なのではないかと思う。このことには事務職員も展覧会決定に参画することで、博物館職員としての一体感を生み出すという側面もあろう。

　江戸東京博物館では開館前に企画展のあり方を検討し、理念や基本的性格を規定した。企画展の理念は、「博物館としての研究活動の成果に基づき、江戸東京の歴史・生活・文化などについての情報を学問的に高い水準で、かつ観覧者にわかりやすく展示表現する」こととした（東京都江戸東京博物館 1997）。そして「展示は研究成果の反映である」とし、これらを通じて「博物館として

の研究の活性化を図る」としている。以下、筆者の関わった企画展の例を示していきたい。

　②　あかりの今昔展

　筆者が展示の検討会に提案し採用された企画展に、1995年に実施した「あかりの今昔展」がある。それまで江戸東京博物館は開館前から多数の資料を収集しているのに、そうした収蔵品を展示する「収蔵品展」の企画がなかった。そこで、開館前に収集したあかりの資料、永田三郎コレクションを中心に、収蔵品展を立案したのである。筆者は江戸遺跡発掘に携わっていた頃から江戸時代のあかりの道具に興味を持ち、研究を行っていた。また旧所蔵者から購入するに際して、一度コレクション展を実施してほしいという要望が寄せられており、ぜひやりたい展示であった。

　企画案は検討会議で採用されたが、館蔵品以外に外部からも資料を借用して、あかりの道具についてその生産のあり方を含め、歴史的な全体像がわかる展示とするようにと意見が付けられた。

　「あかりの今昔展」は完全に博物館だけの主催であり、すべての費用を館が負担する企画展であった。筆者のほかに2名の学芸員が担当者となり、準備を進めた。関連ビデオを製作し、会場内に火打石での発火体験コーナーやあかり体験室などを作り、あかりの道具の生産具なども展示した。外部から借用する資料の情報は、照明文化研究会や日本民具学会の研究者から教示を得た。学芸員がいろいろな研究会に所属し、展示で扱うモノに関連した最新情報を得ることは、展覧会を行ううえで欠かせない。この展示は夏休み中の開催ということもあって、大勢の子どもたちが来館し、会期34日間で4万5千人強という比較的多くの来場者を得て終えることができた。

　準備段階における筆者たちの作業は次のようなものであった。展示案を練りあげ、展示物の仮リストを作り、そのうえで分担して他館への借用交渉を行う。借用の内諾が得られると、正式の依頼文書を送付する。こうした交渉と同時に、借用候補資料の調査に出かける。実際の大きさや状態、所蔵館での現状などを調べ、どのように運搬するのか、展示は可能か、借用先の学芸員の意向を聞きつつ、一緒に確認する。

　展覧会が近づくと図録作成のための写真撮影が必要となる。自分の博物館が

収蔵する資料はもちろん、借用する資料で写真のないものについては、すべて新規撮影が必要となる。すでに資料写真があるものは、基本的に写真原板を借用する。ただ、資料をセットで図録に載せたい場合や、展示の意図により所蔵館の写真と違ったアングルが欲しい場合は、所蔵館の許可を得て、新たに写真撮影をすることもある。その場合の写真原版は、著作権も含めて所蔵館に最終的に寄贈する。

　この展覧会の場合は、収蔵資料が半分以上で、借用資料はそれほど多くはなかったが、それでも、10か所以上での撮影となった。撮影には、学芸員がカメラマンと一緒に各地を回る。

　こうした作業と並行して図録の解説原稿を執筆し、同時に展示で使う解説パネルやキャプション（ラベル）の原稿も書き進め、ポスター、チラシなども作成する。もちろん図録や解説パネルには原稿のチェックもあるので、それに要する時間もかなり必要となる。ほかにも広報用の原稿を作成し、館の広報誌に執筆し、講演会など関連事業の企画を練り、講演者の出演交渉も行う。展覧会の実施にあたっては、借用先との交渉、文書のやり取りをはじめとして展示室の施工や印刷物の作成、展示物の運搬、展示作業、内覧会の実施、広告掲出のプレス業務など、さまざまな専門業者に作業を委託しなくてはならないが、そうした事務も基本的には学芸員がすべて行う。

　展覧会直前になると、借用先に資料を借りに行く。学芸員は美術品専用運送社の作業員と一緒に美術品専用トラックに乗り、各地の借用先を回る。このときはあかりに関する生産用具も展示したこともあり、長野、福島、新潟、福井などの山間部を回った。

　借用時と返却時は、厳密な「資料の状態」確認の手続きがいる。ちょうどレンタカーを借りるときと同じで、借用する資料のキズや汚れ、破損の状況を克明に記録し、借用先の学芸員と一緒に確認し、そのチェック用紙にサインをもらう。江戸東京博物館の借用時のチェック用紙は、S県立博物館のものを参考に、複写式で作成した。ただ、できることなら、あらかじめ実測図や写真を複写してチェック用紙に張り付けておくと、その場でいちいち細かい略図を書かなくて済むので作業がはかどる。借用先の学芸員と一緒に状態を確認した後、相手先の学芸員の了承を得て、梱包する。通常の段ボール箱に入る程度の大き

さの資料や絵画、写真などの平面的資料は、梱包も画一的に行えるが、あかりの道具のようにガラス部分が多く壊れやすいもの、生産道具のように巨大なものだと事前の準備が必要となる。大きなものについては美術品専用運送業者が事前に下見し、計測して、それなりの段ボールや木箱を用意することもある。いくつかの部分に分けて梱包する場合は、段ボール箱に、借用先、資料名、資料番号、そして分数を記入する。例えば一つの資料を三つの箱に分けて梱包する場合は、それがわかるように、1/3、2/3、3/3と記載する。借用先から博物館に戻ってきたら、借りてきた資料を確認し、収蔵庫などにまとめて仮置きしておく。大きな博物館には借用収蔵庫があるので、そこに仮置きする。

　こうした借用作業と並行して、展示室の施工工事が入る。企画展示室で、前に行われた展示の撤収作業が終わり、展示室が「更地」になった状態を担当学芸員が確認した後で、新しい企画展示の施工に入る。江戸東京博物館も開館時には一つの展示と次の展示の間を10日以上、2週間くらいは空けるようにしていた。施工には経紙を張ったりするため糊を使うので、ある程度落ち着かせてから資料を展示するのが博物館の常識である。なるべく既存の展示ケースを利用するが、必要に応じて施工中に展示ケースを作る場合もある。また、展示解説パネルやキャプションも施工と一緒に制作して設置する場合も多く、資料を並べた後のライティングも施工委託業者に依頼する場合が多い。

　展示作業にあたっては、担当学芸員が作成した展示レイアウト案に基づき、美術品専門運送社の作業員と一緒に資料を並べる。資料が立体物の場合は、一点一点その展示位置や角度も大切で、あかりの道具にはガラスのものも多く、テグスで留めたり支えの発泡スチロールを削ったり、直したりする。さらにキャプションやパネルも並べ、映像装置も配置し、内容を最終確認する。このときは、あかりの再現コーナーを

図12　永田三郎コレクション展示作業

作ったため、行灯やランプへの電源の仕込みや、周りの状況の整備の必要もあった。これらは展覧会直前の内覧会や、体験型講座、講演会などの関連事業の段取りや仕込みも準備しつつの作業である。展覧会を開く日は決まっているので、それまでにすべての作業を完了させる必要があり、この展示のときは5日ほどで完了させるため、作業は夜遅くまで毎日続いた。さらに江戸東京博物館の場合は、それに伴う事務文書も基本的に学芸員がすべて作成するので、その忙しさは倍増する。以上が準備作業の基本的な流れであるが、すでに述べたように開会当初に開く内覧会のために、招待状の発送やパーティーの委託等にも、相当の時間を割かねばならない。

　展示が開くと、体験型講座や講演会、展示解説などが待っている。当然展示物の劣化や汚損・破損が見つかれば対応しなくてはいけないし、関係者が来れば展示室を案内して解説する。また広報の取材があれば、場合によっては担当学芸員が対応する。昨今は関連事業も講座だけでなく、ツアーの企画などバラエティ豊かに拡大しているので、展示が開いたからといって忙しさが減るわけではない。そして展覧会が終わると資料を返却して完了となるのだが、近日中にもう一つ展覧会を抱えていればその準備も並行して進めていかなくてはならない（オランダやイギリスの学芸員にこうした忙しい実情を話したところ、全く信じてもらえなかった）。

　展覧会終了後は、資料を展示室から撤去するが、借用資料は一度で作業を済ますため、展示室で梱包する場合もある。展覧会期間中に返却日の確認をしておき、借用収蔵庫に仮置きした資料を美術品専門作業員と一緒に返却に行く。その前に、展示室では資料を撤去した後、展示のための施工を解体してもとの状態に戻し、展示室の傷みや汚損の有無を確認し一件落着となる。その後、企画展の評価のため報告をまとめる。

　③　掘り出された都市展
　筆者は「あかりの今昔展」が開催されていた1995年当時、翌年開催予定の「掘り出された都市―江戸・長崎・アムステルダム・ロンドン・ニューヨーク展」（以後「掘り出された都市展」）も担当しており、その準備も並行して進めていた。この展示は、筆者が博物館に入る前から、追いかけていたテーマで、江戸東京

博物館に就職する動機の一つでもあった。文京区の真砂遺跡から出土したクレイパイプを追う中で、江戸時代の日本とオランダの物質文化交流を明らかにしたいというものであったが、江戸東京博物館開館準備の間は多忙を極め、なかなか企画の立案に着手できないでいた。この企画はこうした研究テーマと、当時市ヶ谷の尾張藩邸を発掘していた東京都埋蔵文化財センターの江戸遺跡の展示案とを合体したものであった。

　企画展は、規模の大きいものになると、4、5年前から準備を進める。「掘り出された都市展」は、正式に実施が決定されたのが、1994年度後半であり、準備期間は十分とはいえなかった。当初の企画案は、江戸遺跡を中心に、長崎を取り扱い、海外の都市遺跡はアムステルダムを主体とし、ニューヨークを対比的に小規模に扱うというものであった。ニューヨークはオランダ西インド会社が、ニューアムステルダムとして建設した都市であり、オランダとの物資文化交流と、文化の比較に焦点を当てていた。当時は東京都で世界都市博覧会が実施予定であり、江戸東京博物館でも関連企画を実施することとなり、本展示がそれに当てはまることになっていった。そのため、当時の幹部職員から、取りあげる都市を広げたほうがよいという意見が出て、ロンドン市内出土資料の借用を打診することとなった。また、東南アジアではインドネシアのバンテン遺跡でオランダ東インド会社の基地や王宮の発掘が進んでいたので、ここも展示で取りあげる方向で、調査を開始した。

　実施決定当初の担当学芸員は2名だけであったが、展覧会の規模の大きさもあり、1995年度になって展示係に一名の増員が認められ、筆者は1995年4月にアムステルダムとロンドンに調査に行くこととなった。

　アムステルダム市考古局では、旧知の考古局長のB氏が展示への協力と資料の無償貸し出しに快く同意してくれた。かつて二人で話していた長年の夢が本企画として実現できることを喜んでくれた。その後、ロンドンに移動し、そこで江戸東京博物館のY参事と合流した。ロンドンでの交渉先は、ミュージアム・オブ・ロンドン（以後、ロンドン博物館）であるが、事前の打診において交渉の難しさを感じたため、責任ある立場の幹部職員と一緒に出向くこととしたのである。展示部門の責任者と交渉した結果、展示への協力は取り付けることができたが、いくつかの条件が付けられた。展示時と返却時にそれぞれ同行

者（クーリエ）2人を付けること、資料を貸し出す前にその準備や保存処理、梱包のために臨時にスタッフを雇う費用の負担、そのほか貸し出しに伴う費用の負担などであった。大筋において同意し、金額や条件については交渉することとして、帰国した。ロンドン博物館とは、以後も保存処理の費用や撮影料金、条件についてさまざまな交渉事項が生じた。

　帰国した筆者たちを大きな事件が待ち受けていた。世界都市博覧会中止を選挙公約とした青島幸男氏の東京都知事選挙当選である。その結果、幹部職員の発言も、かつての積極的なものから消極的なものに変わっていき、インドネシア・バンテン遺跡はまだ事前交渉中であったため、取りやめることとなった。ロンドンについては正式な依頼文書も提出し、ロンドン博物館の理事会でも検討されることとなっていたので続行することとなった。当時筆者はその夏に実施する「あかりの今昔展」が差し迫っており、8月いっぱいは「掘り出された都市展」の準備にかかることは全くできなかったが、もう一人の担当学芸員が精力的に進めてくれた。

　ニューヨークについても消極的な雰囲気が漂う中で、同僚の学芸員が筆者の代わりに頑張ってくれた。1995年9月末にニューヨークに資料調査と借用交渉に行くこととなった。本来余裕があれば、資料調査と借用交渉は段階を踏んで行うべきであるが、展覧会までの時間も費用も限られていて、一発勝負のニューヨーク行きであった。ニューヨークでは、以前からの近世考古学の仲間であるNさんが通訳として参加してくれた。今は破壊されてなくなっているワールドトレードセンタービルの隣にあった、アンアースド・ミュージアムやコロンビア大学に資料調査に行き、同博物館や大学の関係者がアムステルダム市考古局長のB氏と旧知の仲だったこともあって、展示への協力をスムーズに取り付けることができた。

　国内では、長崎市で資料調査を行い、出島や唐人屋敷だけでなく市内各所からの出土資料の借用の協力を取り付けることができた。また江戸遺跡出土資料は、共同主催者である東京都埋蔵文化財センターから借用し、一部都心区からも借用することとし、調査し、資料選定の交渉を行った。

　秋から冬にかけてはこうしたさまざまな交渉や手続きを行うと同時に、借用と、展示資料の選定と確認を行い、その後写真撮影を行うこととなった。欠け

た状態の江戸遺跡出土資料については、写真撮影の前に石膏入れと着色作業を行い、そのうえで撮影した。通常の博物館資料であればすでに写真がある資料も多いのであるが、出土した近世の考古資料は、カラー写真がないものがほとんどであった。資料の写真撮影にも主催者側が立ち会うのが常であるが、予算が途中から限定的となったため、海外の撮影には立ち会うことができなかった。そこで各都市のカメラマンと契約し、別にその国の知り合いを責任者として委託し撮影を実施した。ロンドン博物館では専属のカメラマンが撮影したが、アムステルダムでは撮影が途中で困難な状況が発生した。撮影資料の選定やアングル、資料の並べ方などで、カメラマンと考古局の両方ともに迷ってしまい、何回かだめ出しが出たりした。当時はまだインターネットが今ほど発達しておらず、撮影資料の確認やアングルの指示などはすべてファクスで行っていた。最大の理解者で協力者であったアムステルダム市考古局との関係を悪化させないためにも、筆者がアムステルダムに行って、現場で資料選定を確認し、アングルや資料をどのように並べて撮影するか、直接指示した。

　1996年初めに、海外の写真撮影を何とか終了。長崎では写真館の友人に撮影を依頼し、彼のおかげで撮影はスムーズに進んだ。1996年度に入り、図録作成業者も決定し、東京周辺の展示予定資料については担当学芸員とカメラマンが各地を回って撮影した。資料の梱包、輸送、展示業者は美術品専門のY社と決定された。ただし海外は、Y社がさらに各国の美術品専門業者に委託して行った。海外での梱包確認作業には、トラブルを避けるため、担当学芸員とY社の担当者も同行することとした。アムステルダム・ロンドンは連続した日を設定した。最初のアムステルダム市考古局では、オランダのH社の美術品専門作業員が次々と梱包していく。当然梱包前に資料の状態チェックを行い、その後梱包の確認のうえ、リストに

図13　アムステルダムでの梱包作業

チェックしながら梱包を行う。H社の梱包は発泡ウレタンを資料の形に切り、そこに資料を並べていくスタイルだった。それを小型の木箱に入れ、さらに輸出用の大きな木箱に収める。

ロンドンでは、ロンドン博物館のレジストラーがほとんどの梱包作業を行った。梱包の方法はH社と同様であったが、イギリスの美術品専用の業者は資料が納められた小さな段ボール箱を木箱に入れるだけの作業であった。ただし、テムズ川岸の埋め立てのための大きな材木は、今回の展示のために保存処理が施され、それを丁寧にレジストラーが梱包し、美術品専用業者が手伝っていた。こうして梱包は終わり、両都市の資料は両国の美術品専用の倉庫に保管されることとなった。ニューヨークについては、Y社の事務所があり、展示開始直前に梱包・発送作業を行うこととなった。そのため、展示開始直前の9月30日にもう一人の担当学芸員が現地1泊でニューヨークに行き、梱包して、とんぼ返りした。

ロンドンからの運送にはロンドン博物館のコンサバター（保存管理者）2名が同行したが、折からの台風で飛行機が大幅に遅れ、夜中に成田に着いた。成田の貨物場で資料を確認し、通関は博物館の倉庫で行うこととなったので、博物館まで美術品専用トラックとタクシーで向かい、借用収蔵庫に巨大な木箱を入れ終わったのは、翌朝4時過ぎだった。

アムステルダムからの飛行機は定時に成田に到着し、順調に博物館の収蔵庫に運び込んだのだが、ここで一つ大きな問題が発生した。アムステルダムから運んできたさまざまなナッツの種子類が、輸入禁止品に当たるというのである。もちろんすべて17世紀の地層から出土したモノである。しかしそのように認定されれば、すでに国内に入ってしまっているので返却することもできず、廃棄するしかないという。そのため、非常な緊張感の中で税関職員の検査が行われたが、種子類が17世紀のもので、遺跡からの出土品だと説明したら全く該当しないということとなり、安堵した。ただし、事前に特別例として扱ってほしい旨の書類を作成していたので、その書類の取り下げの書類を作ることとなった。

1996年の夏以降は、図録の作成、展示案の作成、展示施工業者の決定、英文の翻訳、など多忙を極め、9月後半から展示が開くまでは、担当学芸員はほ

とんど博物館に泊まり込みであった。筆者も週に1回妻に下着と着替えを運んでもらい、連日夜中の3～4時まで作業をして、4～5時間眠るという毎日であった。また3か国から資料と共にクーリエがやってくる。資料のチェックが終わっても、そのままというわけにもいかず、誰かが応対する。展示も造作物も多く、展示する点数も600点以上、そしてビデオも借用し展示室で流した。こうしたビデオには簡単な日本語の解説(ペーパー)をつけた。さまざまな人々の協力により、何とか実施できた展覧会であった。

この展覧会は、共同主催の東京都埋蔵文化財センターが発掘調査していた汐留遺跡から検出された17世紀中葉の埋め立ての跡を剥ぎ取り、造形保存した。1か月ほどの現地作業と、工場での作業により、江戸時代初期の埋め立て跡を展覧会で展示し、以後、これは常設展示室でも展示している。

以上、筆者が担当した2つの展覧会事例を紹介したが、企画展はどれも同じように大変である。開く日が決まっている中で、さまざまな作業を同時並行で進めなければならない。企画の段階から何館かでの巡回も想定して、さまざまな博物館の学芸員と共同で企画案を練ることも、大切である。そしてこうした学芸員同士の連携から生まれる企画を大切にしていきたいと思う。交流や連携とはいっても、やはり大切なのは人である。学芸員が地道に調査・研究を続け、作りあげたネットワークを活用して、新聞社やテレビ局の事業部を動かしていけるようにならなくては、真の意味での博物館同士の交流や連携事業は進んでいかないであろう。

展覧会実施方式と外部資金など
① 実施方式

新聞社の主催といってもそのレベルはさまざまである。たとえば名義共催というのは、名前だけ新聞社が入り、社告に一度か二度出して、記事を一つ掲載するといった程度のものである。また、真に新聞社主催であってもその力の入れ方はさまざまであって、中には自社の紙面に広告的記事を毎日のように掲示するほど力を入れるものもある。「掘り出された都市展」では、朝日新聞社に主催に名前を連ねてもらったが、名義共催よりも、若干力を入れてくれたと記憶している。朝日新聞社の考古学専門の記者に、アムステルダム、ロンドン、

ニューヨークなどを回ってもらい、展覧会前に記事を書いてもらった。会期中の観客動員のためのテコ入れ広告も比較的安価で掲載してくれた。

　ここで一つ紹介したいのは、共同出資方式である。これは新聞社やテレビ局など、共同で主催するいくつかの企業と博物館で、資金を出し合い、実行委員会を立ちあげるなどして実施するものである。黒字になれば、各出資者が出資割合に比して分配し、赤字になれば、同様に負担する。館の立地が都心にあり、足の便もよい場合、タイムリーな企画や広告宣伝の行き届いた展示には、多くの来館者があり、黒字となる。

　この方式の利点は、各出資者が黒字を出すために、自分の得意な分野で真剣に取り組むことである。新聞社やテレビ局の事業部は、多くの広報媒体を持つし、雑誌社であれば、図録を制作、販売し、雑誌などで広報もできる。欠点は、広く多くの社に広報を頼めなくなり、共催のマスコミにしか広報してもらえないという点である。また各出資者の関連会社との関係や、博物館での自治体と財団との関係性の問題もある。実行委員会方式で実施する場合、経費明細を明らかにする必要があるが、関連会社に業務を委託したり、博物館の展示室の使用料を自治体に払ったりすることが、相互に誤解を招く場合がある。また実行委員会での経理をどこがどのようにやるのかも問題である。しかしこうした点も工夫次第であり、地の利があり、ある程度のスタッフを用意できる館ならば、メリットが大きい方式だと思う。

　ほかにも、業務分担方式と呼んでいた、各主催者で役割分担を決めて行う展覧会もある。主催する博物館や企業・団体で役割と費用の分担額、収入の分担、もしくは扱いを決め、協定書を取り交わして行う。写真美術館で 2006 年に実施した「パラレル・ニッポン―現代日本建築展 1996-2006」がこの例であった。国際交流基金が日本建築学会と共に、世界巡回する展示を企画・製作することとなり、世界巡回前に日本国内でのお披露目として、写真美術館で展覧会を開催した。そのため、三者で話し合い、役割分担方式で実施しようということになった。世界巡回に持っていくパネルや写真、解説パネル製作については国際交流基金、原稿の作成や選択、著作権処理などについては日本建築学会、チラシ・ポスター製作、広報、展示施工は写真美術館と業務分担を決め、後援や寄付金については三者が努力することとなった。途中でT新聞社にも主催に加わって

もらうこととなり、新聞記事をいくつか出してもらい、これは広報として大変有益であった。

ほかには、新聞社やテレビ局などとの持ち込み展がある。これはすでに展覧会としては内容はできあがっており、パッケージになったもので、現在の巡回展では多く見られるものである。例えば企画料を支払い、会場使用料だけが巡回館に入ったり、またはその何％かの展覧会収入が、館側に入る場合もある。これは事前の取り決め方次第であるが、前述の共同出資方式の展覧会が全国的に巡回され、その巡回先の館では持ち込み展として扱われることもある。

逆に博物館の学芸員の企画でも、それを始めから新聞社などへ持ち込み、新聞社と共同で企画を練り上げる方式がある。この場合、新聞社によっては、社のネットワークで巡回先を見つけてきてくれる場合もある。また学芸員が自分のネットワークで巡回先を見つける場合もあるが、その場合は、展示の企画料を博物館の収入とすることもできる。このように展覧会は、実施内定後、さまざまな時点で巡回先を探すことが、成功に導くために大事な要素となる。写真美術館で2007年に実施された「新進作家展」は、担当学芸員のネットワークと努力によりいくつかの博物館での巡回が決まり、その企画料が博物館の収入となった。近年、美術館連絡協議会では、事前段階での巡回先の調整も行っているようである。

以上の展覧会の実施方式を整理すると、以下のようになろう。
○　単独方式：博物館が基本的にすべて支出。
○　分担金方式：巡回展の場合。館の入場料は、すべて館の収入とする。
○　業務分担方式：業務とその費用を、共催先と分担する。
○　共同出資方式：館と共催相手が一定の比率で資金を出し合い、収入もその比率で最後に分ける。
○　協力金方式：別の団体がすべて実施。博物館は協力金として、収入の一定の割合をもらう。

②　外部資金などの獲得

展覧会のために、外部からお金や協力を集めるのは、かなり骨の折れる仕事である。展覧会の中身を固めていくのと同時並行で企業まわりをし、協力を呼

びかける。前述の「掘り出された都市展」では朝日新聞のほかにも各国大使館の共催、さらに日本航空の協力を得て資料と同行する学芸員らの渡航費を減額してもらうことができた。ただし、一般企業については、関係のありそうなところを何社も回ったが実現しなかった。

　写真美術館の学芸員はその点においてもきわめて優秀で、さまざまな展覧会の企画を進めると同時に多くの企業から資金や協力を引き出しており、その力量には目を見張るほどだった。

　企画展の内容が固まってきたら企画書や開催要項を作成し、まず協力してもらった場合の効果を示す書類を持って企業をまわる。企業からお金を引き出すには、その企業にとってメリットのあることが必須だから、カタログやチラシ、ポスター、チケットなどに協力企業として会社名を記載すること、それが何部印刷されてどのような人々にどのくらい露出するのか、具体的に説明する必要がある。

　企業まわりといっても、飛び込みで行ってもなかなか協力をもらうことはできない。電話してアポイントメントを取り、その企業の中で社会貢献に関係する部署、広報・広告の担当、もしくは企業のトップに近いスタッフに会う必要がある。そのためには日頃から企業スタッフとの付き合いや名刺交換が大切である。つながりができれば、違う部署の人であっても、協力を頼める窓口の人を紹介してもらえる場合もある。また、企画展のテーマにマッチした企業から協賛金を獲得できる可能性は高い。こうした協力に関しては、金額や内容により、主催・共催・協力・協賛などと名称を付け、展覧会関連の印刷物に記載する。企業にとって、5万人の来場者が見込める展覧会に協力したことによって、ある人びとに企業の好印象を与えられるとしたら、それはメリットのある広告となる。

　企業メセナ協議会を利用することもできる。企業メセナ協議会は、社会貢献したい企業と企業の支援を欲する団体を結びつけるための機関であり、同協議会のホームページに詳細が載っている。

　公的な助成金としては、テーマにもよるが、文部科学省関連、国際交流基金、財団法人地域創造も展覧会への助成をよく行っている。ほかにもさまざまな財団などが助成事業を行っており、展覧会によっては申請できるものもある。こ

うした助成している団体については、助成財団の出版物やホームページで検索することが可能である。このような助成金は各種存在するので、最初にチャレンジしたほうよい。ただしその申請は手間もかかり、終了後の提出物も多いので、事務処理のサポート体制が必要である。

　企業にチケットを多数購入してもらうことは、収支上で資金提供と同じ効果があるといえる。ある建築関係の企画展では、建設大手5社がチケットを購入してくれた。また、印刷費や施工費などの必要経費を大幅にディスカウントしてもらうことも同様である。

　資金の獲得とは、広義に考えれば、印刷物作成・広告などさまざまな分野にも拡大できる話で、それは展覧会を実施する際にいかに多くの団体から協力を引き出せるかということでもある。

図録とオリジナルグッズ

　展覧会になくてはならないのが、図録（カタログ）である。図録は企画展の記念になるばかりでなく、後で資料として活用するためにも買い求める人が多い。

　図録作成のためには、展示資料の写真撮影を行い、資料リストを入れ、各種の解説を書き、可能ならば論文を作成する。図録は学芸員にとって最大の成果物であるが、博物館単独で企画展を実施して図録を作ることは、時間のかかる業務が集中するため、学芸員にとっては重労働である。しかし、どんなに規模の小さな展示であっても、図録は展覧会の貴重な記録であり、作るべきものである。予算も時間もない場合は、展示リストや目録を作るだけでも、全くないよりはましである。予算がなくて印刷できなければ、コピーや輪転機で作ることもできる。江戸東京たてもの園で2004年に実施した企画展「中世、埋められたモノたち展」は、限られた予算の中ではあったが、簡単な資料リストと遺跡概要を作成し展示室に置いた。

　図録の作成には、時間と手間がかかる。前項で紹介した「あかりの今昔展」の場合は、図録作成のための資料撮影、編集、レイアウト、原稿調整、印刷まで委託した。学芸員は撮影に同行し、写真を借用し、図録のラフ構成案を提示し、資料解説原稿や資料リスト、図版原稿（年表、グラフ、分布図など）を作成す

る。原稿の校正を数回行い、資料写真のチェックを行う。外部の専門家に原稿を依頼し、その出稿、校正、調整を行う。こうした図録作成の委託には、ページ数や部数、白黒かカラーの別により違いはあるが、数百万円単位の費用が必要となる。数ページの図録であれば、学芸員がすべて自前で作成し、割り付け、レイアウトまで行い、簡易印刷にすれば安価に作成できる。しかしより美術的価値の高い図録を作成しようとすると、その費用はどんどん高額となる。

　図録の制作については、さまざまな考え方がある。地方自治体の場合は、製作に要した費用を回収すればよいという考えから、経費を部数で割って単価を出し、その金額で販売する場合が多い。しかし近年は、博物館経営という視点から、図録を販売することにより、ある程度の利益を出そうとする傾向も生まれてきた。大規模な展覧会では、図録の販売収入が、全体の経費を回収するうえで重要な部分を占める。多くの入場者が見込める海外展では高額な図録が飛ぶように売れることもある。斬新なデザインで制作され、美術的価値の高い作品が掲載されているような図録だと、高価であってもよく売れる。また、展覧会の雰囲気で買ってしまうこともある。素晴らしい展示であればあるほど、後でまた作品の写真を見られるように、図録を購入する。売れる図録は、会期中に何回も増刷され、売れれば売れるほど利益のアップとなる。

　このように図録の制作費を販売で捻出し、できれば利益を得たいと多くの博物館が考えているが、これは実はそう簡単なことではない。その解決方法は二つあって、一つは図録を出版社と共同製作することである。企画や執筆、著作権処理は博物館側が行い、レイアウトや編集を含む製作・販売が出版社というのが普通だが、その結果、博物館の印刷費の負担はなくなり、一般の書店での販売により、書店で本を見た人が展示を見にくるという広報効果の副産物もある。江戸東京博物館で2006年に実施した「東京エコシティ―新たなる水の都市へ―展」でも、鹿島出版会から図録を一般書籍として出版している。

　もう一つの方法は、図録制作は博物館で行い、販売を一般書店や他施設、インターネット上で展開することである。その博物館の母体がいくつかの博物館施設を有する組織であれば、そのいくつかの博物館のショップで販売する。また、ホールや会館などを有していれば、そこでも販売してもらう。販売する施設を1か所から数か所に増やせば、販売数は確実に増加し、それは展覧会と博

物館の広報ともなる。

　そのほかにも、前述の役割分担方式をとり、図録制作をほかの主催者または共催者に制作してもらうケースがある。写真美術館で実施した「現代日本建築展」では、図録は国際交流基金が制作した。

　以上、紹介したいずれの方法でも、博物館が著作権処理を行う必要がある。特に著作権を有する作品の場合は、作家にそうした図録の性質を事前に話して了解を取る必要がある。つまり図録といっても、一般書籍としても販売するということを事前に納得してもらったうえでの著作権料の発生ということになる。出版社と業務を分担する場合は、著作権処理を出版社に任せ、博物館側が作家との交渉を担当するという手法でもよい。作家にあくまで博物館の図録であるという点を理解してもらい、著作権料を安価に抑えることも学芸員の技量である。

　企画展では、オリジナルグッズの制作も重要である。収益面でも、来館者の満足度を上げるためにも、展覧会の展示資料にちなんだグッズを制作することは効果的である。初期制作費が数十万円程度でできるものも多いので、最初の発注ロットが100個だとしても、何回も追加発注すれば利益が出る。その展覧会でしか手に入らない面白いグッズを作ると、来館者にとって素晴らしいお土産になる。入場料収入と並んで図録やグッズの収入は、大規模企画展示の大きな収益の柱である。総入場者数の何割が購入するかは、データから予測も可能である。

　では、どうしたら面白いグッズができるのか。それについては、次節で詳細を述べるが、モノに対する深い興味と愛着を前提に、そのうえで学芸員と制作者の綿密な打ち合わせと製作段階での相互のキャッチボール、そして学芸員が最後まで何回もチェックすることが肝要である。

　「大（Oh！）水木しげる展」では、江戸東京博物館のオリジナルグッズとして、マグカップやゴルフマーカー等を製作した。マグカップは、少ない時間の中で、水木しげる事務所と制作者を交え何回も話し合い、試作して作られたが、展覧会最後の1週間で売り切れるほど人気を集め、水木事務所に支払った著作権料（通常より安価にしてもらった）を差し引いても、収益を得ることができた。さらに各地の巡回館でも販売すれば、さらに利益が上がるのである。

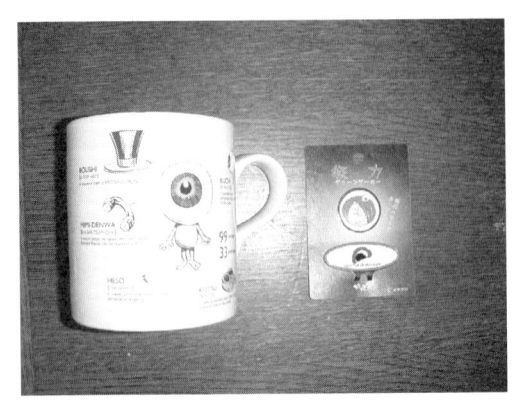

図14　大（Oh!）水木しげる展で制作したマグカップとゴルフマーカー

新聞社事業部などが主催して全国各地を巡回する企画展示では、こうしたグッズとカタログの販売が入場料収入におとらず重要な収入源となっており、制作・販売を請け負う会社が多く存在している。

コラボレーションと広報

企画展実施にあたっては、新聞社やテレビ局だけでなく、さまざまな団体、企業とできるかぎり提携し、協力者を増やそうとする姿勢が重要である。製作や広告だけでなく、展示資料やデータで協力を受けることも可能である。江戸東京博物館では、サッポロビールから古いポスターやビール瓶などの寄贈を受け、それをもとに常設展示室で特集展示を実施した。常設展示室に展示してある乗用車のスバル360は、若干形式が新しいということで、スバル重工の無償協力により、古い形式のものと取り替えて整備までしてもらった。

　展覧会の関連企画としてさまざまなイベントや事業を展開する際にも、関連企業との連携は必要である。江戸東京たてもの園で村上精華堂という化粧品製造・販売の住居兼店舗を移築・再現した際には、オープンのイベントとして、P化成工業の研究所の協力を得て、昔ながらの手法での石鹸製造の実演を行い、できた石鹸を来園者にプレゼントした。このように企業側にも宣伝となり、持っているノウハウが生かせる企画であれば、協力してくれるところは多い。

　新聞社やテレビ局と共同で展覧会を主催することの最大のメリットは、そのメディアを使って広報を分担してもらえることである。それ以外にも例えば化粧の展示のときには化粧品会社、旅行の展示のときには旅行社と提携すると、広報効果が大きい。企業は、そこが扱っている分野に対して関心の高い人々に、どのように広報・広告を行えばいいかというノウハウを持っている。

成果と評価

　企画展は、毎回内容や手法が異なるため、事前と事後の評価が大切である。評価のためには一定の書式を用意しておき、展覧会実施を決める際に事前の目標として、この評価表に定量・定性の目標を記入しておく。展覧会実施までに1～2回のヒヤリングを館内で行い、数値目標を決定していく。そして館内で討議の場を設け、展示案を内容、費用、集客などさまざまな角度から検討して、修正していくことが重要である。

　事後評価では、さまざまな指標やアンケートの結果などから、担当学芸員が自己評価を行う。そのうえで組織としての評価を行い、さらには外部評価も行う。その際、入場者数や収益といった、いわゆる定量評価だけでなく、来館者の満足度や学問的レベル、斬新性などといった定性評価も大切にすべきである。定量評価だけを重要視して、新聞社などの巡回持ち込み企画だけをやっていれば学芸員の数も少なくて済み、なおかつ入場者数は増大し、収益も上がるということになる。しかしそれでは、地域の文化拠点となり、地域に密着して文化財を生かして公開していくという博物館の使命を放棄することになる。

　学芸員が自分の企画した展示について評価することは、自分の企画立案した事業を客観的に見ることにつながり、展示を総括する意味でも重要である。そこで忘れてはならないことは、学芸員にとっての展覧会の成果である。展覧会を実施したことにより、自分にどのような成果が残せたのか。展示によって新たな情報が寄せられたとか、関連する貴重な資料が見つかり寄贈を受けたとか、学問的課題が解決したとか、新たな課題を見いだしたとか、研究者やコレクターのネットワークを新たに構築できたとか、そうしたことは学芸員個人の専門分野にとって大きな成果である。担当学芸員の成果も展覧会の貴重な成果であり、本来なら定性評価に入れてほしいものである。さらにそうした成果について、学芸員は何かに書いて残すべきである。企画展図録に論文を載せるのが最善であるが、企画展を開ける前の忙しさで図録に論文が間に合わない場合は、展覧会終了後に何らかの文章を書いておく。展覧会のためにさまざまな調査・研究を実施した場合は、その内容を小論文やエッセイでまとめることにより、狭い専門分野の研究者だけでなく、より広い分野の人びとに学芸員の成果を知ってもらうことができる。そして、それが新たなネットワークの構築や情報の収集

にも役立つのである。

企画展に合わせたイベント
① 企画展を盛りあげる

博物館には、博物館独自の事業やイベントが必要である。しかし、どこのイベント会社でも考えつくような企画は博物館にはそぐわない。オリジナリティの高い企画としては、さまざまなものが考えられるが、その際やはり必要となるのは、地域に深く根ざし、かつ学芸員の専門性に基づいた調査・研究とその成果である。学芸員の地域に対する調査・研究のノウハウを生かすことにより、初めてどこの博物館にもない独自性の強い事業やイベントが企画できる。これが話題性が高く、マスコミに取りあげてもらいやすい企画展の実施にもつながる。

博物館にとって企画展とは、その性格はさまざまであるが、独自のイベントや面白い関連事業を行う絶好のチャンスである。逆にいえば、さまざまな関連企画を実施することで企画展を盛りあげ、広報を充実・拡大し、博物館の集客につなげることができる。そのためには、企画展を盛りあげる関連企画を積極的に実行する体制を作ることが重要である。

② 企画展にあわせて

展覧会は博物館の事業の中心であり、学芸員の専門性を発揮できる最高の舞台である。そして展覧会に合わせた関連事業の企画は、学芸員が得意とする分野ということになろう。

ポピュラーなところでは、展覧会のテーマに合わせた講演会やシンポジウムや体験型講座等は以前から行われてきた。展覧会によっては、関連するジャンルのコンサートや伝統芸能の実演なども行われている。たとえば歌舞伎展のときには歌舞伎の上演、ジャズの展示ではジャズの演奏といった具合である。展示と演劇、楽器演奏、詩の朗読、パフォーマンス等とのコラボレーションも、展覧会の内容をより豊かにし、発信性を高めるといえよう。

写真美術館では、毎年正月に、2階エントランスでコンサートを開いており、無料で楽しめるコンサートは、展示と相まって好評である。東京都歴史文化財

団では、東京文化会館が主催する東京音楽コンクールの入賞者が、庭園美術館や東京都現代美術館でコンサートを行うミュージアム・コンサートを実施している。演奏だけのコンサートではなく、レクチャー付のコンサートもわかりやすい。また近年では、展示とコンサートのコラボレーションが積極的に展開されている。さまざまなジャンルのクロスオーバーやジョイントは新しい創造であり、来館者にも喜ばれる。

江戸東京博物館では、特集展示「徳川将軍家と鷹狩り展」に合わせて「鷹狩り」の実演を実施した。こうした関連事業については、広報も打ちやすいし、マスコミが取りあげてくれる確率も高く、ひいては関連する展示自体の広報にもなる。

また2003年に実施した「東京流行生活展」では、近代の和服がテーマの一つであったため、館内のホールで着物ショーを実施した。ある着物学園と共催で、モデルは受付業務などを委託していた会社のスタッフやアルバイトにお願いした。また、2002年に実施した「建築展」では、再現した家の中で役者が当時の生活の様子を演じ、3階広場にはドームを作り希望者を宿泊させるという画期的な企画があった。

これは一例で、現在はさまざまな博物館で、個性的な展示関連企画が行われている。

A 日本のポンペイツアー

企画展を見に来る来館者の中には、その展示のテーマに合わせた場所や遺跡に行ってみたいと考える人が多い。そのため博物館では展覧会にあわせたツアーを博物館の事業として実施したり、時には旅行社に企画してもらい、展示

図15 日本のポンペイツアー
（江戸東京博物館 NEWS、vol.43、2003 より）

室の出口で案内する場合もある。その際、旅行社から展覧会への協力金を支払ってもらえる場合もある。

2003年、「発掘された日本列島2003展」の関連事業として、「日本のポンペイ―群馬嬬恋村・草津温泉2日間」ツアーを企画した。この展示は文化庁が主催で、全国を7か所巡回したが、各会場の博物館では本体の展示とは別に「地域展」という独自の小規模展示を実施していた。

「発掘された日本列島展」の担当は、関東各県の発掘調査を行っている埋蔵文化財センターが数年ごとの順番で実施することになっていて、この年は群馬県埋蔵文化財調査事業団（以後、群馬県事業団）が担当であった。地域展示については、群馬県事業団と協議し、江戸東京博物館が江戸遺跡を、事業団が浅間山の噴火で埋もれた江戸時代の村を取りあげて、二つの小コーナーを作成した。

こうした展示内容であったので、J旅行社に展覧会に関係したバスツアーの企画を持ちかけた。結果として発掘中の遺跡や博物館、復元された村落遺跡見学がセットとなった1泊2日のバスツアーが企画された。筆者はバスガイドと共にバスに乗り、考古学についてビデオ上映を交えてツアー参加者にレクチャーした。浅間山噴火によりできた鬼押出し、神社の階段の途中で息絶えた母娘の遺骨の発掘などについて、嬬恋村郷土資料館の館長から現地で説明を受け、通常は見ることの難しい同館所蔵の出土資料を実際に見せてもらった。その後、群馬県事業団が発掘中の江戸時代の村落遺跡を見学し、発掘調査中の現場で、調査員から説明を受けた。夜は草津温泉に泊まり、食事をしながら参加者の質問に答えた。翌日は古代に噴火した榛名山の噴火口を見て、渋川市の榛名山の噴火で埋もれた中村遺跡、古代村落の再現を見学した。ここでも、榛名山の噴火で埋もれた遺跡や、当時の暮らしについて、渋川市の発掘担当者から解説してもらった。その後、群馬県事業団の展示室に立ち寄り、県内の出土資料についてレクチャーを受けるという、一般の旅行者では通常体験することのできない考古学漬けのバスツアーであった。

企画するのが遅く、展覧会開始後に参加者を募集したため、3回のツアー設定の中で、成立したバスツアーは1回だけで、参加費用も割高であったが、参加者の満足度はかなり高かった。高齢の来館者が多かったが、強行軍にもかか

第Ⅳ章 博物館事業と自立的経営 117

わらず全くバテていなかった。最後にアンケートを行ったが、満足度は最高で、次年度もぜひ実施してほしいという要望が多く寄せられた。

　また、この展覧会の関連企画として、江戸時代に浅間山が噴火した際の火山灰を配布した。ちょうど江戸時代に大噴火があった日に、先着100名に群馬県事業団が発掘している遺跡から採取した火山灰を配布するというもので、これは主催ではない新聞社が記事にしてくれたこともあり、朝から来館者が行列を作り、展覧会の大きな広報となった。江戸東京博物館では、以後も機会があるごとにこうした展覧会関連ツアーを旅行社とタイアップして企画していた。

B　泥メンコ作り

　泥メンコ作りは、2003・2004年に「発掘された日本列島展」に合わせて実施した。泥メンコとは江戸時代の遊具で、土器製の小さなお面や、家紋、役者のマークが入った円形（径2～3cm）のものが多い。江戸遺跡から多く出土しており、江戸近郊の神奈川、埼玉、千葉などの農村部の畑からも出土している。江戸時代の子どものおもちゃと考えられていて、さまざまな遊び方があった。

　同展覧会では前述したように独自の地域展示を毎年実施していたが、江戸東京博物館で開催するということで、筆者が担当になった年から、江戸遺跡を取りあげるスタイルをとっていた。そのため、関連事業も江戸遺跡関連とし、泥メンコ作りを選んだのである。江戸遺跡から出土した泥メンコから石膏で型を取り、この石膏型に速固性の粘土を入れて、抜くと、泥メンコができあがる。展示室の出口で誰でも簡単に参加でき、材料費の実費を負担すれば、できた泥メンコは記念に持ち帰れるようにした。最後に着色することもできるが、それは家でのお楽しみ。もととなる泥メンコは東京大学本郷構内から出土したものを借用し、石膏型の制作には東京大学埋蔵文化財調

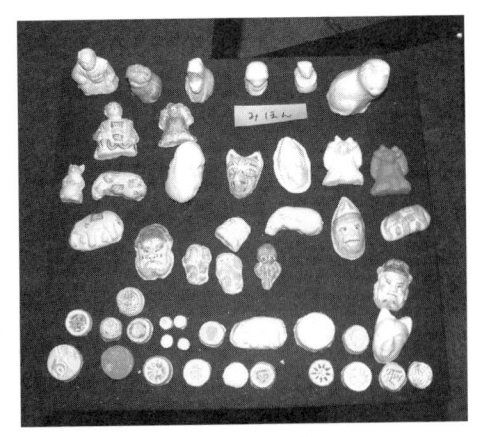

図16　できあがった泥メンコ

査室に協力してもらった。実際の制作の指導は、考古学専攻学生のアルバイトや展覧会の大学生ボランティアに手伝ってもらった。

泥メンコ作りも毎年やると、これを楽しみに展覧会にやってくる人も見られるようになった。ときには縄文土器作りなど古い時代に関連する体験型事業も実施したが、やはり江戸東京博物館だからであろうか、この泥メンコ作りは大人にも子どもにも人気の高い事業であった。解説シートと共に、展覧会のおみやげの一つとなっていた。

ほかにも「発掘された日本列島展」では、入館者増加対策として、地域展示に関連した区域の小中学校に団体見学に関するチラシを配布し、これにより数校がクラス単位で見学に訪れた。

C 鷹狩り

鷹狩りの実演を最初に企画したのは、筆者が江戸東京たてもの園に勤務していた1997年であった。この年はたてもの園の開園5周年記念でいくつかの記念事業を実施していたが、その一環として、また多摩地方に位置するたてもの園にふさわしいイベントとして、鷹狩りの実演を企画した。江戸幕府、宮内庁につかえた諏訪流の鷹匠、田籠善治郎氏を八王子の山奥に訪ね、快諾を得て、まさに実施のチラシを印刷しようとしていたとき、小金井公園で蒼鷹の営巣が見つかり、その保護との兼ね合いで、残念ながらこの企画は中止となった。

その鷹狩りを江戸東京博物館の3階広場で実施したのは、2003年7月、隅田川の花火大会の日であった。これは入館者数の落ちる初夏に、イベントに合わせて、少しでも多くの人に博物館に来てもらおうという企画であった。田籠氏は手明（テアキ）と呼ぶ助手2名を連れて午前中に博物館に到着した。さまざまな実演をやってもらったが、ちょうど台風が接近する日で3階広場は強風が不

図17　鷹狩りの実演

規則に吹き荒れていた。実演前の練習で、鷹を3階広場で何回か飛ばしていたら、鷹がいることに気づいたのか、近くのカラスがたくさん集まってきて、鷹に攻撃を仕掛けた。鷹はカラスと強風のせいで、3階広場に戻ってこられなくなり、近くのビルの屋上にとまってしまった。手明が必死になってカスタネットのようなものを打ち鳴らすが、全く動こうとしない。近くにはカラスが騒ぎたて、群れて舞っている。田籠さん自身が近くに行って呼び、大観衆が見守る中、鷹はようやく3階広場に舞い戻ると、拍手喝采が起こった。鷹が戻ってきてくれて、ようやく15分遅れで鷹狩り実演が開始となった。

　研究者のレクチャーのあとで、遠くの場所にとまらせた鷹を音で呼んだり、来館者の手に鷹をとまらせる「据える」を希望者や子どもにやってもらった。千人以上の人が見学に訪れ、江戸時代から続く諏訪流鷹狩りの技を堪能した。このときは舞台やイベントが専門の同僚がステージセットやマイクなどを準備してくれたので、3階広場の舞台は本格的に仕上がった。

　次の年に同僚の学芸員が江戸時代の鷹狩りの特集展示を行ったが、そのときにも展示に合わせて鷹狩り実演を行った。展示は、鷹の絵が多く、少しは鷹匠の道具も展示されていたが、どうしても平面的になる。それが鷹狩りの実演によって、展示のリアリティが倍増し、より実態的な知識として来館者の記憶に残った。また鷹狩り実演に対しても、展示を見ることにより、より理解が深まるという相乗効果があった。広報としても効果があり、いくつかの新聞や雑誌が取りあげてくれた。

D　鬼太郎ハウス

　2004年暮れに行われた「大(Oh！)水木しげる展」の前哨展示として、江戸東京たてもの園では「水

図18　鬼太郎ハウス

木しげるの妖怪道五十三次―妖怪と遊ぼう展」を同年夏に開催した。これに伴い、たてもの園に鬼太郎ハウスを「再現」した。当時、幹部職員から関連企画としてお化け屋敷を造れないかという指示があったが、これはさまざまな点で無理があり、その代わり、初期の鬼太郎漫画「墓場の鬼太郎」に出てくる鬼太郎の家をたてもの園内に「再現」した。2坪程度の広さのものであり、あくまでも展示造作という取り扱いであった。ちょうどたてもの園内の林の入口に朽ち果てた姿で建て、展覧会の期間中は、家の回りに鬼太郎とネズミ男が出現した。この着ぐるみは、水木プロと着ぐるみを所有する会社とある劇団の協力で安価に利用することができた。来館者にも好評で、写真撮影の列ができ、中には泣き出す小さい子どももいた。

この鬼太郎ハウスは、新聞にも何回か取りあげられたが、一部の学芸員からは、このような架空のものを建てるのは文化財としての建造物を移築・保存している博物館施設としてふさわしくないと、不評であった。しかし反面、展覧会のプレスリリースだけではなかなか記事にしてくれない新聞でも、こうした話題性のある企画は、取りあげてくれることが多く、これは展覧会とたてもの園の効果的な広報となったと思われる。

　E　ダブルショップ

巡回する展覧会では、その展覧会のオリジナルグッズの販売が、一つの収益源となる。新聞社やテレビ局の事業部が行う全国巡回する展覧会で、図録の販売とグッズの販売が成功すると、その分収益が上がる。もちろん、前提に魅力ある展示と十分な広報とそれによる多くの入場者あっての販売である。

一度ある企画展の際、出口にショップを2店舗出店したことがあった。このときは当初から出店予定だった会社から強く抗議され、またこの展示を主体的に切り盛りしていた新聞社の事業部からも相当なプレッシャーを受けた。ただ、実際に展覧会が開いてみると、当初から出店を予定していたショップも予想以上の売れ行きがあり、また別に出店してもらったショップも大きく売れ行きを伸ばした。その要因としては、2店で扱う商品がそれぞれ異なっていた点があるだろう。来館者にとっては、ショップが2店舗あることで、商品がバラエティ豊かになり、選択の幅が広がり、より楽しく買い物ができるようになった。ま

た2店舗が競争したことによって、よりサービスなどの質が向上したという側面もあるだろう。この結果、博物館も共同で実施した新聞社事業部も収益が上がった。こうしたダブルショップはいつもできるとは限らないが、店舗が競い合うことでより充実した商品構成が可能となり、来館者にも喜ばれるから、場所が確保できれば想定しておくべき試みといえよう。

　展覧会に関連して、さらに収益を上げるためにいくつかの実験的試みを行ったことがあった。例えば、伝統のある菓子店が、ある企画展の際、展示室の出口に試験的に出店したことがあったが、このときその店はそれなりの収益を上げることができたようである。

　企画展に合わせて、食べ物屋のケータリングカーや屋台を出しても楽しい。もっともこうした場合は、事前に場所を管理する自治体や、食べ物の場合は、保健所などとの事前協議や許可が必要になる。企画展で数万人もの来館者がある場合は、館内のレストランも長蛇の列となることがある。来館するお客様の視点で考えるなら、臨時にケータリングカーや屋台などを出す必要がある。江戸東京博物館の場合は、近隣のレストランが弁当を作って販売することもあった。こうした工夫をしていかないと、企画展の入場者に「あの博物館のレストランはいつも混雑していて、入れない」というマイナスの先入観をもたれてしまう。混雑していても、スムーズに楽しく食べたり、展覧会を見られるというスタイルを目指す必要がある。

第3節　付帯事業の展開

付帯事業の性格

　博物館経営を考えるならば、公益的な本来事業とは別の、付帯事業の重要性はきわめて高い。ただ、博物館経営は、民間企業が全面的に実施しても、通常は黒字になるものではない。博物館の公益性を保ち、博物館の基本機能を十分に発揮しようとするとき、やはり収益だけでまかなうのは無理である。どうしても自治体からの委託費（補助金）が必須となるが、そうした収支構造であっても収益のアップを図ることは、これからの博物館が生き残っていくための前提条件であると思われる。

収益を問題にしたとき、いわゆる常設展示や企画展示の入場料収入と同様に重要になるのがミュージアム・ショップ（以後、ショップ）やミュージアム・レストラン（以後、レストラン）の収入である。博物館では、こうした博物館の事業収入と、自治体からの資金、そして協賛金などが均衡のとれた割合になるのが理想である。これは自治体、市民・団体、博物館の三者が経営的にも均衡がとれることを意味する。しかし現実には日本の博物館の多くは、自治体からの補助金に大きく依存し、ようやく支援金を集めはじめた館が出てきたという状態である。博物館事業の収益としては、入場料収入はもとより、ショップやレストランからの収益を増加させる必要がある。そのため付帯事業は博物館の入場料収入以外の大部分を稼ぎ出すつもりで、きちんと人員と組織を整備し、経営計画を立て、計画的に収益増加策を継続して打ち出していかなければならないだろう。そのうえで付帯事業での収入で自主事業の一部を実施する予算立てとすることがモチベーションのアップという点からも望ましい。

　江戸東京博物館では、開館前の基本計画策定の時点から、ショップについては、委託するのではなく、博物館組織の直営で経営していく方向性が示されていた。これは先見性を持った卓越した方針であったといえよう。適切な人材を雇用して直営したほうが、博物館にとってより利益となるからである。そして江戸東京博物館のショップは、開館から2003年度までは、博物館を運営する財団の直営であった。しかし実態は、委託先に販売行為のみを委託しており、店長も店員もすべて販売委託先の関連会社のスタッフで、直営とは名ばかりの状態であった。2003年度からは博物館のショップは、実際の委託先はそのままに、経営形態が販売委託から、財団からの業務委託となった。

　筆者は、これからの博物館経営を論ずるとき、理想をいえばショップは本当の意味での直営が望ましいと考えている。博物館を経営する団体が、直接、しかるべき店長と店員数名を付帯事業費で雇用する。当然、店長には経験のある人物を責任者として雇い、息の長いスタンスでのショップ経営を行うべきであろう。

　江戸東京博物館にはレストランは7階に2店舗、1階にコーヒーショップが入り、建物から張り出した部分の2階にもレストランが1店舗入り、一時は3階広場にも軽食堂が1店舗入っていた。こうしたレストランは、2003年度ま

では東京都との直接契約であり、館を運営する財団とは直接関わりはなかった。しかし東京都の担当部署は、開館当時から徐々に縮小し、スタッフも少なくなっており、財団もレストランと直接契約していないため、経営に対して意見をいいにくい構造であった。こうした状況では、レストランなどについて、経営の一環として博物館の独自性を出そうという工夫はうまくできない。やはり、レストランについても、博物館の経営を受託している団体が直接タッチできる仕組みを、最初に作る必要がある。江戸東京博物館のレストランで積極的に博物館にふさわしいさまざまな工夫がなされるようになったのは、管理業務が財団からの委託に変わってからであった。

ほかにも付帯事業としては、駐車場の運営や、弁当の販売やケータリングカーなどがあるが、それらのさまざまな出店での管理手数料収入を収入の何割と決めておくことも大切である。自動販売機や独自性の高いプリクラを設置することも考えられる。資料や作品の写真の貸し出し、撮影なども収益を上げるために利用できる。そうした際、料金は場所代として取るのか、管理手数料なのか、事業の協力金とするのか、事前に決めておき、収益増加に一役買わせたい。また来館者の多い施設では広告料収入も期待できる。館内の映像コーナーに広告映像を流すことも一案である。

付帯事業は補助的な付けたしとして捉えるのではなく、博物館経営の大切な事業として、本来的にはスタッフを雇用し、体制を整えて展開すべきである。

ミュージアム・ショップとオリジナルグッズ

これまでの日本の博物館は、はっきりいって、ショップやレストランを軽視していた。特に公立の博物館ではショップ経営を委託しているところがほとんどであり、直営にしている博物館でも力を入れているとはいいがたいところが多い。だが、ショップやレストランは、展示入場料以外で、博物館がその独自の特徴を生かして利益を得ることのできるきわめて有効な手段である。今後、博物館経営を考えていくうえで、ショップとレストランはかなり重要な要素となる。筆者は前述のように、本来的には直営が最もよいと考えている。それは直営ならすべての利益を財団のものとすることができるし、手数料やマージンを支払う必要がないからである。反面マイナスとなりうるのは、経営のノウハ

ウがない、失敗したら赤字が増加する、スタッフを雇用する前例がない、といったリスクがあることである。しかしノウハウがないなら、ノウハウのあるスタッフを雇用すればよいし、リスクのないところに利益はない。もし一時的に赤字となっても、経営を長いスタンスで考えれば、黒字化できるのであり、博物館の魅力を出せる絶好の事業チャンスと捉えるべきであろう。横浜美術館や川崎市民ミュージアムのショップは博物館を運営する財団直営で、専門スタッフが商品の選定やオリジナルグッズの制作を担当している。

　江戸東京博物館では開館時から2003年までは、Aデパートが販売業務委託として、財団から博物館ショップの販売を委託されていた。後半では販売収入の2割弱を財団に管理費として入れることとなった。逆にいうならば、販売収入の2割弱を財団に入れても営業していくことができたのである。それは受託業者がノウハウを持ち、多くの商品を有利に仕入れるルートを持っていたからといえようが、実際にそうしたノウハウを持つスタッフを財団の職員として採用すれば、より多くの利益が財団に入る可能性があるのである。会計は付帯会計として別立てにしておくわけであるから、その会計で職員を雇用すればよい。江戸東京博物館では、2005年4月より業務委託先の提案競争を行い、新たな業者が業務を引き継ぐことになった。その際、大変だったのが、財団が開館直後から製作したオリジナルグッズや、筆者がセミオリジナルと呼ぶ、ショップの在庫となっている商品、財団からの指示により仕入れた商品などの大量の在庫の取り扱いであった。

　江戸東京博物館では開館時、学芸員一名がオリジナルグッズ製作の担当となり、他の学芸員にアンケート調査を行い、その結果から製作するグッズを選んだ。その際、製作の過程では、解説文やその英訳について逐一提案した学芸員に確認していた。オリジナルグッズ製作では、これこそが重要な点である。資料（作品）を最もよく知っている学芸員が商品製作の各段階、そして最終段階まできちんとチェックすることで、初めてその学芸員が満足できる商品となる。担当した学芸員が満足できない商品では、来館者に感動は与えられないし、買ってもらえない。来館者が手にとって買いたいと思う商品を作るには、学芸員が最後まで制作に関わることが必須である。江戸東京博物館の開館時、学芸員は全員殺人的な忙しさであったが、そうした中でも魅力的なオリジナルグッズが

いくつかできあがった。しかし、以後もなかなかグッズ製作に時間を割ける状況ではなかった。

開館以後10年の間に、オリジナルグッズは数回制作されたが、以後は学芸員が最初から最後まで一貫して制作に関わることはなかった。一度、学芸員等のアイディアをもとに作られたことがあったが、それはあくまでアイディアだけで、後は業者任せだったため、できあがったグッズは、あまり芳しいものではなかった。ほかにも、何種類か業者の提案を鵜呑みにしたとしか考えられないような大量のオリジナルグッズが在庫として残っていた。担当事務職員は数年で異動し入れ替わるので、こうした大量の在庫は不良在庫化してしまう。オリジナルグッズは、作った後どうやって売っていくのかも重要で、その道筋を作ったうえで制作する必要がある。そもそも大量に制作すること自体に無理がある。また、オリジナルグッズの担当者は、ただ自分の作りたい物を作っていてはだめである。

① オリジナルグッズの開発・制作

A　制作の実態

ショップにとって、オリジナルグッズは最も大切な商品である。しかし日本全国の公立の博物館では、魅力があり独創的で思わず欲しくなるようなオリジナルグッズはあまり多くはない。もっともこの10年ほどで独創性があり魅力的なオリジナルグッズも増えているが、その中心は民間の美術館である。

従来、博物館のオリジナルグッズというと絵はがきや文具などで、大量に制作される場合が多かった。そうするとなかなか売れないので、大量の商品は、年月を経るにしたがって、古くなり、不良在庫となる。やはり一つの商品を大量に制作するのではなく、少量ずつ制作することが肝要である。制作費は初期投資となるが、その後は売れた分だけ追加発注していく。初期投資は1〜2年で回収し、以後は利益を生み、それを再投資に利用する。オリジナルグッズに関しても、商品とお金が回転するシステムを、長い目で見て構築する必要がある。

理想をいえば、ショップの商品はオリジナルグッズを中心に構成したい。オリジナルグッズ製作について、多額の費用がかかり、大量に製作する必要があ

り、大量の商品在庫は不良在庫化すると考えている人も多いと思う。ただ、それは作り方と売り方が悪いのである。公益法人が経営する博物館の例を見ると、地方自治体から博物館に派遣され異動してくる人の在勤期間は2～3年である。多くの場合、そういう人がショップの担当になり、彼らはショップを委託している業者や商品を納入する業者の意見を取り入れて、オリジナルグッズを作ることになる。そこに落とし穴が潜んでいる。

たしかに博物館にオリジナルグッズは必須な商品である。ただ、売れる見込みもなく、業者の言いなりで適当な商品を作ることは、数年後、売れ残った不良在庫の山を生み、場合によっては質の悪いオリジナルな粗悪品を大量に生み出すだけである。作成ロットについても、500個以上でないと作れないなどという業者とは、付き合わないほうがいい。そこには1回だけ大量に作らせて、あとは売れても売れなくても関係ないという態度が見え隠れする。今は、ほとんどのものが小ロットで制作できる時代である。なるべく小ロットで初期製作し、売れ切れたら追加発注すればよい。また小ロット製作、多回発注に合わせた簡易的な商取引のシステムも必要である。

では、どうすれば売れるオリジナルグッズを作ることができるだろうか。

B　売れるオリジナルグッズ作り

第一にショップやグッズ制作は大切な博物館の事業であると、トップから学芸員まですべての職員が認識し、それに見合った組織とスタッフを調えることが理想である。それができない場合は、少なくとも担当したスタッフは成果が出るまでの何年間かは、異動させないことが大切である。スタッフを毎年異動させるようでは、長期的ビジョンは持てないし、仕事への愛着も育たず、モチベーションも低下する。今年の成果と反省を来年の仕事に生かし、業務を改善し、より進化させていく努力ができるように、安心して来年も同じ仕事ができる環境を作る必要がある。そして何よりも大切なのは人であり、人が生かせない組織では、よい商品は生み出せない。

売れるオリジナルグッズを作るには、顧客調査がきわめて重要である。ショップで買い物をした来館者に、目的、予算、欲しい商品などを聞き取り調査し、その結果にもとづいて、開発のコンセプトを立てる。すでに何年かの販売実績

がある場合は、どの時期に、どのような商品がどのような人びとに売れているのか、分析する。売り上げランキングの変動を把握し、その背景を分析する。来館者の何割の人が買い物をし、平均いくらくらい使うのか、常設展・企画展に合わせて分析する。時には博物館のＨＰを利用して、景品付のアンケートを行ってもよい。そのうえで、オリジナルグッズの開発のために、学芸員を参加させたプロジェクトチームを立ちあげる。その博物館の収蔵資料（作品）を最もよく知っているのはその館の学芸員なのだから、学芸員の参加は必須である。資料や作品には、そのモノたちが持つ属性、つまり性格がある。紙資料もあるし、写真があったり、立体的な資料や現代作品もある。歴史系の博物館ならば、文書や浮世絵などのほかにも工芸品、武具、衣装、建築部材、出土した考古資料や民具、近代に入ってからの印刷物・機械製品など、さまざまな属性の資料がある。これらの写真を安易に絵はがきや便箋に印刷している例があるが、これはきわめて初歩的なグッズである。

　筆者はそうしたものを博物館のオリジナルグッズとはいいたくない。絵はがきは来館した記念の商品としては手軽であり、必須アイテムであることは確かであるが、何でもかんでも資料写真を絵はがきにしてよしとするのはやめよう。その資料や作品の属性にあった商品開発が必要である。形にはそれぞれのモノの持つ意義があり、存在した理由があり、イメージがある。そのモノを作った人々の思いや、生活、技術、歴史的背景がある。それらを知り、生かした商品開発が大切である。そしてそれを最後まで学芸員も手を抜かず、委託業者やスタッフとともに商品化する。Ｔシャツならどんなタグを付けるのか、そのもとの作品はどのように表示するのか、英語の表記はどうするか、売り場でのポップの並べ方など、売り方までチェックする必要がある。

　繰り返すが、学芸員に開発の最後まで関わらせることが重要である。アイディアを出すだけではだめで、本を制作する際、最後の色校正に至るまで何回も校正するように、商品開発でもアイディアを出した学芸員が最後まで関わり、校正することがよいオリジナルグッズを作る秘訣である。たとえば染付皿をもとにオリジナルグッズを作るとしたら、そのもととなる資料やアイディアを示すだけではなく、その皿の形態や、模様の描き方、発色なども細かく決めて、仕上がりを確認する必要がある。さらにその資料の由来や面白いところを確認し

て商品解説を作成しなくてはならない。

　国立博物館のように、国宝や重要文化財をいくつも所蔵している博物館はそう多くはないが、それでは人気のあるオリジナルグッズは作れないかというと、そんなことはないのだ。顧客調査に基づいたうえで、学芸員のセンスと一般的に面白そうだという感覚を駆使して、館蔵資料や作品から対象資料（作品）を選択し、作ればよい。作り方もさまざまである。どんな資料からどのような工夫で、面白い商品を作り出すかということが重要である。学芸員にアンケートを採ることも一つの方法である。総合博物館でさまざまな分野の学芸員が所属している場合、知名度は低い分野でも面白い資料を熟知している学芸員がいることがままある。

　何が商品として面白いか、それについてはプロジェクトチームだけではなく、館内の全スタッフをはじめとしてなるべく多くの人の意見を聞こう。博物館に来てオリジナルグッズを購入するのは、いわば「その辺の道を歩いている人々」である。そうした一般の人々に最も近い、専門性に無関係なスタッフの意見も大切にしよう。

　ただ、写真を絵はがきにしたり、絵画をプリントしてＴシャツの柄にするのではなく、モノの属性を一ひねりした商品開発が大切である。たとえば、立体を平面に写し取ったり、平面のモノを立体化したりすることも面白い。その際、前述したモノの背景を考えた一ひねりを加えるのである。

　博物館の独自性が強調できる資料群や作品群から、シリーズのオリジナルグッズ群を開発することも効果的である。シリーズで制作することにより、関連したオリジナルグッズ群ができあがり、売りやすくもなる。当然、企画展の実施に際し、館所蔵の資料群を展示したら、それに合わせてオリジナルグッズ群を作ることも一つの手段である。

　学芸員の専門分野からアイディアを商品化することも、博物館に特徴的な商品を開発することにつながる。江戸東京博物館では筆者が考古学を専門とする関係で、04年度には火おこしセットを制作した。教材メーカーなどが開発して売り出している火おこしセットがあったが、粗雑でなおかつ高価であり、満足できないものであったため、材木商の知人に相談を持ちかけた。紐切り式の火おこし道具を制作しようと考えていたが、ここで重要となるのが火切り棒で

ある。火切り板は、板に溝を切ればできあがるが、棒は円柱状に角材を削りだす必要があった。この作業を製材のプロに依頼した。何回も試作品を作ってもらい、実際に火が起きるか確認した。筆者だけでなくアルバイトスタッフでも火が起きたときは感動し、火おこしセットはもう完成間近だと思った。しか

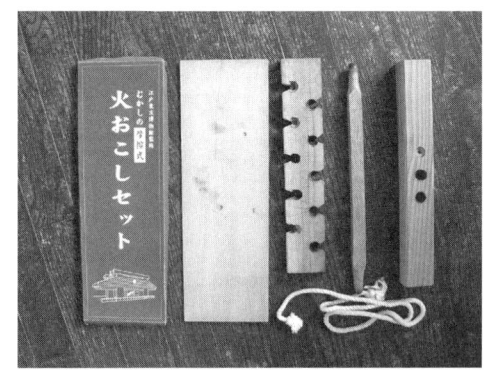

図19　摩擦式火おこしセット

し商品にするには、ここからが大変であった。セットの内容は、板・棒・棒押さえ・紐・イグサ紐を解したものであったが、これに火おこしのマニュアルが必要となった。そして火おこしセットを入れるビニール袋・内容を表示した表紙的な印刷物が必要となり、さらには誰がこうしたセットを袋詰めし、値札などを付けるのかという問題が発生した。

　友人の材木商は、すべての素材を集めて納品してくれたが、こうしたアイディア商品は、そこから商品化するためにいくつか越えなくてはならないハードルがある。ショップ委託業者に協力してもらい、こうした必要品は別途製造元を当たり、手配してもらった。マニュアルはアルバイトスタッフと筆者で作り、袋詰め作業は博物館側で行い、何とか火おこしセットが完成した。このセットは販売価格が1050円という設定で販売を始めた。なるべく安価で、きちんと火の起きるものをという思いで作った。博物館では、火打石の発火セットを、1995年に行った「あかりの今昔展」のときから仕入れてショップに置いていた。これに摩擦式の発火具を開発して揃えることで、火おこしセットとして江戸時代前半には併存していた摩擦式と打撃式火おこし法を体験できるようになった。

　こうした専門分野のアイディアを形にしていくことも、オリジナルグッズ制作では大切な手法である。これは教育普及型、または地場産業活用型ともいえよう。講座やイベントなどの事業にも活用でき、その際にも販売することができる。もともと、この商品は火おこし講座を何回か実施する中で、このような

商品があれば講座の教材として利用でき、売れるだろうということから発想したものだった。学校にも販売することが当時の目標であった。

② シリーズ・オリジナルグッズ

当時の副館長などに「新しいオリジナルグッズを作って」といわれたのは、2003年の夏であった。前年度まで別の係が担当していたショップ事業が、この年から筆者の所属する事業企画課（前年度まで学芸課）・事業係営業グループの所轄となっていた。すでに開館時のオリジナルグッズの半分以上は絶版になっており、あまり売れない不良在庫も多く抱えていた。そしてセミオリジナルグッズや一般的な商品が多く売られている中で、いつの間にか博物館独自のオリジナルグッズの割合が減っていた。

オリジナルグッズには、この商品は何なのか、どうしてこのようなグッズになったのか、という背景を語るストーリーが必要である。グッズのもととなった館蔵資料の由来が大切で、それを語れるのが学芸員である。ただ残念なことに、それまでのショップ担当者には、このような認識を持っている人が少なく、また学芸員にも、自分たちの知識に基づいてオリジナルグッズを作るという意欲を持った人は少なかった。

最初、館内の学芸員等に対してオリジナルグッズに関するアンケート調査を実施し、どのようなオリジナルグッズを製作できる可能性があるか調査した。それと同時に、開発プロジェクトチーム（以後、PT）を立ちあげ、メンバーとしてオリジナルグッズに熱意のある学芸員を選出した。筆者を含め3人の学芸員がメンバーとなり、外部の製作会社のスタッフにアドバイザーとして参加してもらった。このメンバーで、2週間に一度ほど集まり、オリジナルグッズ製作のコンセプトを練っていった。同時にアンケートで出された企画案を一つずつ検討していった。

検討の結果、常設展示に合う企画で、館所蔵資料をもとに、いくつかの「シリーズもの」を創ることになった。「シリーズもの」とは、一つのテーマに沿って、いくつかのオリジナルグッズを製作するというコンセプトである。単発で作るよりもシリーズのほうがインパクトがあり、開発もしやすい。裏返せば、博物館の江戸時代以降の資料を中心とする所蔵資料群では、一点で力のある資料を

選ぶよりもシリーズのほうが選びやすいという面もあった。

　制作するオリジナルグッズを縞、赤絵、今戸焼、VOCの4シリーズと決め、各シリーズに主担当者を振り分け、調査や企画案の提示を行い、内容についてはPT全員で検討していった。筆者は今戸焼、VOCシリーズの主担当となった。同時に具体的に創る商品についても、議論しイメージを作りあげていった。さまざまな調査を行い、試作と検討を繰り返し、だんだんと商品の形が見えてきた。こうして2004年4月に、新しい4シリーズのオリジナルグッズができあがり、プレス発表を行い、販売を開始した。以下、具体的に4つのシリーズについて解説する。

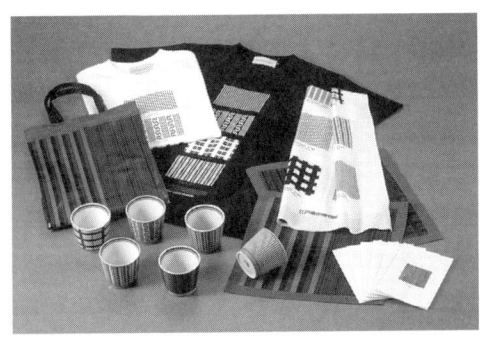

図20　縞シリーズ

*　縞シリーズ

　縞とは、江戸時代に流行した着物などの柄である。もともとはインドやヨーロッパなどから日本にもたらされ、南方渡りという意味で「島物」といわれたが、だんだんと縞柄を指すようにもなっていった。さまざまな種類の縞が流行したが、博物館には、布の見本帳や着物、浮世絵など多数の縞に関連した資料が収蔵されている。各々の縞には面白い由来や意味があるのだが、館蔵資料を調査して候補を絞り、その中から6～8つほどの縞を選んだ。この縞模様をもとに、蕎麦猪口、グリーテングカード、トートバッグ、ハンカチ、手拭い、Tシャツを製作した。それぞれの商品の選択にも考えがあった。

　蕎麦猪口には昔ながらの型紙刷りの技法で縞模様を付けることとし、江戸時代には磁器の産地は肥前地方であったことから、制作は有田焼の窯にした。底部には江戸東京博物館のロゴを入れた。型紙刷りのため、一部に模様のねじれや重なりが生じてしまったが、それはそれでよしとした。商品には小さなカードを付け、そこには各縞の名前と縞模様の由来を日英併記した。伝統的な木版刷りでグリーティングカードを一枚一枚刷りあげ、またトートバッグはコー

ティングしたものとした。ハンカチ、手拭い、Tシャツには選んだ縞を見本帳のように配置し、英文解説をその下に付けた。

＊　赤絵シリーズ

　赤絵は、江戸時代に子どもの疱瘡や麻疹除けとして流行したが、絵画ばかりでなく赤色の人形も作られた。博物館ではみみずくの赤絵の刷り物を所蔵しており、それをもとに、みみずく人形、みみずく軽焼き、小ハンカチ、メモ帳、みみずくどら焼きを製作した。

　人形は東京下町で以前人形製造に関わっていた人に聞き、昔ながらの製法でみみずく人形を作ってくれそうな業者を捜し当てた。その業者と相談したところ、江戸の人形にはいくつかの技法があり、「練り物」で造ることとしたが、練り物の抜き型の、元の木型を作れる職人がいないという。おそらく元型を作れるのは仏師だけだろうが、ただ仏師も平面である一枚のみみずくの刷り物から人形を作ることは、イメージの問題もあり難しいだろうとのことだった。そこで、知り合いの美大出身者に、赤絵をもとに粘土で人形を作ってもらった。何回かやり取りし、PTのイメージ通りのみみずく人形ができあがったが、絵画という平面資料から立体物を作ったため、細部での作り込みやイメージの問題が出て、修正は3回以上に及んだ。

　できあがった粘土の人形を仏師に渡し、元木型の制作を依頼した。木型は大、小2つ作り、この木型に基づき、おが屑を詰める型を制作し、埼玉の人形工場で、その型におが屑を入れて人形の原型を作成。そして彩色・調整し、箱詰めして、ようやく商品化した。この間、担当者は製作のチェックで毎週のように埼玉の工場に足を運んだ。

　また、赤絵みみずくの刷り物をもとに手拭いを作ろうということになり、浅草で伝統的な技法で製造を続けている手拭い屋さんに製作を依頼した。伝統的

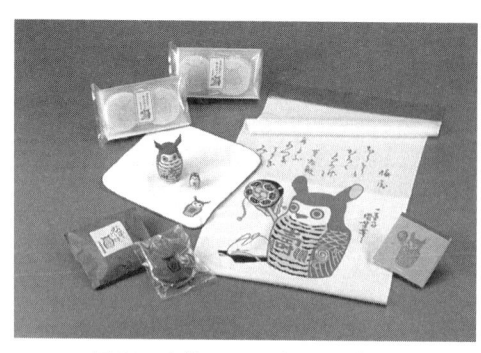

図21　赤絵シリーズ（みみずく）

な技法で制作するのは色数も多く大変だといいながらも、期日までに期待通りの手拭いを納品してくれた。

　軽焼きとは、江戸時代後半に流行した、口の中で溶けていく感覚の、米から作られた軟らかい煎餅である。江戸中期に京都から江戸に伝わったようで、そこには子どもの疱瘡などが軽く済むようにというまじないの意味が込められていた。幕末から明治初期にかけては、江戸・東京の各地で製造されていたことが文献資料から判っていたが、現在軽焼きを作っている工場の存在はつかめなかったため、一般の煎餅製造業者にイメージを話して試作してもらった。だが、できあがった煎餅は、想定していたものとは全く別物であった。

　PTの担当学芸員が、幕末の文献資料から台東区竜泉寺の近くで製造されていたことを突き止め、竜泉寺とその周辺を歩き回って調査したところ、東京で現存するおそらく唯一の軽焼き屋を発見した。事情を話して製作を依頼し、赤絵みみずくを押印した軽焼きを作ってもらうことになった。この軽焼き煎餅はとても軟らかく脆いため、包装や並べ方には特に気を遣った。

　みみずくどら焼きは、あくまでも自然食品にこだわり、化学的な添加物をいっさい入れずに作った。何回か試食し、小豆の味を生かしつつ、生地には黒蜜をタップリ入れた。これは1個160円で現在も売れ続けているヒット商品であるが、欠点は賞味期限が1週間程度と短い点である。みみずくどら焼きが売れ残りそうになると筆者だけでなくPTのメンバーで購入しておやつにした。

*　今戸焼シリーズ

　今戸焼とは、隅田川西岸、浅草の北方にある、今戸地域で江戸時代後半に盛んとなった土器や瓦、人形を主体とする製陶業である。博物館には、関連する資料が収蔵されており、その一部の瓦製造道具は東京都重要民俗文化財に指定されている。今戸人形は今戸焼の一つで、人形

図22　今戸焼シリーズ

制作者の尾張屋が戦前に制作した人形類が収蔵されている。人形の大きさは5cm前後ほどのものが多く、型作りで、素焼きの後に彩色された素朴な土人形である。

この今戸人形をもとにオリジナルグッズを作ることになり、知りあいの画家に依頼して、人形から平面的な感覚の版画を作成してもらった。ここでは立体物である人形を一度版画という平面に写し取り、それをもとにグッズを作るという手法を採用した。見た感じが何かしら通常の写真から作ったものと異なるのはそのせいである。この版画をもとに、ピンバッチ、携帯ストラップ、クリアファイル、マグカップなどを、一連のシリーズとして製作した。

*　VOCシリーズ

VOCとは、江戸時代に日本との海外交流の窓口であった、オランダ東インド会社の略称であり、博物館ではそのマークが描かれた染付大皿などの資料を所蔵している。また、1996年には「掘り出された都市展」で、長崎出島から出土したVOC皿の破片を展示していた。こうしたVOCの染付皿は、かつてオランダ東インド会社が肥前地方に注文し、ヨーロッパへ輸出していたのであった。

このVOCシリーズとしては、VOCの大皿・中皿・豆皿を制作した。特に大皿は、原物と全く同じ大きさで、製造方法も当時と同じ手彩色とし、複製制作とした。豆皿は直径12cm、中皿は直径25cm、大皿は直径40cmで、それぞれの販売価格は、1,500円、3,150円、180,700円とした。

図23　VOCシリーズ

オランダ東インド会社は、ヨーロッパに最初に茶をもたらしたといわれているが、そうした歴史にちなみ、紅茶も製作した。中国茶と日本茶をブレンドし、江戸時代初期にオランダにもたらされた紅茶をイメージしたパッケージを製作した。Tシャツは、掘り出された都市展

で展示した、長崎出島出土のVOC皿の破片が、あたかもTシャツ生地に張り付いたようなイメージで製作した。他シリーズのTシャツも同様であるが、江戸東京博物館のオリジナルタックを襟首に取り付けた。本シリーズとしてはほかにもメモ帳・クリアファイルなどを制作した。

　以上のように、シリーズである程度まとまった品数を開発したことにより、ショップ店頭に新しいオリジナルグッズのコーナーを作ることができた。これは来館者のアイキャッチになり、また新規開発した商品がほかの商品に埋没することなく、一括した群として見せられるという利点があった。プレスの取材でも、この新しい売り場コーナーを写真撮影して使うことが多かった。
　2003年度末に制作したのは、この4シリーズであったが、これらは博物館の費用で開発し、発注も博物館が行いショップに卸す形をとった。卸値は売り値の6割を標準としたが、売り値の設定によっては初期費用プラス初期発注費が、卸値よりも安くできるものもあった。この4シリーズは、初期開発費と最初の発注数で製作し、以後は売り切れそうになると追加発注した。4シリーズ全体での初期開発費はおおよそ500万円、初年度の商品卸費が1,100万円であった。1か月で新オリジナルグッズは250万円以上を売り上げ、12か月で450万円以上の利益を上げたと記憶している。したがって1年と数か月で初期開発費用は回収し、以後はすべて利益となった。
　2004年度には、さらに二つのシリーズを開発した。一つはたてもの園の乗物シリーズ、もう一つは小紋シリーズであった。PTに美術史の学芸員とたてもの園の学芸員に加わってもらい、年度末にいくつかの商品を開発し、2005年度から販売した。たてもの園の乗物シリーズでは、週末に来館者を乗せて園内を走るボンネットバスと都電を取りあげることに決まった。小紋シリーズは縞に続くシリーズで、角小皿などを開発した。ほかにも新橋ステーションの開化皿一点を複製制作した。これは有田の職人が制作に当たり、力強い一品ができあがった。販売価格は数十万円で当時のショップで一番高価であったと記憶している。売れたら再度発注する予定であったが、これはショップに陳列して半年ほどで売れたという。
　以上のように2003〜2004年度にかけては、たくさんのオリジナルグッズ

図24　プレスへの説明会
　　　（『ミュゼ』vol.65、2004より）

を制作した。ここでの基本的な考え方は、ただ資料を写真撮影し商品に印刷することをやめ、資料の性格にあった加工、いうならば一ひねりを行うことであった。たとえば赤絵みみずくは、もとは平面の木版画であるが、材質の違う手拭いにする。その際は、江戸時代からの伝統的製作技法を用いる。版画という平面から、立体物である練物人形を作り出す。江戸時代からあるみみずく人形と同じく伝統的な技法にこだわり製作する。今戸人形という立体物からは、一度平面的な版画を作成し、そこから平面的な商品を製作する。赤絵の疱瘡除けという性格から、病気や魔を払うといわれている小豆を使ったどら焼きを作る。こうしたさまざまな一ひねりは、モノの背景を知る学芸員と商品開発のアドバイザーとの議論の中から生まれてきたものだった。PTの学芸員同士でも、それぞれの専門分野から資料の歴史や背景について語り合った。案外知らないことも多くて新鮮だった。やはりこうした新しい人と人との出会いが、面白いグッズを生み出す原動力となったといえよう。売れるミュージアムグッズを作るためには、そのための体制を作り、さまざまな立場のスタッフが自由に議論できる雰囲気が大切である。それと繰り返しになるが、学芸員が商品ができあがるまでチェックし、最後まで面倒を見ることが大切である。

　そして、開館以来10年ぶりのグッズ開発ということで、プレス発表を行ったが、商品の魅力もあって、多くのメディアが取りあげてくれた。取材の記者たちにはまず彼らに商品を気に入ってもらおうと、オリジナルグッズのおみやげを用意した。

③　ショップとオリジナルグッズ
　A　ショップの経営
　ショップの経営を軌道に乗せ、なおかつ積極的な事業展開を図るためには、

独自の勝負商品がある程度の数、必要である。それがオリジナルグッズである。これがないとミュージアムショップといっても、なんら通常のおみやげ屋と変わらなくなってしまう。

　ショップの商品は、オリジナルグッズ、セミオリジナル、そして一般商品の構成となり、セミオリジナルと一般商品は、売れ行きを見ながら、売れないものは外し新しい商品を追加していく必要がある。オリジナルグッズは小ロット制作で追加発注により、継続して商品を置く。その中で、数年単位の長い目で見て、新規開発との関係の中で、オリジナルグッズの見直しも行う必要がある。企画展示に合わせてグッズを開発し、それを継続してショップのオリジナルグッズとしていく方法もある。これだと最初の商品開発を企画展予算で行うことができる。

　江戸東京博物館では、開館時の良質のオリジナルグッズがなくなっていくのと並行して、ショップでの販売委託先に業者から「博物館にふさわしい商品」の売り込みが続いていた。こうした売り込み商品については、月一度の委託業者との連絡会で検討し、博物館の許可を受けて仕入れる場合もあった。こうした提案商品は玉石混淆で、良いものもあったが、総じて博物館の所蔵資料に基づいた商品ではないという欠点があった。例えば、ある浮世絵を加工した暖簾があったが、その浮世絵は博物館が所蔵していないものだった。こうした商品は、きちんと覚書きを取り交わさないかぎり、さまざまなお土産屋でも売られる可能性がある。実はショップには、ほかのお土産屋や類似施設で売られている商品も多く並んでいる。もちろん博物館の来館者には、小・中学生の修学旅行客も多く、安価で子どもたちのお土産になるような商品も必要であるし、すべての商品を、オリジナルとすることは不可能である。

　筆者は、業者主体で開発制作され、元になる資料や作品が当該博物館所蔵資料でない商品を、セミオリジナルグッズと呼んでいる。これが作られるのであれば、その業者と覚書きか契約書を取り交わし、コラボレーションを組み、館蔵資料に基づいたオリジナルグッズを別に作るべきだろう。

　2004年度は、前年度開発した商品の売れ行きが好調で、追加発注が続いた。しかし、公益法人は予算主義であり、商品購入費があまり計上されておらず、一時は年度中頃に追加発注ができなくなりそうになった。

この年はオリジナルグッズ開発に対してさまざまな意見が寄せられた。開館から10年の間に作った商品が余っており、棚卸しを何回も行った。博物館1階にある財団の商品保管庫が狭くて入りきらず、あちらこちらに商品が分散されて置かれており、管理もいくつかの係に分散していた。各係と調整し、ようやく一元的在庫管理を開始することとなったが、こうした商品の管理にも、大きな労力を要することとなった。ときには大量の注文が来て、それに見合った値引きや、外部への販売など、慣れない業務が続いた。前年度開発したグッズは売れているにもかかわらず、10年間に溜まったつけで、商品管理やグッズ開発に対して否定的な意見が多く聞かれた。不良在庫の原因は10年間の場当たり的な商品開発と一元化されていなかった在庫管理であり、グッズ開発自体が問題なのではなかった。ただ、棚卸しなどの手間の問題や、体制が整っていない中で、博物館のグッズ開発と商品を財産としてリスクも抱えて管理していくことには限界があるという点は、経理のプロからの指摘通りであった。在庫管理や発注、そしてショップへの卸し、大量注文の場合の対応など、片手間ではできない業務内容と仕事量である。

　筆者は本来的には、こうした対応ができるように、博物館は専門スタッフを直接雇用し、直営にすべきであると考える。しかしそうした人的配置ができない状況では、指摘の通り博物館は在庫を持たず、ショップ委託先にそうした商品管理、取引を任せるスタイルがベターであると思う。

　2005年度からは、ショップの委託先が変わることとなり、それに合わせてオリジナルグッズの開発も別の方法をとることにした。博物館とショップ委託先が共同でオリジナルグッズを開発し、博物館は基本的に商品在庫を持たないスタイルである。初期開発費は博物館が持ち、初回発注商品は博物館とショップが半分ずつ持つことにより、ショップが負担する商品開発費はほとんどなくなり、初回発注費用の半分を財団が持てば、商品開発がやりやすくなる。博物館は、初回製作グッズは広報宣伝用等として利用し、在庫を持たないため、不良在庫化する不安がなくなるとともに、商品管理業務が必要なくなる。販売開始時に制作会社とショップ委託先、博物館の3者で契約書を取り交わし、在庫がなくなりそうな場合は、ショップはその製作会社から一定の価格で購入し、販売を続ける。写真美術館開館10周年記念のオリジナルグッズ制作も、ほぼ

このような形で製作した。もっともこの方法だとオリジナルグッズの売上利益の多くは、ショップ委託先に入り、直接の利益は発生しなくなるのだが。

B 売り方

　ショップは、博物館の目標を見すえた上で、ショップとしての目標とコンセプトを持つ必要がある。そうしたコンセプトに基づいて、売り場の施工を行い、商品陳列についても工夫する必要がある。また、大規模な博物館の場合、ショップは博物館内にできるだけ多く設けるべきである。もちろん展示室の真ん中など造ってはいけない場所もあるが、そうしたところ以外ではできるだけ来館者の通る場所、それも何か所かで商品を売るのが理想である。まず、博物館のレストランでも販売すると良い。江戸東京博物館では、当時のレストランの店長に協力してもらい、VOCシリーズの皿や紅茶、みみずくどら焼きなど、レストランに置いても差し障りのない商品は販売してもらった。逆に、レストランの紹介とメニューをショップに置いた。やはり少しでも多くの来館者に商品に気づいてもらい、また買い物ができる場を増やすことが肝要である。

　また当然のことではあるが、ショップは博物館の営業時間中は開いている必要がある。さらにいえば、展示室の閉館時間後も来館者がいなくなるまで30分くらいは開けておくのが理想である。写真美術館では、混雑した企画展の開催中、土曜・日曜は30分間程ショップの営業時間を延長し、それを館内放送で知らせたところ、大変好評であった。また同美術館のカフェは閉館後もいつも営業している。これも閉館前後に館内放送を入れるようにしてから、来館者が増えたという。展覧会をギリギリの時間まで鑑賞し、その後ゆっくりと余韻に浸りながらショップで買い物をし、カフェでビールを飲み展覧会の話ができる。これは限られた時間で展覧会を鑑賞する人々にとって理想的な環境といえよう。

　筆者は、ショップでは食べ物も大いに売るべきだと思う。実際に江戸東京博物館では販売していたし、2005年度からは酒類の販売もできるように、新しい委託先には酒類販売免許を与条件として提示した。計画では地ビールや地酒で博物館にふさわしいものや、歴史的伝統のある下りものの日本酒などの販売を目論んだ。幕末維新で活躍した人物のレトルトカレーや、日本で鉄道がつく

られた最初の頃の汐留ステーションに関連する弁当を開発して、JR東日本の駅や新幹線内で博物館とのコラボ駅弁として販売する構想も温めていた。

オリジナルグッズは、売り方も大切である。江戸東京博物館では、販売員が商品の背景について解説ができるように、グッズ開発PTのメンバーで販売員への商品講習会を毎年開いていた。商品の由来に関する解説は、一つ一つの商品に付け、できるかぎり英語も併記する。またみみずく人形の型や制作の写真を近くに置き、よりわかりやすい商品解説になるように工夫したり、ときには展示してあるVOCの皿や今戸人形を展示中として商品の脇で広報することも行った。前述のように、シリーズで開発したことにより、オリジナルグッズの商品群としての纏まりができ、ほかの商品と差別化して販売できた。さらには各シリーズのコーナーを作り買いやすくした。ただショップが広い場合は、売りたい商品は、一つの店舗の中でも数か所に分けて置くことも効果的である。

C 場 所

江戸東京博物館では、開館時は1階企画展示室の出口にショップが設置されていた。これに加えて1998年度より5階常設展示室出口にもショップを設置した。企画展示の出口にあったショップは、企画展実施中は売り上げが上がるものの、企画展示がないときは極端に売り上げが落ちた。さらにはアンケートなどから、常設展示を見た来館者がショップの存在に気づかずに帰ってしまうことも多いことがわかり、より来館者の目にとまりやすいように2003年度からショップを1階正面入口の北側に移設した。これに伴い1階の総合受付カウンターを南側に移動した。より人通りの多い場所へのショップの移動であり、ショップの販売を受託していた会社の意向でもあった。

しかし2003年度中に、企画展示室出口にもやはり出店したいという希望が寄せられ、ある企画展では、展示室出口にも出店した。このときは企画展が博物館の単独主催だったため問題がなかったが、共同主催者がいる場合は、独自のグッズ販売店を出口に設置するため、ミュージアム・ショップの出店には難色を示される場合が多い。それでもミュージアム・ショップでは企画展期間は展示に合わせた商品を並べていたが、やはり売れ行きが企画展示室出口の時とは違ったようである。ショップと博物館にとり最善だったのは、企画展示室の

出口にもショップを一部残しておき、3か所に販売場所を増やすことであった。これにより、既存のショップの出店を維持し、そのうえで企画展にはダブルショップ体制で臨むことができたと、筆者は考えている。

D　企画展と多様性

　理想をいえば、大きい博物館ならば、企画展示室出口に出店するショップのスペースを確保しておくべきである。出店料は売り上げの何％かが入る仕組みとする。ショップもこれにより、企画展示での売り上げ増加を見込める。企画展に合わせたコーナーを作ることによって、ショップで企画展に合わせた商品を開発しやすくなる。

　写真美術館では、企画展に合わせて学芸員とショップが協力してグッズを開発していた。2005年度は、次年度の展覧会のラインナップをショップの店長と展示を担当する学芸員と共に検討し、比較的グッズ開発がやりやすい展覧会を何本か決めた。展覧会によっては、著作権等の関係でオリジナルグッズを作りやすいものと逆に作りにくいものがあるため、どの展示に絞るかも重要である。グッズを作ると決めた展覧会については、早くから担当学芸員と協議し、ときには作家も交えてオリジナルグッズの開発を進めたが、これはあくまでもショップ主導のオリジナルグッズ開発であった。写真美術館のように常設展示がなく、企画展示が複数同時並行で実施される館では、ショップ主導の開発のほうが機動性が高い。

　たとえば、正月に開館するならそれにふさわしい賑わいをショップでも仕掛けよう。写真美術館は、2004年度から正月2日より開館しており、2006年正月にはショップで福袋を売った。ショップ委託業者の協力により、商品売価は数倍のものを入れ、60袋作ったが、

図25　正月富くじ大会
(江戸東京博物館　ミュージアム・ショップ)

4日間で売り切れた。

　江戸東京博物館のショップでは、2005年の正月には富くじ大会を行った。これは前年の11月以降ショップに来た人に2千円以上のレシートを保存してもらい、正月にショップに持ってくると富くじが1回できるという方式とした。富くじは江戸時代の社寺で行われていたいわば宝クジであるが、これを模して箱の中に外れと当たりクジを入れ、それを来館者に刺し取ってもらった。この富くじについては予想外のマスコミ、Tスポーツ新聞が大きく記事に取りあげてくれた。2日間にわたって実施したが、常時長い行列ができる人気であった。景品はオリジナルグッズや、ショップの委託先が提供してくれた商品を景品とした。

　来館者の多い博物館では、さまざまなショップがあることが望ましい。通常のミュージアム・ショップのほかに、たとえば伝統的な菓子屋が、常設展示室や企画展示室の出口にあってもよい。江戸東京博物館では普通よそには出店しない店の伝統的な和菓子が、1階の墨田区観光連盟の店で売られている。また別のお菓子屋が、企画展や館内のイベントに合わせ、常設展示の出口や企画展示の出口に試験的に出店したこともあった。さらに展示の企画内容に合わせて、新しくプリクラを開発した業者がマシーンを1階の企画展示室入口近くに設置したこともあった。

　展示室は楽しく学習する場であっても、基本的には静粛な場であるが、展示室以外の博物館内は楽しみが優先してもよいだろう。ここでも大切なのはバランスで、展示室は質の高い調査・研究をわかりやすく公開する場であり、品格を保つべきであるが、ほかのエリアでは独自性を見せつつ楽しむことのできる空間としていくことが大切である。

E　オリジナルグッズ開発のコラボレーション

　オリジナルグッズについては、博物館のスタッフが自分たちだけの狭い世界で考えていたのでは、さまざまな点で限界がある。それを乗り越えるためにも、また新しい商品開発という視点からも、ジャンルの違う業界とのコラボレーションを積極的に提案したい。新しいコンセプトと新しい商品は、新しい人と人との出会いの中で生まれよう。

2004年に、あるメーカーから博物館の資料を使って、Tシャツを製作したいとの申し出があった。当時、オリジナルグッズを検討する中で、服飾メーカーやデザイナーとジョイントしてダブルネームの製品を作りたいと考えていたので、セレクトショップに関係したこの申し出は魅力的だった。このメーカーにいろいろとアドバイスして、ネームタグはダブルネームとして製作する方向で進んでいたが、当時は、一企業とタイアップすることに館内からも反論の声が上がった。議論の末、販売のマージンを取る方法と、資料写真の利用料金を取る方法が残ったが、後者の方法で処理することとなった。もちろん、内容のチェックは数回にわたって、元資料の選定、デザイン、試作品段階から実施した。

博物館が収蔵する膨大な資料は、さまざまな商品を生み出すことのできる宝の山でもある。ただやみくもにお金を払えば商品開発に利用できるということではなく、博物館が主体的に、デザイナーや服飾メーカーなどと提携して、シリーズ的に商品開発を展開することを検討すべきである。

また、地域の活性化を推める両国協力会のメンバーである相撲協会とのコラボレーションで、オリジナルグッズ開発ＰＴのメンバーが中心となり、相撲Tシャツを製作した。国技館が所蔵する相撲の版画から、相撲Tシャツを作って、江戸東京博物館と国技館のダブルネームでタグを作り、博物館はもとより、国技館や両国協力会のメンバーの施設などでも販売した。利益の一部は両国協力会に入る仕組みとし、以後でも追加生産して、人気商品となっているようである。このTシャツも、ただ絵をプリントするのではなく、相撲の技を解説した版画から、代表的な技をいくつか選び、絵とその解説をTシャツに配置した。一つの資料からその要素を選び出して、意味のあるストーリー性を持たせていくというオリジナルグッズ製作の手法で作り込んだ。

筆者は博物館は民間企業とタイアップして独自の商品開発を積極的に進めるべきと考えるが、これについては異論も多かった。個別事項としては、一民間企業との連携という問題がどうしても出てくる。それに対する批判のほかに、公益法人が公益事業以外で、それほど儲けることを標榜すべきではないという意見があった。やはり、こうした点から、ショップ経営やグッズ開発については、トップが組織として博物館経営の方針を明確にしておく必要があるだろう。

F　販路拡大

オリジナルグッズは可能ならば、レストランやそのほかの施設にも置いてもらうようにしたい。さらにいえば、一つの博物館だけで売っていたのでは、販売数は伸びない。江戸東京博物館のように、江戸東京たてもの園という分館がある場合は、分館のショップにも置いてもらうとよい。さらに同じ組織の美術館やホール系施設でも販売しよう。もっとも各施設のコンセプトに合う商品でなければならないことは、前提条件であるが。

写真美術館でショップを担当した2005年度には、こうした可能性を探り、同じ財団内の各施設のショップ担当者を回った。そして写真美術館のカタログを東京都現代美術館のショップに置いてもらい、江戸東京博物館で製作したベアト撮影の江戸末期の町並み写真が載る地図を写真美術館で販売した。また池袋の東京芸術劇場で製作したペンライトを、写真美術館のショップに置いたところ、好評で毎月コンスタントに売れていった。

さらに同じ組織内だけではなく、より広く販路を拡大することも考える必要がある。博物館のオリジナルグッズは、その館でしか買えない点に意味があるといって、ほかの施設での販売を否定する向きもあるが、筆者はそれは違うと考える。

新宿にある総合文具店から江戸東京博物館のオリジナルグッズ4シリーズを扱いたいという申し入れがあり、2004年末から2005年3月まで、4シリーズのうちのいくつかを同店の「ようこそジャパン」のコーナーで販売した。江戸東京博物館からの条件により委託販売とし、3か月間でけっこう売れた。江戸東京博物館のポスター・チラシも掲示しもらったので、オリジナルグッズの販売先を増やしただけでなく、博物館の広報にも効果があった。また2005年初頭には生協連合から、オリジナルグッズを扱いたい旨の申し出があり、生協のカタログ販売に参加した。こうした販路拡大には、通常博物館に来る人々とは違ったタイプの人々にも知ってもらえるという、広報的な側面もあることはいうまでもない。

オリジナルグッズのその博物館でしか買えないという稀少性を問題にする向きには、置いてもらえるところは、せいぜい10～20か所であることを説明したい。その程度なら稀少性は無くなりはしないだろう。コンビニやスーパー

で扱うようにでもなれば、確かに稀少性は無くなるだろうが、関連する施設や、いくつかの店舗で売るだけならば、逆にそうした商品の存在により博物館の存在を知ってもらう、広報にもなる点を評価すべきである。

　一つの問題点として、博物館のオリジナルグッズは原価が高く、儲けの歩合が低いということがある。本格的な商品として流通機構に乗せていくには、卸値をより安く、売価の5割程度に設定する必要があるが、これはなかなか単独では難しい。したがって、安い利益率でも協力してもらえるところに販路を拡大するか、業者とのコラボレーションで商品開発を行うかということになろう。その前提としては、博物館の共同体や協議会を母胎として共同事業体を作り、そこで博物館のオリジナルグッズを開発し、販売も参加館で一緒に行っていくスタイルが想定される。オランダでは、博物館の協議会で一括してオリジナルグッズを扱っている場合がある。日本でも各地で博物館のさまざまな連合体ができつつあり、そうした組織での商品開発と販売はこれからの方向性の一つであろう。

　博物館のカタログを一部の書店に置いてもらうことはいくつかの事例もあり、カタログの広域販売も、著作権の問題をクリアすれば展開が可能である。

　インターネットを利用したミュージアム・ショップの商品販売は、首都圏ではすでに10館以上で始まっている。写真美術館では2006年から開始しており、過去に作成したカタログを販売し、毎月、ある程度の売り上げがあった。筆者は、現在実施している展覧会のカタログやオリジナルグッズも、インターネットで販売してよいと考えている。さまざまな考え方があろうが、現在実施中の展覧会カタログをインターネットで紹介することは、なかなか展覧会に来ることのできない地方の人へのよい紹介ツールとなるし、展覧会の広報にこそなれ、展覧会に来るはずだった来館者が、カタログで満足して来なくなることは無いと考えている。逆にカタログを見て面白そうだと思った人が、展覧会に来ることもあるだろう。

　近い将来、インターネット上で、いくつかのミュージアム・ショップを集めた仮想のネットモールができたらよいと思う。各博物館のインターネット・ショップを結ぶHPを作り、リンクを貼り、決済システムは各博物館ショップの独自の方法でまかなう「仮想ショッピングモール」構想である。さまざまな

博物館のショップのオリジナルグッズを購入することのできるモールは、覗いてみるだけでも楽しいと思うのだが。

コラム3　アイヌ民族博物館

　北海道白老郡白老町にあるこの博物館は、1976年にアイヌ民族が中心となり設立された財団法人が運営する、アイヌ文化の伝承保存と公開を目的とする博物館である。1984年に設置され、敷地内にはアイヌのコタン（集落）が復元され、博物館内にはアイヌの狩猟道具、民族衣装、儀式の道具などが展示されている。アイヌの財団職員が、1984年に国指定重要無形民俗文化財に指定された「アイヌ古式舞踊」や伝統工芸の実演・公開も行っている。

　財団法人ではあるが、国、北海道、町からの補助金はほとんど皆無で、苦しい経営を強いられている。1989～1991年度までは80万人を超える入館者を数えたが、その後減少し、2005年度には23万人にまで減少した。そのため、公的支援なしには博物館事業の実施だけでなく、財団を維持していくことすら困難な状況になってきている。入館者の内訳を見ると、学校団体などは堅調に推移しているが、一般客は減少傾向が続いている。

　そうした中で、本来の目的であるアイヌ文化の伝承活動にさえも予算が回らなくなったため、2001年には学芸員たちは事業運営委員を立ち上げ、後には組合を結成し、新たな文化伝承活動に力を入れるようになった。具体的には伝統的楽器ムックリ（口に挟み鳴らす楽器）や刺繍、彫刻などの体験学習ができるシステムを作った。かつてアイヌの村で行われていたコタンノミという祈願祭を復活させ、職員の演出による踊りや歌を披露したり、敷地内を流れる川での鮭漁を再現し、アイヌの伝統的な技法で鮭の薫製を製造・販売するといった事業も展開している。こうした活動により、多くの入場者が体験学習に参加し、その結果一人あたりの収益も伸びてきた。修学旅行の団体客には何らかの体験学習をプログラムに組み込んで提供するなどしている。

　また、学芸員が学校に出向いてアイヌに関する出前授業を行うなど、苦しいながらも経営維持の努力がなされている。地方自治体の姿勢はさておき、行政からの資金に頼ることなく経営努力を積み重ねている、財団の運営する博物館もあるのである。

博物館レストランなど

　レストランやカフェも博物館にとっては貴重な資源であり、また収入源であ

る。博物館に来た人々がひと休みするため、またはその博物館に来た記念に、楽しい時間を過ごすためにレストランやカフェに入る。その博物館に特徴的な料理を提供したり、その館固有の雰囲気を楽しむことのできるレストランは、これからの博物館にとって必須である。

　レストランやカフェも、利潤の点でいえば直営がベストだが、食べ物を調理するという観点と、さまざまな業態の展開を考慮したとき、委託が多くなるのも当然といえよう。規模の大きな博物館の場合は、館内に複数のレストラン、カフェを設置するとよい。さらに企画展やそのほかのイベントの際は、さまざまな業者に出店してもらう。業者が競い合うことで賑わいが生まれるし、来館者にとっては、選択肢の増加、混雑の緩和という利点もある。あまり利益の上がりそうにない場所でも、固定費ではなく、売り上げの何％という契約にすれば、出店する店も出てこよう。

　業者を決める際には、なるべく多くの業者に声をかけて、そのうえでコンペを行うのが通常である。委託が内定した場合は出店補償費を確保する。設備をどうするか、店舗の内装や施工はどうするか等、さまざまな点を事前に決めておく必要がある。もちろんそうした点を考慮したうえで、その館にふさわしいレストランにするためコンペを行う。企画展に合わせたメニューの開発や、館事業への積極的な協力は、大切な前提条件といえよう。

　委託業者が決まったら、業者任せにするのではなく、どのようなメニュー・料金設定にするのか、一緒に考えていく必要がある。例えば、観光地や遊園地に家族で行く場合、少々高くても、いい雰囲気で楽しく食事ができるレストランであれば、よしとする傾向が強い。何の変哲もない、丸イスや長机だけの食堂では、どんなにおいしい食べ物を提供しても、そうした場所に来る家族連れやカップルは入ってこない。彼らにとっては「ハレの日」の食事なのだから。逆に、職場の同僚と昼飯を食べに入る街のレストランは、味と料金が比例していなくてはならないし、おいしくて安くなければならない。注文してから料理が来る時間も、短いほうが好まれる。

　ではいったい、博物館のレストランはどのようなメニュー揃えと料金体系にするべきなのであろうか。それは、博物館の設置目的や場所、地域の性格、とりわけ館の性格により変わってくる。その博物館に来る人々の動向を観察し、

属性を分析し、聞き取りやアンケート調査を行い、さらに近隣のレストランや、成功している類似施設のレストランを調査しておく必要がある。今は来ていなくても、潜在的に呼び込める可能性のある来館者について想定し、新たな客層を開発していくための調査も必要である。

　博物館のレストランでは、企画展示に合わせたメニュー作成も大切である。もちろんすべての企画展示でそうした関連メニューができるわけではないので絶対条件ではないが、関連メニューはなるべく開発したほうがよい。たとえば、ある世界遺産や世界的に有名な遺跡の展示だとしたら、その国の伝統的メニューを加えるとか、縄文時代の展示であれば、各地から出土している、いわゆる縄文クッキーを模したものを作ってもよい。ある作家の展示では、その人がよく食べた食べ物や、日記などに出てくるメニューでもよい。要は展覧会に来た人々が、展示と関連した思い出と共に、一緒に来た人と食べることを楽しめればよいのである。もちろん味が良いことが前提である。例えば、江戸東京たてもの園で「武蔵野文学展」を開催したときには、太宰治を大きく取りあげたので、太宰の故郷から「太宰ラーメン」を取り寄せて販売した。

　全国巡回をする企画展では、博物館から溢れるほど来館者が押し寄せる場合もある。博物館としてはうれしいことだが、逆に来館者の不満感は確実に高まる。展示室に入るのに1時間待ちで、空気が悪い展示室の中でも順番で、目当ての資料（作品）もほんの少ししか見られないということもある。そしてそんなときはレストランもまた長蛇の列となる。そうした不満を解消するためには、弁当や軽食の販売や、ケータリングカー、つまり屋台での食事の提供という手段が有効である。ケータリングカーについては、保健所や消防署の指導のうえで、博物館の敷地に出店してもらう。こうしたケータリングカー業界とつながりを持ち、ときには事業に合わせて特徴のあるケータリングカーに来てもらうことも、来館者の満足度アップという点で有効である。

　例えば昭和30年代の企画展示を実施する場合、30年代の昔懐かしい小学校の給食を再現したメニューを作るケータリングカーを呼べば、食体験が展示見学にプラスされ、より展覧会のイメージをふくらませることができる。小さなカフェしか博物館内にない場合など、展覧会に合った種類のケータリングカーを呼ぶことは、博物館展示にプラスする食体験として多いに利用できる。

大きな博物館の場合、ホールを併設する場合も多いが、ホールでコンサートや伝統芸能の公演を行う際には、ぜひとも博物館のレストランや喫茶店に軽食・バーコーナーとして出店してもらうようにしたい。たとえばホールのエントランスに出店してもらい、公演前や幕間に軽食やコーヒーやビール、ワインなどを提供できるようにする。江戸東京博物館では、大ホールでコンサートがあるとき、ホールのエントランスで軽食とコーヒーのサービスを館内の喫茶店に依頼していたこともあった。大ホールは貸し出し施設なので、外部団体が伝統芸能などを行う際には、お弁当やおみやげなどが提供されることもある。

レストランの食事と展覧会のチケットを合わせたセット券を販売するのも効果的である。レストランや博物館が夜まで営業する場合、昼間よりお得感のある食事や飲み物との時間限定セット券は、夜間利用者の呼び水にもなる。

さまざまな関連事業
① 資料や施設の撮影利用

現在、日本各地で、映画やテレビ、雑誌の撮影が盛んに行われている。江戸東京博物館や江戸東京たてもの園も、2004年度より開始された東京都のロケーションボックス事業でその対象施設とされた。特にたてもの園では、映画やテレビ、雑誌などの撮影場所として利用されることが多く、毎年百万円以上の収益がもたらされる。ただ撮影への対応は時間が必要で、職員の業務量は増加する。特に、たてもの園の場合は、建造物自体が貴重な文化財であり、現状を保つためにさまざまな制約が出てくるため、職員やボランティアたちの献身的な協力なしには実施できない。

撮影は博物館にとれば広報活動にもなり、また土地、環境、建物、資料という博物館資産の有効活用の一つである。写真美術館でもロケーションボックス事業を開始しており、おしゃれな雰囲気がファッション雑誌や婦人雑誌に利用されている。

資料の各種出版物への掲載利用については、江戸東京博物館では2004年度までは、博物館の特別利用として許可を与え、無料ないし撮影実費で対応していた。こうした資料の特別利用が、2004年度には300件にも達していた。これは博物館の広報・宣伝にはなるが、利用件数が膨大なため、常勤の学芸員

1名とアルバイト2名が常時この業務にあたり、やっと対応している状況であった。これについて2001年度から検討を重ね、利用料金を取る方向が示されたが、東京都の資産である博物館資料の写真という位置付けもあり、実施は難しかった。しかし東京都も弾力的に財団経営の自由度を増す姿勢に転換したためか、現在は東京都の許可の下、外注で写真などの利用を実施し、その利用金の何割かを外注先から博物館に納めてもらうシステムとなっている。

② 館内でのパーティー

江戸東京博物館では各国の在日大使館のパーティーを館内で実施したことがあった。こうしたパーティーは1階のエントランス、ホールや会議室、レストランなどで行い、資料については限定されたものをその会場に展示し、学芸員が監視してパーティーを行うスタイルがよいと筆者は考えている。

こうしたパーティーを博物館内で行うことについては否定的な学芸員も多いが、筆者は、資料公開の一環として、パーティー会場に資料を展示してもよいと考えている。もちろん資料の保護のため、飲食可能エリアを限定したり、警備員を多数配置したりすることが大前提であるのはいうまでもない。時間やエリアなどは博物館の都合で限定し、賛助会制度とリンクさせ、高額の賛助会費を払ってくれた特別会員限定の権利としてもよい。しかし現状においては、日本の博物館で展示室を利用するパーティーはやはり難しい。なぜなら建設時からそうした飲食を伴う利用を全く想定していないからである。

今後博物館を作る場合は、パーティー会場をどのように設置するか当初から考えて設計に入れておく必要がある。多目的な場所として、資料を扱え、さらにはパーティーも可能なエリアを設定することも可能である。また歴史的に価値のある建造物を保存する場合も、ただ移設・保存するだけでなく、生きた形で活用すべきである。そうした活用方法の一つとしてパーティー会場としての活用も視野に入れる。博物館の敷地内に伝統的建物が移築される例も多いが、そうした建物もパーティー会場とすることができる。やはり建物は利用されてこそ、本来の機能を果たすといえよう。例えば、囲炉裏のある日本家屋で伝統芸能を鑑賞することができれば、外国から訪れる人にとって印象に残るパーティーとなろう。実際、日本家屋の畳に座り、座った目線で屏風絵を鑑賞し、

巻物を畳に広げて見ることが本来の日本絵画の鑑賞方法でもある。

③　展示室などでのイベント

　江戸東京博物館では、常設展示室で体験型の展示や、学芸員によるミュージアムトークや教育キットを使った体験型事業などを行っていたが、そうした教育普及事業とは一線を画したアミューズメント性の高い演奏系の事業も行われた。こうした展示室内でのイベントやさまざまな事業展開については、館内での十分な議論と、学芸セクションの責任者の判断が大切である。何でもかんでもやってよいというわけではない。逆に不適切な事業を行うと、それによって常設展示のイメージ自体を下落させてしまう恐れがある。展示室での事業展開やそれに伴うコラボレーション事業には十分気を付ける必要がある。

　江戸東京博物館では2004年の正月から、常設展示の来館者増加対策として、さまざまな正月イベントを開始した。その前年2003年の夏に、常設展示の入館者数が落ち込んでいたため、来館者増加対策として、さまざまな事業を常設展示室を中心に行うことにし、そのノウハウを発展させる形で正月イベントを企画・実施したのである。2003年夏と2004年正月には、5階常設展示室の中村座の前や朝野新聞前で落語や清元の公演を行った。また、正月イベントの一つとしてミュージアムショップに協力してもらい、前述の「正月富くじ」を行った。

　正月には数十万人の参詣客が浅草寺を訪れる。浅草と江戸東京博物館は性格に親和性があるが、近い割に交通の便が悪い。また、歩くとなると30分近くかかり、バスの便もよくない。そこで、正月に浅草を訪れる人々を博物館に呼び込もうということで、バスをチャーターし、浅草寺仲店の前から両国の江戸東京博物館まで往復運行した。浅草観光事務所の協力を得て、チラシを置いてもらい、参詣客にチラシを配って江戸東京博物館行きのバスをPRした。試行ということで料金は無料にしたので、昼から夕方までは立った乗客も出るほどであった。また、博物館内でも、チラシを配り館内放送で案内したところ、浅草から江戸東京博物館に来る便と同じくらい多くの人が浅草に向かった。

　展示室に映像装置があれば、そのスクリーンで、展覧会の協賛企業の広告を流して、その広告料をもらうことも一つのアイディアである。博物館内に募金

箱を置くことも、賛助会制度とともに、多くの来館者から援助を得る方法の一つである。また開館何周年事業実施のために募金を募るとか、特定の目的を決めて募金を行うこともできよう。

第4節　評価する

　来館者の考え方や行動を調査して分析するのは、博物館の積極的経営では必須の作業である。すべての事業は思いつきで行うのではなく、来館者の調査によりある程度の裏付けを得て実施すべきである。そのため、アンケート調査は博物館経営にとって必要なものである。

　筆者が以前訪れたある博物館では、ただアンケート用紙が置かれているだけで、担当の学芸員に聞いてみても、何日分かまとめて見るときもあるが毎日は見ない、展示が終了して資料返却も終わり一段落ついてからパラパラと見るときもあるということだった。「なぜ集計したり、分析したりしないのか」と聞くと、そのための人員もアルバイトもいないので、できないという答えであった。これは20年近く前の話であるが、どうせ見ないのなら、アンケート用紙を置いても無意味である。来館者の声を聞き、満足度を測り、事業評価に生かし、次の事業実施のためにアンケートを行うのである。

　ほかにも入館者数やその年齢、男女比、関連商品の売り上げなども評価対象とし、事前の目標に対して実際はどのようであったか、そのうえでの反省点や評価すべき点をまとめる。これを担当者が行い、組織的にも確認し、さらには外部評価も行う。さらに、反省点や改善点を次回の事業に生かす取り組みが必須である。アンケート用紙だけでなく友の会会員や会議室利用者などからの意見聴取、モニター調査や出口での聞き取り調査も有効である。評価は業務の品質管理の一環であり、PDCA（Plan／Do／Check／Action）サイクルの実践につながるものである。

アンケート　作成と実施、分析

　アンケート用紙は展示室の出口に置くのが通常よくあるスタイルである。こうした「定置網形アンケート」にはアンケート用紙をスキャンすると、その場

で集計されて、結果がグラフで表示されるという素晴らしいフリーソフトが広まりつつある。このアンケートの素晴らしいところは、内容について、時代に合っているか、そぐわないか、随時検討できる点である。たとえばインターネットの普及により、来館の動機部分の選択項目にはホームページだけではなく、ブログの項目を加えることが望ましい。

写真美術館では、こうした企画展示室出口のアンケート用紙だけではなく、1階のエントランスホールでも、博物館全体に対するアンケート用紙を設置していた。戻ってきたアンケート用紙は、博物館内のできるだけ多くのスタッフが閲覧し、改善・修正すべき点は、その場ですぐに担当者が修正し改善する。

来館者調査

アンケート用紙を展覧会の出口や博物館の出入口に置き、任意にアンケートをとることも大切であるが、それ以上に対面式で来館者にさまざまな質問をして、来館者の意向を調査することは、マーケティングの基本である。来館者のさまざまな意向を調査・分析することにより、自信を持って積極的経営策を取ったり、展示の変更を行うことができる。こうした対面式で行う聞き取り調査は、質問する項目をどのように設定するのか、対象者の絞り込み方など調査方法も大切である。江戸東京博物館では、2001年度からS社に来館者調査を委託し、学芸員と共同で対面式聞き取り調査を実施した。そしてこの結果をもとに、さまざまな改善計画を作成して実行した。たとえば5階常設展示室の体験コーナーをカフェにするという案が立案され、これは実現しなかったが、2階洋食レストランの下にもレストランを設置するという改善プランの基になった。2003～2004年度にさまざまな新しい試みを実施しているが、そのもとには、こうした来館者調査の結果があったのである。アンケートの結果を各種の改善に役立てることは、独善的な改善計画に陥らないためにも、来館者のニーズを的確に把握するためにも行うべきである。

また博物館に来た人が、その地域にどの程度滞在し、回遊し、お金を使うのか聞き取り調査する。これは博物館の経済的波及効果の一端を知るためにも貴重な聞き取り項目となる。博物館はそれ単体での評価だけでなく、地域一帯への波及効果も合わせて評価すべきである。

事業評価、内部評価、外部評価

　企画展示などの事業実施については、実施が決定する準備段階から、予想される評価事項を記載し、館内の会議で報告する。当然実施案の段階で、さまざまな立場のスタッフから意見をもらい、展示企画をブラッシュアップしていく。これにより、事業評価の前段階としての事業の予想が可能となる。担当者が事業実施の前に計画書を作成し、館内で報告・周知する。そこで館長や幹部職員の意見も聴取し、議論する。

　そして展覧会が終了した後、担当者はアンケートの結果を含め、来館者数や収支報告、よかった点、反省点を含めて自己評価し、一定の様式に記入して、館内で報告する。その後、展示を担当する部署の責任者がその年度の事業についてさまざまな観点から評価書を作成する。これが内部評価となる。

　写真美術館では、2003年度の外部評価を2004年度から実施し、以後毎年外部評価を行っている。外部評価委員は、博物館の館長や写真研究者、博物館学者、文化人、ボランティア代表などが入り、多様な構成となっている。内部評価書があらかじめ外部評価委員に渡され、外部評価委員会が座長の司会のもとで開催される。細かな項目について、ＡＢＣでの評価を行い、評価委員からの意見書を付ける。こうした委員会には館長も必ず出席し、意見について、どう対応するか答える。こうした外部評価の結果は、ホームページ上でも公開し、東京都に対しても報告する。

　評価とは、評価することが目的ではなく、それにより事業の内容を改善し、より来館者の満足度を上げる方向に変えていくことが目的である。担当者、担当部署、そして博物館の管理者が全員で、きちんと問題点を認識し、自覚するための手段である。しかし、この手段のために多大な労力をかける必要はない。なるべく少ない労力で評価は行うべきであり、これをいかに新しい事業展開や、事業の改善に生かすかが大切であり、それがPDCAサイクルを生かしていくことにつながる。つまり書式などは簡略で使い回しができるものとし、一度決めたらなるべく変えないことが肝要である。事業実施担当者にとっては、毎年のように書式が変わっては、そこに記載すること自体に労力がかかってしまうからである。日本博物館協会でも近年評価指標を公開し、利用できるようになっているので、これを少し改変して使うのもいいだろう。

第Ⅴ章　連携する

第1節　博物館を支える組織

友の会

　友の会は、長い目で見守って育てていくことが肝要である。最初は館の担当者が募集要項を作り、枠組みを検討し立ちあげる必要があるが、最終的には会員による自主的な運営を目指すべきである。時間はかかっても、会員には自主的に事業実施のための組織を作ってもらい、博物館側がそれをサポートするという形が望ましい。遺跡めぐりや講座など友の会主催の各種イベントも、会員が独自に企画できるように持っていく。ただ、自主的な運営が軌道に乗ったとしても博物館側に担当者は必要である。

　友の会会員には年会費を払ってもらい、博物館は彼らに館の各種の出版物を送付し、情報を発信する。江戸東京博物館では、友の会会員は企画展の内覧会に参加することができ、かつ、そこで学芸員による展示解説を聴くことができた。ちなみに内覧会の受付は会員有志が行っていた。写真美術館では、友の会会員は収蔵展を無料で見ることができ、さらにカフェを割引で利用できる。また、さまざまな企画展を割引で見ることができ、ヘビーユーザーには大変お得ということで会員数が伸びた。

　友の会会員になる利点を、なるべく多種類用意することが重要である。例えば歴史系博物館ならば、伝統芸能の公演や各種の講演会に関する情報を会員に優先的に送るとよい。また、展示に関連する旅行などの情報も流す。博物館側にとっても、館のさまざまな事業に対するニーズの高い集団に情報が流せるので、事業の参加者を集めやすいという利点がある。

　ただし、個人情報の管理は、慎重の上にも慎重に行うことが必要である。第三者にリストを渡すことは基本的には行うべきでなく、どうしても必要な場合は厳重なチェックを行う必要がある。具体的にはスタンドアロンのコンピュー

ターで特定の職員のみがアクセスできるような仕組みを整える。また、多くの会員にとってメリットのある情報だと考えて送付しても、ある会員にとっては迷惑な情報と受け取られる場合もある。入会時にさまざまな情報について必要か不要か、新しい情報に関しても必要か不要か絶えず確認する必要がある。

また今後の博物館のあり方を考えると、友の会の自発的な発議により、会費の一定部分を博物館に寄付として納入してもらうことや、必要な資料や作品を友の会で購入してもらい、それを博物館に寄贈してもらうことも目指したいことである。こうしたことが、友の会が博物館の経営に参画する第一歩となると想定される。江戸東京博物館でも、友の会が貴重な図書資料を購入し博物館に寄贈したことがある。日本の博物館でも友の会が自主的に活動し、会員数を増やし、博物館資料購入にも関わり、やがては博物館経営にも関わるようになることを期待したい。

賛助会員制度——最先端を行く東京都写真美術館——

写真美術館では、自主的な博物館活動をサポートするため、維持会員制度、いわゆる賛助会員制度を設けている。維持会員は主に企業で、年会費は一口30万円である。この維持会員制度は2001年度から始まっている。発足に際して、経済界に明るい人に担当責任者として来てもらい、さらに実際の勧誘をサポートする人、事務的な業務を行う人をスタッフとし、陣容を調えた。そして維持会員は「写真映像文化振興支援協議会」を結成し、会員間の互選により支援協議会理事会を設立している。

維持会員の勧誘には、作成した案内パンフレットと、支援協議会理事長と写真美術館館長の連名の依頼文書を持ち、さまざまな企業を回る。年会費が数口以上の会員は特別維持会員として優遇している。

維持会員には、展覧会の図録や招待券を送り、展覧会の内覧会に招待し、会員の名簿を館内の顕名板に掲示する。美術館ニュース「アイズ」や年報には会員名を掲載し、ほかにも会員を対象として館長を交えた懇談会を開催したり、裏方を見てもらうバックヤードツアーを実施している。会員向けに博物館の施設を使ったパーティーも可能とうたっている。

維持会員制度の担当者は、毎日いくつもの企業を回っていた。こうした継続

的な努力によって、発足から数年後に会員数は200社近くとなり、年間の協賛金も6千万円近い金額となっている。会員には常時、脱退の可能性があるので、会員数を維持・増大するには、大変な努力とノウハウ、ネットワークが必要である。

　維持会員制度の会計は、当初から通常の会計科目とは別立てとし、写真・映像文化振興事業特別会計（以後、特別会計）として設けているが、この特別会計は、自主企画展を実施する貴重な財源となっている。写真美術館では1999年度より東京都からの作品購入費（受託費）がゼロとなり、新規の作品の購入ができなくなってしまった。そのため、2004年度から維持会費を用いて作品購入を行っている。これは特別会計で財団が作品を購入し、最終的に東京都へ寄贈する形をとった。以後もこうした維持会費を用いた作品購入は継続されている。また写真美術館の特別会計は会費収入を中心とするが、映画や展覧会の入場料収入なども含め、広報や出版、オリジナルグッズ作成などにも利用されていた。

　今後、さまざまな博物館にこのような賛助会が必要になると思われる。そのためには経験や人脈のあるスタッフを博物館に招き担当してもらうことが不可欠である。やはり学芸員や自治体の事務職員にこうした業務を担当させようとしても無理である。館の係長や課長、もしくは学芸員が企業を訪ねたとき、面会できるのは課長職レベルであることが多いが、賛助会に加入するかどうかという判断は、企業の中でもトップに近いスタッフの判断となる場合が多い。したがって企業を管理職で退職した人などに来てもらい、獲得した会員数に比例して歩合給を出すスタイルを提案したい。地域の商工会議所や有力企業の会長に加わってもらって、実務はそうした退職者にやってもらうというのも一つの方法である。また博物館の周年記念事業に合わせて賛助会組織を立ちあげ、継続していくことも一つの戦術といえよう。

　こうした賛助会員制度には予算の枠取りが絶対に必要である。それをしないと前にも述べたように、企業からの協賛金を簿外管理することにつながってしまう。協賛金の会計を準備するとともに、公益法人の会計は地方自治体とは別だという認識をきちんと持つべきである。協賛金や寄付金は、基本的にはその博物館の展示活動やある特定の事業に対するものである。つまり使用すべき目的がほぼ決まっている。しかし自治体や公益法人の予算では、大きな枠の中で、

収入は収入であり、支出は支出であり、一つの企画展に対して寄付金が多く集まったからといって、その企画展の支出を増やして事業（支出）を拡大するという発想はない。これは会計上の考え方としては理解できるが、寄付を出す側の、博物館や事業に対する思いや、学芸員の寄付金集めの中では、理解されない。自治体でも弾力要項というものがあるように、博物館では使用目的を持つ寄付を認めると共に弾力要項を設定する、そして特別会計を整備しておくことが不可欠となる。

　また、博物館経営陣には賛助会担当のスタッフとして集金能力のある人物を迎える判断を主体的にする必要があるし、地方自治体は、そうした博物館の自主性を認めることが大切である。博物館の判断に関して自治体の関与が強すぎると、博物館の主体性は失われる。公平性を確保しつつ、外部からの人材登用をいかに図るか、博物館経営にとって今後の大きな課題である。

　地方自治体からの委託費で行う事業にも、寄付金を収入として取り入れる方式（予算枠）を設けてほしいものである。その博物館の特色に合う企業があるはずだし、個人でも継続して博物館を応援したいという人が増えるであろう。また、博物館によっては、友の会と賛助会を一体化して運営しているところもあり、これも今後の方向性の一つといえる。

　賛助会に入会した企業が、入会したことによって得られるメリットが種々必要である。前述したような特典のほかにも、博物館の施設をパーティーなどさまざまな形で利用してもらうとか、館長や学芸員などとの交流の場を設定するなど、企業の側に立ってさまざまなサービスを用意することが効果的である。博物館は立地も、性格や施設のあり方もさまざまであり、そうした各館の特徴を生かして、博物館ならではの独自のサービスを見つけるべきであろう。

ボランティア

　現在、日本の多くの博物館でボランティア制度が拡大しつつある。ボランティアは博物館の宝である。しかしかつては博物館関係者からボランティアに対して否定的な意見を聞くことも多かった。たとえば「長くいると学芸員より物知りになり、勝手なことをいう」とか「扱いにくくなる」といった類いのものである。基本的に博物館の世界は人と人のつながりが欠かせないが、役所の論理

から学芸員にも博物館以外への異動があったり、ときには全く関係のない部局から博物館に来る人もいるため、そうした議論が起こるのである。博物館の経営や学芸員の異動について、専門性を確保するシステムを作ることこそが最優先であり、時には辛辣なボランティアからの意見こそ大事にして、さまざまな改善に役立てるべきである。

　もちろんボランティア制度を維持していくことは、片手間でできることではない。担当のスタッフをきちんと付ける必要がある。どんなに自主的なボランティア制度を構築しても、博物館としての担当者は必須である。いうまでもなくボランティアがアルバイト代わりという発想は論外である。ボランティアは博物館の協力者であり、パートナーである。段階を追って、学び、自立していくボランティア組織を構築していくことを目指すべきである。博物館に対して積極的に提言・苦言をなし、共に博物館事業を展開しようというボランティア組織をつくり、またそれらの意見を吸いあげて、事業展開に反映していくシステムを作ることが、博物館経営に求められている。

　博物館のボランティアとなるのは、主としてその博物館に頻繁に通える範囲に住む地域住民であり、博物館にとって地域とのつながりが必須である以上、ボランティアは地域の人々とつながりを持つための太いパイプでもある。

　ボランティアを志向する人々は、基本的にアルバイトとしてお金を稼ぐためではなく、その博物館が好きでやってくる。そして博物館のために自分のスキルを生かしたり、さまざまな人々と出会える場を求めている。さらに博物館のボランティアには、自己学習を目的とする人も多い。こうした人々は、さらに多くの人とつながっており、そうした人と人とのネットワークで博物館も活動がよりアクティブになり、地域にも受け入れられていく。

　江戸東京たてもの園（以後、たてもの園）では、1996年、川崎市日本民家園のボランティアの仕組みを参考にして、試行的にボランティア制度を実施した。各ボランティアに、来園して活動できる曜日を決めてもらい、曜日ごとに「曜日班」を組織し、月2回程度の活動を基準とした。1週間以上の研修スケジュールを登録前に組み、原則的にすべて出席することがボランティア登録の条件であった。同園での基本的なボランティア活動は、茅葺き民家の囲炉裏で火を焚くことであった。こうすることで、民家の部材や屋根の茅に煙がしみ通

り、害虫除けの「薫煙」となり、また囲炉裏で火を焚くことが、昔の民家での生活の状況を再現することとなる。発足当初、日曜には各曜日班から出てこられる人に来てもらっていた。

　その後、ボランティアは毎年少しずつ増え、数年後から基本的な曜日班とは別に自主活動を開始した。例えば古い写真館での大型カメラを使ったポラロイドフィルムでの記念撮影や、炉端での「昔語り」「藁細工」など、その活動は多岐に及んだ。こうした自主活動の多くは、ボランティアのメンバーが試案を自主的に提出し、たてもの園が承認したもので、たてもの園も実施の際には協力した。

　たてもの園は野外の建造物を収蔵展示する野外博物館で、敷地が広く、団体客が多かったこともあって、団体ガイドを試行的に開始したが、これは基本的には予約制とし、曜日班を超えて対応した。当初はボランティアで団体ガイドグループを作り、その代表が希望者からの連絡を受ける体制を取っていた。団体客は少人数のグループに分かれ、ボランティアが建物を解説して歩くスタイルであった。さらにその後「子どもボランティア」も導入した。これは小学校高学年の児童を対象とし、民家の清掃などを中心に夏休みに活動している。現在では、ボランティアはたてもの園にはなくてはならない存在になっている。

　江戸東京博物館のボランティアには、いくつか種類がある。常設展示を解説する「展示解説ボランティア」、ふれ合い体験事業の「ふれ合い体験スタッフ」、そして2002年度の企画展「建築展」から導入された「展示サポーター」である。

　「展示解説ボランティア」は、たてもの園でボランティアが導入された1年後の1997年に募集を開始した。希望活動曜日により曜日班を構成し、日本語のほか、さまざまな言語の展示解説ボランティアを開始した。博物館で国際的なシンポジウムの際のアテンドや外国語での展示解説など突発的な行事があると、彼らの協力を仰ぐこともあった。

　「ふれ合い体験スタッフ」は、江戸東京博物館のふれ合い体験事業をサポートしたり、ときには主体的に事業を運営するボランティアである。この「ふれ合い体験スタッフ」と「展示解説ボランティア」の2種類のボランティアは、2003年度より講習会などを通じ交流し、相互乗り入れも開始した。

　「展示サポーター」は、2002年度以降もいくつかの企画展で導入し、それぞれの企画展の専門性に基づき、専攻する大学生やその卒業生に依頼した。ボラ

ンティアスタッフの一部には体験キットを利用して館内で来館者の体験学習を行ったり、後述する子ども会「江戸っ子」と一緒に体験コーナーで活動してもらったこともあった。

「展示解説ボランティア」では、月1回のペースで各曜日班の代表が集まる会議が開かれ、博物館側との話し合いの場がもたれていた。江戸東京博物館では常設展示ガイドの事前予約を2003年度から開始し、それに伴い職員1名を専従とし、ボランティアガイドの事前予約を取り仕切る受付の窓口を任せた。また、2人の学芸員がボランティアの担当となり、年間の募集計画や養成講座、研修、さまざまな事業の実施や問題点、課題の解決を行った。ボランティアも曜日班ごとに毎年代表者を2名決めるのであるが、活動量が多いため、代表者は年ごとに交替することが多かった。

毎年、ボランティアを対象とした講演会や研修会が開かれ、大会には館長が出席し、多くのボランティアと交流した。ボランティアにとって、館長との交流は大きな励みであったように思う。江戸東京博物館では、開館10周年のとき、ボランティア・メッセを開催した。この事業に対して館のスタッフは助言し手伝いはしたが、基本的にはボランティアが自主的に運営した。

大都市の博物館では、ボランティアの定年制が議論となることが多い。ボランティアを希望する人は、非常に多いのだが、毎年の養成にはある程度の人数制限があり、また博物館のキャパシティとしてもある程度の人数制限がどうしても必要である。そうした中で辞めるボランティアが多くない場合、市民の中には博物館でボランティアをやりたくてもできない人が出てきてしまう場合がある。これはある意味では、ボランティア活動を行うという市民の機会を奪っており、機会均等ではないといえる。こうした場合、博物館のボランティアにも定年制を設けるべきであるという意見が出てくる。また、長年固定したメンバーでボランティアを行っていると、その組織自体がマンネリ化するという意見もある。反面、せっかく博物館のことを学習し、よき協力者となったボランティアに辞めてもらうのはいかがなものかという意見もある。

筆者はボランティアのステージアップ制度を提案したい。博物館によってさまざまなボランティアの組織体制が存在するであろうが、長年ボランティアを続けた方は、その組織からステップアップして、より自由度の高いボランティ

ア(シニアボランティアと呼びたい)になってもらう。館のボランティア組織からは離れ、さまざまに決められたボランティア活動の取り決めからも、ある程度自由に活動できる形とする。これにより毎年存在するボランティア希望者もスムーズに受け入れられるし、ボランティア組織のマンネリ化も防げる。また前述しているようなより自主的なボランティア組織の運営も、この先にこそ見えてくるのではないだろうか。

大学や専門学校とのパートナーシップ

　日本の多くの博物館では、中・高校生については割引制度があり(ときには無料)、小学生は多くの場合無料である。しかし大学生や専門学校生には割引制度が充実しているとは言い難い。近年大学生や専門学校生は生活費を自分で稼ぐ割合も高く、全体的に見て博物館を頻繁に利用しているとはいえない。これを改善し、学生時代から博物館に親しんでもらおうというねらいで、パートナーシップ制度が日本でも導入された。博物館に会費を払った大学や専門学校の学生は、常設展示を無料とし、いくつかの企画展示も割引で利用できることとしたのである。また博物館実習の優先的受け入れを行っている館も多い。こうしたパートナーシップ制度は、日本では国立科学博物館が最初に始め、現在では、いくつかの大規模な博物館で実施されている。

　東京都歴史文化財団でも、2006年度からパートナーシップ制度を開始した。この制度には、江戸東京博物館、写真美術館のほか、東京都現代美術館、東京都庭園美術館、ホールである東京芸術劇場や東京文化会館も加わっている。特徴的なのは、博物館のさまざまな特典のほかに、東京芸術劇場や東京文化会館で催されるコンサートや演劇、オペラなどの割引も行っている点である。2008年4月時点では、11校が参加し、大学のほかにもいくつか専門学校も参加しており、年会費はそれぞれ学生数に対応した金額となっていた。

　博物館のパートナーシップ制度の場合、学芸員実習の受け入ればかりでなく、独自の共同調査・研究などもうたわれていることが多い。大学と博物館のさまざまな連携は大きな可能性を秘めているといえるが、大学などをパートナーシップに勧誘するには、戦術を決め、ターゲットを定めて行う必要がある。ただ、こうした制度への加入についても、大学トップの判断が優先されるので、博物

館もトップが担当したほうが話が早い場合が多い。

　大学生等の博物館利用が促進されれば、長い目で見て博物館の利用が活発化することで収益増加にも結びつくし、文化的発展に資することにもなる。実際に筆者が接する大学生に聞くと、学生の常設展などの利用は増加してきていると感じる。多くの学生が利用すればするほど、会費に対する学生一人あたりの単価は安くなり、大学や専門学校にとっても大きなメリットとなる事業である。

　こうしたパートナーシップ事業も、博物館の性格や、その館を経営する公益法人や自治体の性格により、さまざまな個性的な取り組みが可能となる。たとえば都道府県レベルで行うのであれば、いくつかの財団が協力して、博物館だけではなく、ホール、さらには動物園や水族館も合わせてパートナーシップの対象とすることも検討されよう。

コラム6　「葛飾区郷土と天文の博物館」の発掘ボランティア

　「葛飾区郷土と天文の博物館」では、区民から募集したボランティアが中心になって遺跡の発掘調査とその整理作業を行っている。同館の考古学関係の学芸員が発想し、1993年に博物館の考古学のボランティアとして「葛飾考古学クラブ」を立ちあげた。ボランティアは学問的な研修や指導を受けたうえで、博物館と共同で学術発掘調査を実施し、その整理作業に関わり、報告書の作成まで行っている。ボランティアのメンバーは親子や仕事をリタイヤした人などさまざまで、地域の人々が自分たちの歴史を明らかにする目的で発掘調査に加わり、発掘調査報告書を作成している。博物館の活動は地域に根づき、地域の人々と連携する必要があるが、まさにそれを息長く実践しているボランティア活動といえよう。

　地域に暮らす人びとに関心を持たれてこそ、遺跡を保存することの大切さや考古学の必要性、そして埋蔵文化財の価値を地域の人々にわかってもらうことができる。博物館はそうした活動の拠点となることで、地域の人々にとって初めて、実感として「自分たちの博物館」という意識が生まれる。現在の埋蔵文化財行政の中にあっても、博物館がいかに必要であるか理解してもらうためには、こうした地域の人々と一体となった活動の実施と、関係の構築が必要といえよう。

　これまで博物館がこうしたボランティアと協働の発掘調査体制を作ることが少なかったことは怠慢といわれてもしかたないだろう。こうした一般市民と一体となった遺跡の調査や、保護の共同体制が少ないことは、埋蔵文化財行政を市民から乖離させる一因となっているともいえよう。

第2節　地域と共に

地域博物館論を超えて

　地域博物館という言葉が近年よく聞かれる。これはいわゆる第三世代博物館の特徴として、地域の市民と共に事業を行う博物館、といった理解がなされている。しかしこれは筆者には少々奇異な言葉のように思われる。

　1990年代の初め頃、ある大規模な自治体の学芸員が博物館の研修の場で、国立の博物館は主として調査・研究に従事し、研究者や都道府県の博物館にとっての研究センターとなるべきであり、都道府県立の博物館は区市町村の博物館を指導し、区市町村立の小さな博物館が直接窓口となって住民への教育普及事業を行うべきだという意見を述べたことがあった。「地域博物館」についてのある種の理解であろうが、筆者には基本的に矛盾を含んだ発言と思われた。

　そもそも博物館は、国立でも県立でもすべて人と地域を相手にする組織・機関であり、主な対象がどのような範囲なのかという程度の差こそあれ、必ずどこかの地域に建てられ地域に根ざしているものである。したがって、どこの館は地域博物館で、どの館は観光型博物館でといった区分は、意味をなさない。良識と経験のある学芸員ならば誰でも、博物館では地域研究が重要で、そうしたフィールドワークの中からこそ質の高い資料収集が可能であり、そのためには地域の人びとと密接な関係を保つべきであることを認識している。もちろん博物館にとって、参加型の事業が大切であることは自明の理である。博物館の規模が大きくても小さくても、そこで働く、意欲のある学芸員は、一生懸命、地域に密着した博物館の基礎的業務を行ってきている。それをことさらに「地域博物館」といわれても、博物館の内部にいた者としては、机上の話ではないかという感想が残った。

　もちろん博物館の規模により、参加型事業の方法や、市民参加の調査・研究の戦略には差が生じる。市町村の博物館事業と都道府県や国の博物館事業では、性格や対象、規模などが異なるのは当然である。しかし、だからといって大規模な博物館が教育普及事業や一定の地域を定めた調査・研究を行わなかったら、それは博物館ではない。そうした手段や対象の差だけが、博物館の規模の差か

ら見られるものであり、観光地にあっても市民参加を重点的に実施している館もある。江戸東京博物館も観光施設と見られる場合もあるかもしれないが、学芸員は開館前から常に地域とのつながりを模索し、調査・研究、資料収集などを行い、そして都民参加の事業展開を行ってきたのである。地域の人々が魅力を感じない博物館に、観光客が何回も足を運ぶわけがない。

地域連携事業
① 意義と方向性

　国立でも都道府県立でも、どんなに規模の大きな博物館であっても、固有の風土と歴史を持つ土地の上に建ち、固有の地域に根ざしている。すなわち博物館は、ある意味では、必ず地域に建設され、地域に根ざした社会施設であり、機関なのである。古くから存在する大規模な博物館はよくわからないが、近年は多くの都道府県立や国立の博物館も地域に根ざした活動を展開している。2005年オープンした九州国立博物館でも、比較的広い地域からボランティアを集め、常設展示では北九州地域の伝統文化に関する展示を行っている。

　そして地域の調査・研究ができなければ、博物館としては機能しない。どんなに素晴らしい展示物があろうと、そのものがどこにどうして存在したのか話ができなければ博物館ではない。もちろん対象となる地域は、その博物館の性格や扱う資料により、狭かったり広かったり、対象となる地域が分散している場合もあろう。それでも博物館は地域に立脚しなければ、空疎で存在意義の薄いものとなっていく。

　また博物館は地域といかに付き合い、どのような協力ができるか検討して、実際に行動を起こすべきである。資料収集や調査・研究など博物館の基礎的業務の中で、学芸員は地域と密着しているが、多彩な事業展開で地域と連携していくことは難しい。学芸員は博物館の基本的業務で忙しく、なかなかそこまで手が回らない。以下に述べる江戸東京博物館や写真美術館の事例は、たまたま熱心で実行力のあるスタッフが担当となったため実現できた例であろう。本来の望ましい姿は、学芸員以外の連携事業担当者を確保し、担当する部署を決め、業務として行うべきである。近隣地域の住民や商店、企業にとって、博物館は何をやっているのか気になる存在であるが、「役所関係」ということもあり、

敷居が高いと感じている人もいる。しかし関心がある人々も多くいるので、きっかけはお祭りでも、博物館の体験的事業でも、組合の地域協議会でもよい。何かのきっかけを大事にして地域との交流を持ち、そして根気よく付き合いを続けることが大切であろう。

　もしも博物館の廃止の動きが出たときでも、地域と密着して活動し、地域住民がよく利用し大切に思っている施設であるならば、必ず地域住民から反対運動が起きる。さらに住民の反対の声は住民代表である地方議会の議員に届き、役所へ強い要望が上げられることともなる。これは博物館施設だけにとどまらない。埋蔵文化財の調査研究センターや文化財の保存館、指定文化財の建造物なども同様であろう。地域住民の関心が薄い施設は、地方自治体が廃止を決めれば、あっという間になくなってしまう。しかし地域住民を味方に付けることができれば、また違った展開も可能である。

　②　両国協力会と食べどころマップ

　2003年秋、江戸東京博物館の営業グループの同僚が、一緒に両国協力会を立ちあげようと提案してきた。話を聞くと、国技館の相撲協会や墨田区の観光課、周辺のホテル、水上バス、JR両国駅、地下鉄両国駅、温泉施設などの人たちと話し合い、自主的に両国地域の活性化のための準備会を開催しているとの話。何回かこうした施設の人が集まった懇親会などで話が出て、みんなで意気投合したのだという。そこで筆者も準備会に数回参加し、04年の正月明けに、正式に「両国協力会」を発足することとなった。最初に理事会を開催することとし、館長が理事長、相撲協会理事長が副理事長になった。

　両国協力会が行う最初の大きな連携事業として、04年の4月に博物館の3階広場を中心に「両国春祭り」を実施することとなり、準備を開始した。両国協力会の仲間は、周辺の銀行や企業を回り、春祭りの寄付金を集めた。

　両国春祭りに合わせて、「両国食べどころマップ」を製作した。以前から、館内のレストランが混雑して入れないとき、近くにおいしい店や、安くて大勢入れるレストランはないかといった問い合わせを来館者から受けることが多くあった。平日の空いているときは、館内のレストランも待たずに入れるのだが、人気のある企画展をやっているときなどは、レストランにも来館者が並んでし

まい、不満の声が高まっていた。また、来館者のニーズに対応し、さらには博物館に来た来館者に近隣地域を巡ってもらい、街にお金を落としてもらうようにしたいという希望が出ていた。そこで友の会の会員であるイラストレーターに地図とイラストを描いてもらい、周辺の飲食店を紹介した。大きく写真入りで紹介した店からは広告料を頂いた。この「食べどころマップ」は数万部印刷したが、博物館、ホテル、駅だけでなく、近隣の多くの店に置いてもらい、大好評で、半年ほどでなくなってしまい、版を重ねバージョンも新しくなっている。周辺の飲食店からも好評で、この地図を持ってやってきた客がかなりいたとのことであった。

　第一回の両国にぎわい春祭りは2004年4月3日から4月11日まで、博物館の3階広場をメイン会場に実施された。祭りの前に、広場の床面にアンカーボルトを打ち、テントを張る準備を調えた。最大の敵は、開館直後から問題となっていた気まぐれな突風で、樹木を植えたりしていたが、新たに風に耐えるだけの工夫をする必要があり、アンカーボルトを打ったのである。場所割りを決めて、地域の商店のほかにケータリングカーも何台か呼んだ。両国駅側にはステージを設置し、実行委員会本部はステージの横とした。

　ステージ上では開会セレモニーや両国駅開業100周年の記念事業、コンサートなどを行った。ジャズやポップスなどさまざまなジャンルの演奏家が出演した。テントには、近隣の商店だけでなく、骨董屋も「墨東古玩」と銘打ち、数店が出店してくれた。人気を博したのは「ちゃんこ対決」であった。広場の休憩スペースで、ちゃんこ屋とホテルのレストランが並んで店を開け、来館者が両方を食べ比べるという趣向であった。

　相撲部屋の協力を得てスタンプラリーを行い、景品は地域店から提供してもらった。人気だったのはヤクルトの詰め合

図26　両国にぎわい春まつり

せで、近くのヤクルト販売が地域のお祭りということで、無料で提供してくれたものだった。

広報としては、両国地域のインターネット会社の協力を得てHPを立ちあげ、プレスリリースを広く配布した結果、テレビやラジオなども多数取りあげてくれた。博物館の敷地内ではアドバルーンを上げ、駐車場のフェンスにはポスターを貼り、協力会参加団体の若手社員がチラシを両国駅前や清澄通りで配布した。花見客にも立ち寄ってもらえるよう工夫し、土日にはかなりの賑わいであった。延べ9日間で、大変多く来館者があった。

その3か月後の2004年夏には国技館をメイン会場として、夏祭りが行われた。2005年以降は、この「両国にぎわい春まつり」はゴールデンウィーク前半に実施され、現在は地域のイベントとして定着している。

また、最初に春祭りを実施した後に、墨田区観光課の協力で、この事業を検証し、専門家にも分析を依頼し、以後の事業実施に役立てている。

③ 「あ・ら・かるちゃー」渋谷・恵比寿・原宿

2004年、当時の写真美術館副館長等が音頭を取り、おしゃれな街として知られている恵比寿・渋谷・原宿の文化施設が連携して協力する制度「あ・ら・かるちゃー」を立ちあげた。「あ・ら・かるちゃー」とはアラカルトとカルチャーを合体させた造語であり、東急文化村やNHK、たばこと塩の博物館なども参加した。毎年パンフレットを作り、そのパンフレットを持って加盟施設を回ると、割引などの特典が受けられることとした。ほかにも、秋の渋谷区民祭りにはブースを出し、秋のイベントを実施した。ここでは講演会や、恵比寿ビール博物館で割引でビールが飲める券を配布したりした。

こうした文化施設間の連携は重要である。江戸東京博物館の「両国協力会」と写真美術館の「あ・ら・かるちゃー」を比較すると面白い。「両国協力会」は歩いて回れる近くの地域で、その中のさまざまな業種の企業と連携し、墨田区観光課や町内会とも連携を取り、地域に密着したお祭りなどの事業を展開する。一方で「あ・ら・かるちゃー」は、少し広い範囲で、文化施設だけを対象にした連携事業である。こうした違いは両館の、そして地域の性格の違いによるものと考えられる。江戸東京博物館は歴史系博物館で、修学旅行の学生は別

にして、来館者は比較的年齢の高い人や、江戸・東京の歴史や文化に興味のある人が中心である。東京都写真美術館は、アート指向の若者に人気がある。

　目標とする指向性の違いもある。現在東京では、上野地域と六本木地域が博物館集中エリアとして活発に地域連携活動を推進しているが、「あ・ら・かるちゃー」はそうした情勢に対抗して、若者の街、渋谷・原宿・恵比寿地区での連携の活性化とアピールをねらったものである。それに対して、歴史と伝統が息づいている下町地域の活性化と再認識を目指しているのが両国協力会であろう。博物館は、それぞれの特性や地域の性格に合わせて、地域と密着した連携事業を実施すべきだろう。

④　ぐるっとパス

　もう一つ紹介したい事業に「ぐるっとパス」がある。これは江戸東京博物館や写真美術館などを管理運営する東京都歴史文化財団が音頭を取り、2003年度から開始した、東京都内の博物館連携事業である。この年は江戸開府400年にあたっていたこともあり、東京都が中心となってさまざまな記念事業を展開したが、その中で当時発案され現在まで継続している事業は「ぐるっとパス」だけのようである。

　「ぐるっとパス」とは、参加美術館・博物館などの施設のチケットが一冊に綴られた小さな冊子で、各施設のチケットの一部を切り取って使用する形となっている。博物館により常設展示が無料だったり、企画展示などが割引だったり、特典はさまざまである。当初は33館が加入し、有効期間は1か月間とし、1800円で販売した。次年度から有効期間は2か月、価格は2千円となり、2006年は参加施設は49施設、販売冊数は約29,300冊、使用した入場者総数は約18万人であった。

　毎年、参加している各館によって実行委員会が組織され、東京都歴史文化財団

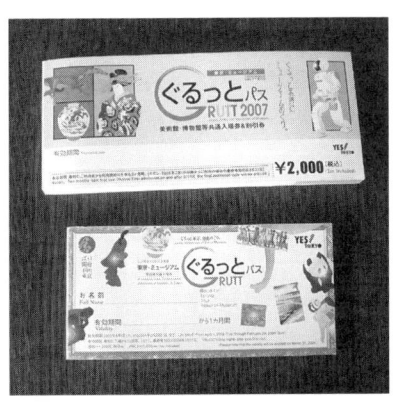

図27　ぐるっとパス
　　（上：2007年、下：2004年）

が事務局となり運営しているが、必要経費を除いて、参加各館には販売料を入場者数に比例して割り戻している。参加館だけではなく、チケットぴあやJTB、ローソンなどでも販売しており、継続して行っているため、固定ファンもでき、売り上げも伸びてきている。来館者にとっては4～5館程回ればもとが取れ、博物館にとっても入館者増になり、小規模館にとっては一種の広報活動にもなっていて、メリットのある仕組みである。

　2007年の後半から「ぐるっとパス」と地下鉄の一日乗車券とセットにした企画商品が作られ、地下鉄の駅でも販売されるようになった。地下鉄内での広報も効果があったのか、半期で相当の売り上げとなり、この試みは2008年度も継続している。

　こうしたさまざまな事業は継続が重要である。面白い試みでも、2～3年でやめてしまっては、周知できない間に中断してしまうこととなる。最初にあまり好調でなくても、継続することにより、人気が出る事業もある。継続すれば、それだけで広報効果が上がるのである。

第3節　人々と向き合う

若者との連携
　①　高校と
　開館後しばらくすると、江戸東京博物館では、複数の高校から授業の一環として、学芸員のレクチャーを受けたり、博物館での体験授業を受けられないかという申し入れが来るようになった。これに対して、高校生の博物館見学に学芸員がレクチャーで対応したり、ときには学芸員が高校に出向いてレクチャーを行ったりしたが、筆者は個人的に別の案を温めていた。

　それは高校生に博物館での実務体験の一環として「江戸博新撰組」を組織し、常設展示室を始めとする館内の見回わりを行ってもらおうという企画である。隊長はクラス担任の先生になってもらい、組長は生徒の中から選び、全員が新撰組の羽織を着る。2004年にNHKの大河ドラマに合わせた展覧会「新撰組展」を開催し、企画展のグッズとして独自の新撰組羽織を多数制作しスタッフ着用分があったので、それを活用すればよいと考えたのである。博物館には修

学旅行や授業の一環で大勢の生徒や学生が来るが、常設展示室内で走り回り、まるで運動場のようになるときがあった。また、来館者の中には、バスツアーで来るためか、酒気帯びで展示室を巡る人もいる。江戸東京博物館の年間の来館者は約150万人ほどであり、これだけ大勢の来館者がいると、ときにはマナーの悪い来館者もいて、学生同士の喧嘩もあった。展示室内を見回り、来館者のマナーを見て、時には注意することは、高校生にとって貴重な現場作業体験となろう。

　これは一つの私案で実現はしなかったが、博物館では高校や中学校との連携も積極的に進めるべきであると思う。その際、単に学芸員が学校に行って授業をしたり、生徒に博物館に来てもらって館内で展示物を見ながらレクチャーするだけでは、つまらない。学生に博物館事業に参加してもらう方向で、一般のボランティアや小学生等の世代の異なるボランティアと交流して、一緒に行う活動を検討していくべきではなかろうか。

② 博物館実習とインターンシップ
　博物館実習は、それぞれの博物館により受け入れ方法が大きく異なっている。筆者が学生のとき実習したＡ市の博物館では、発掘された遺跡の展覧会の準備作業が中心であった。展示オープン前の最後の数日は徹夜に近い状況であり、展覧会制作のせっぱ詰まった状況を直接経験することができた。予算もほとんどない中、展示はほとんど学芸員の手作りだった。スチレンボードを使って解説パネルを作り、解説、写真、イラスト、土器を並べてテグスで固定し、キャプションを制作して配置した。
　江戸東京博物館では、学芸員実習の期間は2週間で、学芸員による講義が多く、毎日のプログラムをきっちり決めていた。資料のカード作成実習として、実習生が持ってきた物についてカードを作成した年もあった。写真美術館の実習は専門的かつ高度なものであり、そのため実習を受けられる人数は限定されていた。
　学芸員実習に対する考え方はさまざまで、きちんと授業をすべきだという意見もあるが、筆者は学芸員実習は「実習」という言葉通り、本当の博物館の業務に参加・体験してもらい、ときにはアルバイト的な仕事もやってもらう方が

よいと思っている。現在、学芸員課程を有する大学は増加しており、やはり多くの博物館でもう少し多くの実習生を受け入れるべきであろう。そのためにも学芸員実習は、現場の実務を実際に体験する形にシフトすべきだというのが、筆者の持論である。

　江戸東京博物館の都市歴史研究室では、2003年度にペルーからの留学生をインターンシップとして受け入れ、写真美術館でも2006年度にK大学の大学院生をインターンシップとして受け入れた。2007年度からは東京都歴史文化財団のいくつかの施設でインターンシップの受け入れが始まっている。インターンシップは、学芸員実習よりより高度で、専門性のある大学院生レベルの人たちを対象に、博物館で実際に比較的長く働いてもらうプログラムである。

　インターンシップ制度自体は、より公平に多くの学生に博物館業務を体験できるチャンスを与える制度であり、特定の大学に特化するのではなく、広く公募することが大切である。これにより、大学教授などのコネクションや学芸員の知り合いに頼る世界でなく、広く有能な学生が博物館の世界に飛び込みやすくなると思われる。ただ、今後の博物館法の改正を念頭に置くと、さまざまな点を検証する必要があろう。例えば博物館法の改正によって、インターンシップが学芸員になるために義務づけられると、そこでの給与の有無、将来の就職の可能性との連動といった問題が発生する。いずれにせよインターンシップ制度は拡大し、多くの博物館で実施されていくであろう。そのうえで問題点を整理して、博物館法の改正を考えるという手順を踏むべきであろう。

③　職場体験

　近年、博物館でも中学生の職場体験が行われるようになったが、博物館の内部でどのような人々が働いているのかということは、できるだけ広く、多くの人に知ってもらうことが肝要である。一般の人には、博物館の学芸員という職業がどのようなものかほとんど知られていない。学芸員というと「博物館で解説してくれたりするお姉さんのことでしょう」と大学生にいわれたことがある。それほど一般社会においては、学芸員や博物館内部で働く人々の姿は見えていないのである。だから、博物館はできる限り開かれた場とするべきであり、積極的に中学生の職場体験も受け入れるべきであろう。中学生に体験できる仕事

は限られており、その世話も大変ではあるが、将来を担う中学生に一人でも多く博物館を体験し知ってもらうことは重要である。そうした職場体験は、学校内での発表により、より多くの中学生の共通認識として残っていくからである。

かつて筆者は池袋の東京芸術劇場のバックヤードツアーに参加したことがあったが、普段は縁遠いホールの裏側を見ることは感動的で、新鮮な驚きであった。博物館も来館者の多い施設であり、その裏方を見学できるのは、年長者にとっても興味深いものであろうから、若い中学生にはいわずもがなであろう。

高齢者との連携

2003年夏、当時東京都から出向していた学芸課長と一緒に、東京都老人総合研究所（以後、都老研）を訪問した。博物館の社会貢献的事業として高齢者への元気回復法を試みるべく、そのパートナーとして協力を依頼したのである。そして実際に試行する場として、江戸東京博物館5階常設展示室の出口付近の円形コーナー部に昭和前期の住宅を再現することになった。またこの事業には、トータルメディア開発研究所、文化総合研究所にも加わってもらい、4者で2年間の共同研究を実施することとなった。

2004年には、昭和初期に板橋区常盤台住宅地で売り出された建売住宅の、昭和20年代末の状況を調査して再現することとなった。そのための調査を文化総合研究所と共同で実施し、2004年4月には再現住宅の展示を仮オープンした。

また、その前段階として、2004年の2月に都老研のプロジェクトの一つであった後期高齢者の元気回復プログラムの一環として、バスを用意して、江戸東京博物館への見学会を実施した。参加者には最初に展示を解説して、次に別室で昼飯を食べて緊張をほぐしてもらった。その後、改造中の5階常設展示室の円形コーナーで、参加者の皆さんが暮らす古い板橋の地図と古い道具や紙資料を見てもらい、いろいろと話をしてもらった。そうするとそれまで静かだった男性が、定斎屋の棒を担ぎ「こうやって音を出したもんだ」といって手本を見せてくれた。定斎屋とは、幕末から明治にかけて江戸・東京で盛行した薬屋だが、その行商時、薬箱を担いで独特の音を出すことを、その場にいた学芸員は誰も知らなかった。うまくタイミングを取って薬箱を担いで進むと、カシャ

ン・カシャンという音が出て、それが定斎屋が来た印であったという。また古いネジ巻き時計を見て、ネジの巻き方のコツについて話して実際にネジを巻いてくれた人がいた。

午後3時近くには、ボランティアの学生などに付き添われてバスで板橋の都老研に帰っていったが、これは館の学芸員にとっても貴重で新鮮な体験となった。

できあがった再現住宅は展示室内の高さの制限や消防法の制約で天井が貼れないこととなり、十分な再現にならないのではと危惧されたが、部屋の中にタンスや時計などを設置し情景再現を少し行うと、雰囲気はとてもよくなった。文化総合研究所がこのコーナーの運営のために教育普及の専従スタッフ2名を派遣してくれて、研究所の職員と館の学芸員とで、実際の運用が開始された。5月は常時スタッフ2人以上がいる体制をとり、来館者への声かけを行った。さらにボランティアにも参加を呼びかけると、何人かの熱心な方が協力してくれることとなった。文化総合研究所と定期的に定例会を持ち、この新しい試みを進めていった。年配の来館者に声かけを行ったが、このコーナーは年配の人だけに限ってはいなかったので、いろいろな年齢層の来館者が参加した。外国人も靴を脱いで上がる畳の部屋が新鮮なのか、再現住宅の部屋に上がる人が多かった。

10月には都老研をはじめとして墨田区の高齢者福祉課、近隣や都心東部の介護施設の関係者にも集まってもらって、大規模な検討会を持った。その後は、近隣の老人クラブを墨田区から紹介してもらって、挨拶回りをした。そして地域の高齢者に再現住宅のコーナーに集まってもらい、子どもの頃の話を聞き、その体験を昔の地図に反映させて展示するという画期的な事業を始めた。

その頃、筆者は異動で担当を離れたが、高齢者元気プロジェクトの成果は、その後、担当学芸員がいくつかの研究発表を行い公表されている。また、高齢者向けに設置した体験コーナーの「家」であったが、これは以下で述べるように、思わぬ副産物を生んだ。

子どもの居場所事業と子どもボランティア「江戸っ子」

前述のように2004年から高齢者元気回復プロジェクトが始まると、再現住宅のコーナーに必ず体験コーナーのスタッフがいたためか、近隣の小学生が毎

日やって来るようになった。近隣の小学生は博物館の常設展示室が無料であることを知っており、また遊びに来たときに常駐するスタッフといろいろな体験ができることもあって、自然と集まりだしたのだ。小学校高学年の女子が中心だったが、だんだんとスタッフを手伝うようになった。毎月の定例会議で、こうした小学生たちの扱いをどうするか議題になった。

ちょうどそのころ江戸東京たてもの園で「ひじろっ子」という子どもボランティア制度を開始していて、江戸東京博物館でも子どもボランティアを立ちあげられないか検討を始めていた。そうした状況も手伝って、これをきっかけに江戸東京博物館でも子どもボランティア制度を立ちあげよう、ということになった。まず子どもたち、そして保護者と話し、次に学校に行き話し合った。担当学芸員の苦労により、何とか話をまとめることができた。その結果、彼らにはボランティア的な活動をやってもらうが、より緩やかな「子ども会」とすることとなった。

そして江戸東京博物館子ども会「江戸っ子」が誕生した。「江戸っ子」たちは、館長から任命書を手渡され、江戸っ子カンバッチを付けた。主な活動は体験コーナーでの手伝いで、小学生向けの折り紙やさまざまな昔懐かしい遊びを来館者と一緒に行う。もちろん子どもの来館者に対しても行う。一般のボランティアも手伝うようになり、年齢を超えたつながりが生まれはじめた。

2003年度から、文部科学省は「子どもの居場所づくり事業」を始動し、日本博物館協会を通じて、この事業を実施する博物館を募集していた。江戸東京博物館とたてもの園もこの年から「子どもの居場所事業」を行うこととなり、それぞれ教育普及に経験のあるスタッフを、この予算で採用した。たてもの園では江戸丸団として現在も活発に「指令」が出て、チャンバラ大会などさまざまな活動を展開している。江戸

図28　江戸っ子カンバッチ

東京博物館でもさまざまな面白い「子どもの居場所づくり事業」が実施された。

第4節　学芸員の連携

他館の学芸員と

　学芸員にとって、学問的専門性を持つことは大前提である。専門分野の研究を進めるためにはその専門分野の研究者と連携を取ることは必須であり、したがって関係する学会や研究会に全く顔を出さなかったり、同じ分野の研究者に動向を知られていないような人は学芸員の看板を降ろすべきであろう。

　そのうえで学芸員は、地域に密着した研究者である必要がある。地域研究のためには、幅広い異なった専門分野の研究者とも連携し、広域にわたるつながりを持たなくてはいけない。そのため、学芸員は専門分野が異なっていても、対象とする地域や物に関連する研究者や学芸員と連携する必要がある。例えば、筆者の研究対象である今戸焼の調査・研究を進めるためには、考古学だけではなく、美術史や玩具研究、民具研究など、さまざまな専門分野の学芸員や研究者との連携と情報収集が欠かせない。今戸焼は江戸時代に成立し現代まで継続しているので、近世だけでなく、近・現代の各種資料も分析する必要があり、そのため、文献史学や絵画資料を扱う美術史との連携が必要となるのである。また現代の職人の調査には民俗学の手法、道具類の分析では民具学の経験がものをいう。さらには今戸焼の職人は関西方面や日本各地にその足跡を残しているため、さまざまな地域の焼物研究者との連携も必要になる。広い分野の学芸員やコレクターとの交流や出会いが新しい発見や研究を生むのである。

　また、調査・研究だけではなく、展示でも全国の博物館学芸員との連携が大切である。同じような企画を同じ年に組んでしまうと、展示する資料がバッティングして希望する形で展覧会が開催できなくなることもある。そのため、どのような企画展示を構想しているのか、他の博物館の学芸員と常に情報交換しておく必要がある。

　1994年、品川区・新宿区・板橋区・足立区の博物館が共催で「江戸四宿展」を開催したが、これはかつて都市江戸の玄関口でもあった4つの宿場（足立区は千住宿）を取りあげた展示で、カタログは共同製作された。これは、4館の

学芸員が以前から情報交換をする中で成立した企画展であった。また2005年には、新宿区・千代田区・文京区で、江戸遺跡の発掘調査で発見された大名屋敷を取りあげた展覧会が、3館共催で巡回する形で開催された。これも江戸遺跡の発掘を長年にわたって担当していた考古学専攻の学芸員のネットワークがあってこそ成立した企画であった。

　博物館の企画展は、事前の企画立案段階から数館の学芸員で検討会を持ち、数館で巡回して実施する場合がある。今後は、マスメディアの事業部主体の大企画展ではなく、博物館主体、さらにいえば博物館の学芸員のネットワークから生まれた企画を大きく育てていくという発想が必要だろう。毎回似たような、どこかで見たような企画に流れるマスメディアの事業部が発案する展示は飽きられていく。数館の学芸員で共同で企画された展覧会は現在もときどき実施されているが、その場合、内容だけでなく、企画段階から協賛企業に参加してもらうタイアップ形の事業実施案を作っていくことも視野に入れるべきである。

　博物館の情報交換の場として、全国美術館連絡協議会などが存在するので、そうした場への出席も必要となろう。また、美術系の博物館と、歴史系・自然史系の博物館など、ジャンルの枠を超えた連携も大切である。日本の博物館はもっと相互乗り入れを行い、クロスオーバーすべきである。学芸員ももっと交流し、相互乗り入れの企画を作るべきである。ジャンルの枠を超えた地域連携や、テーマでの連携は学芸員にとって今後の課題といえよう。

海外の学芸員と

　現在日本で開催される海外博物館の展覧会は、新聞社やテレビ局の事業部や広告代理店の担当部署が中心となって実施されているものがほとんどである。その場合、大学教授や著名な研究者を監修者として立てることはあっても、多くの場合、海外の現地のエージェンシーが加わり、現地の各博物館に交渉して、借用資料や作品が決定される。ここでかなりの借用料が相手館に支払われることもあるという。いずれにせよ、日本側の開催館の学芸員と、借用先の館の学芸員が顔を合わせるのは、企画が煮詰まった後という場合も多い。こうしたまず企画展ありきの世界ではなく、学芸員同士の交流により調査・研究を行い、企画展を構築していくという企ても、いくつかなされており、成功している例

もある。

　第Ⅳ章で紹介した「掘り出された都市展―江戸・長崎・アムステルダム・ロンドン・ニューヨーク」は、考古学者が主体ではあったが、まさに学芸員同士の交流が展覧会に実を結んだものであった。発端はオランダ・アムステルダム市の考古局長B氏が1986年に東京で発掘調査を行っていた筆者を訪ねて来たことだった。その際、長崎、ニューヨーク（17世紀初頭はニューアムステルダムといった）と東京も入れた展覧会と、シンポジウム実施の希望が語られ、それが拡大して、展覧会の実施に結びついた。

　展覧会の後も、調査・研究でオランダやイギリスなどの考古学者や博物館学芸員との交流は続いており、共同研究を実施し、その成果を出版している。また新たな展覧会も共同で企画しているが、そこでは両国の博物館での資料借用料は無料とし、新しい切り口で、学芸員同士の共同研究から企画を実現に結びつけたいと考えている。またタイ・アユタヤ、台湾の考古学者とも交流し調査を進めているが、2007年11月には台北で国際シンポジウムが開催され、各国の研究者が集まり、情報交換が行われた。筆者は近い将来、第2回のシンポジウムを日本で開きたいと考えている。

労働組合

　ここで労働組合の話を持ち出すと唐突に思われるかもしれないが、博物館に働く学芸員の連携という意味では、労働組合の問題を見過ごせない。学芸員も労働者であり、労働条件や業務内容、異動など、さまざまな問題が経営者との間で発生する。個人では無視されることも、組合として交渉すれば、経営者側も検討せざるを得ない。だから学芸員も組合を作り、自分たちの権利や要望を主張すべきである。

　筆者は組合とは博物館をよりよいものとし、学芸員の権利を向上するための手段であると考えている。組合を作り、全国の学芸員の組合と連帯することは重要だし、同時に自治体の職員組合など、上部組合に所属すると要求が通りやすかったり、自治体の動向などの情報が入りやすい。とはいえ上部組合に加入すると、さまざまな組合活動への参加・動員が要求され、その対応で組合員が疲れてしまうこともある。筆者は組合活動はできることをできる範囲でやるく

らいに考え、上部組合との付き合いも、できることだけをやるようにしたほうがよいと考えている。自分たちの職場である博物館を改善することが第一の目的なのであり、学芸員という本職が第一であることはいうまでもないからである。

　江戸東京博物館では、1994年に江戸東京博物館労働組合という学芸員の組合を設立した。設立当初は上部団体を持たなかったが、2年目から自治労東京都本部に直接加盟し、単組として活動を続けている。江戸東京博物館にはさまざまな経緯でいくつかの組合が存在するが、共通の課題については他の組合とも共闘することもあった。さらに2004年からは、全国の自治労の公共民間労働組合の中で、博物館、埋蔵文化財に関連する機関の組合が集まり、「博物館・文化財協議会」を結成し、指定管理者制度への対応などについて共同して情報交換し、活動している。単独の博物館だけでは、気づかないさまざまな問題点や解決方法を教えられることも多い。

　博物館ごとにさまざまな事情があるだろうが、組合を作り、そこを基軸として、連携して経営者と交渉することは重要である。指定管理者制度の導入で自治体の管理は一見弱まったように見えるが、前述の協議会での報告によれば、目立たないところで管理は強化され、以前より巧妙な形での天下りが蔓延し、労働条件は悪化し、劣悪な労働環境が広がっている。特に労働条件の悪化の原因として、博物館職員の定数削減が大きな問題となっている。組合でそうした事実を広く明らかにし、改悪を阻止していくことが大切である。学芸員の定数の査定の場合、調査・研究活動を、すべての学芸員の業務量に加算する必要があることは、前にも述べた通りである。

　無理をせず、しかし自立した組合活動を息長く続け、交渉で必要なときは上部組合の助力も得て、周りの組合とも連携していく。博物館の学芸員も現代社会を構成する労働者なのだ。

第5節　コラボレーション

さまざまな企業や組織との連携
　現在、多くの博物館で予算が限りなく削減されており、もはやその経営主体

となっている博物館（公益法人等）の職員だけで新しい事業を展開していくことには無理な状況も生じてきている。事業の主体が博物館の職員であることに変わりなくても、さまざまな企業や団体との協力による事業実施が求められている。経済状況が回復し、自治体の財政が好転したとしても、博物館が経営努力を行うことは、必ず求められ続けることであろう。

　前述した高齢者元気プロジェクトでの文化総合研究所とトータルメディア開発研究所、東京都老人研究所との4者での共同事業がよい例である。こうした場合、同じ事務室に株式会社のスタッフや派遣先からのスタッフが机を並べることとなるが、そのことに不快感を示す学芸員もいるに違いない。民間企業のスタッフが同じ事務室にいると、機密や情報が漏洩するとか、そもそもそうした共同事業自体がおかしいといった意見を同僚の学芸員から聞くことがあった。しかし筆者は同じ職場にさまざまな出身のスタッフが働くことは、避けられない状況であると考えている。そして経験も出身も異なるスタッフが一つの事業のために一緒に働くことは、博物館にとってよい面もあると思う。そうした職場からこそ、新たな事業のアイディアも生まれてくる。自治体では自由度が少ないということで公益法人が博物館を経営するのであれば、自由にジョイントして業務を始める心構えが必要ではないか。

　江戸東京博物館では、2004年度には外国の旅行社や大使館へのアピールを検討し、在京の大使館を対象にしたPRパーティーを実施したり、博物館の外国語ポスターを制作した。また、常設展示の英語と日本語のポケットガイドを制作した。こうした印刷物は、広報媒体として戦略的に制作するものであり、単に予算が付いているから作るというのでは意味がない。これらアイテムは、博物館を広く知ってもらう道具として使うために制作するのである。

① 旅行社

　博物館が連携すべき相手として、旅行社は重要である。旅行社を集め、館の紹介資料や映像をDVDにまとめて配り、修学旅行や町内会、老人会での旅行先としてPRする。さらには一歩進めてより業務提携に近い形で、旅行社と協定を結び、ツアーを作ってもらったり、旅行者の誘致を図ることも必要である。

　ツアーについては、博物館の所在する地域から展覧会の内容に関連する地域

に出かけて行く場合と、いろいろな地域から博物館に来てもらう、という2つの方向性が考えられるが、学芸員が解説者として同行する旅行は前者であり、これは団塊の世代のリタイヤ組を主対象とした差別化されたツアーとして今後拡大できる分野ではないかと思われる。そうしたツアーに博物館が協力できることを旅行社に知ってもらうために、旅行社を集めて説明会を開催するとよいだろう。

江戸東京博物館では、2004年に旅行社を集めて説明会を開催したが、情報提供と、もう一つは修学旅行団体の積極的誘致が目的であった。江戸東京博物館は歴史を楽しく学べる大規模博物館として、開館当初は修学旅行生がたくさん訪れており、受け入れの仕組みは順次調えられていた。しかし、開館後10年以上が経過すると、修学旅行生の減少傾向が見られるようになっていた。また博物館利用の観点からすると、大多数の修学旅行生は有効に学習しているとはいえず、最初の頃には来館する学校が多い日など、生徒同士の喧嘩が起きたこともあった。広い展示空間ということもあり、学生の自由見学としてしまったまま、引率の先生たちはカフェでお茶という場面も何度か目撃した。もちろん中には事前学習をきちんと行い、課題を解決しようと熱心に見学する学校もあったが、その数は少なかった。

そうしたこともあって、修学旅行誘致のためのDVDを作成・配布したのである。それらの資料をもとに旅行社のスタッフは学校を回り、旅行のプランを学校の担当の教師と打ち合わせた。

② ホテル

博物館とホテルとの連携も大切である。2003～04年度には、ホテルでのチケット販売を拡大するため、多くのホテルを回った。企画展と宿泊がセットになった商品を両国協力会のメンバーでもあるホテルが制作して販売し、ほかのいくつかのホテルでも企画展とのセット宿泊を企画してくれた。「徳川将軍家展」では、学芸員の講演会と江戸城見学説明会、ディナーがセットとなった宿泊企画を実施した。

ホテルについても、プレスリストと同じく、担当者名入りのホテルリストを作成するようにしたい。ホテルに営業に行ったり、さまざまな機会で名刺交換

した際にはポスター・チラシ、各種ガイドなどを送る旨の了解を取り、つながりを持つようにする。地域連携の会に入っている近隣のホテルとは、広告を送るだけでなく、さまざまな連携企画を作っていくことが可能である。近隣地域以外のホテルにも、博物館はそうしたことが可能な施設であることをアピールする。ときにはホテル側が面白い企画を持ち込んでくることもある。

ただし、こうした企画宿泊商品やそのほかの割引企画での券のやり取りや精算方法については、事前に文書で決めておく必要がある。これはかなり煩雑な事務となるので、経理担当者の理解と協力が不可欠であり、それがないとこうした連携企画は砂上の楼閣になる。事務手続きの煩雑さと収益を天秤にかけると、ホテルとの宿泊セット企画券は実施する意味がないとの判断がなされるかもしれないが、これには広報という側面もあるのである。いろいろなホテルのフロントに、博物館の広告チラシやポスターを置いて宣伝してもらっていると考えるべきで、これもやはり長く継続することに意味がある。

③ 交通機関

博物館の近くを走るあらゆる交通機関、バスや鉄道、地下鉄、タクシーとも連携しよう。一日乗車券と博物館のチケットを組み合わせて販売したり、博物館の所蔵作品をさまざまな広報に利用してもらう代わりに、駅構内に無償もしくは割引でチラシを置いたり、ポスターを張らせてもらうことも可能性大である。これにより、交通機関を利用して博物館の広報を展開できる。割引券の付いたチラシやチケットを交通機関に置いてもらうことも、可能であればよい広報になる。

筆者がかつて腹案として温めていた企画に「タクシー説明会」があった。これはタクシー会社を集めて協力を依頼し、博物館の割引券の付いたアドカードをタクシーに置いてもらい、乗客に面白そうな施設のアドバイスを求められたら、博物館に案内してもらうという策である。しかし、案内してくれたタクシーに対するメリットを検討しなくてはいけないし、また対象となる博物館が観光地や都市の中に立地していること、特徴的な展示をやっていることなど、さまざまな条件を満たしている必要があるため、すべての博物館で可能なこととはいえないが、博物館の状況によっては可能な案だと思う。

江戸東京博物館では、地下鉄やバス、水上バスとの連携も進めていた。水上バスでは企画展示に合わせて、学芸員が乗船し、乗客に船の中で展示の解説を行い、その後博物館に行って展示を見学するという企画が実施されていた。筆者は「発掘された日本列島展」で、担当学芸員として数年連続で船に乗ったが、ちょうど同展の一部、地域展示で江戸遺跡を取りあげていた関係で、隅田川やその周辺地域の成り立ちを展示で取り上げていた遺跡と関連させて解説した。正月に浅草と江戸東京博物館を往復するバスを走らせる企画は拡大させたい事業であった。東京東部地域の博物館を周遊するバスや、水上バス、または大阪のような水陸両用バスを走らせることなども面白い連携企画である。

④　商工会議所など
　江戸東京たてもの園では商工会議所との連携が行われている。小金井商工会議所と協力してたてもの園協力会を立ちあげ、たてもの園の事業をサポートする仕組みを作っている。博物館は地域の人びととの連携が大切であるが、今後は地域の商工会議所などとの連携も重要である。博物館を行政の作る単なるハコモノと見るのではなく、町づくり、都市の再生の中でどのように活用できる施設なのかという視点に立つとき、地域の商工会議所との連携の重要性が浮上してくる。
　博物館は、きちんとした博物館活動を展開すれば、大きな経済波及効果を生む可能性を持っている。それをいかに有効に町づくりや地域の活性化に生かしていくかということは、地方自治体だけが考えることではなく、むしろ地域の商業関係者と博物館が共に検討するべきことであろう。もちろん住民グループとの連携も大切であるが、バラエティに富んださまざまなグループが存在する場合もある。そのため、博物館は基本的には地域の人々のグループとは等距離で付き合い、むしろ博物館がボランティアや友の会、そのほかの活動を通じて、主体的に市民のグループとの関係性を作っていくスタイルが望ましいと考えている。
　博物館の事業に協力してくれる人々にどのように対価を支払うのか、よりフレキシブルで動きやすい活動のスタイルはどのような形なのかということは、こうした連携の中で見えてくる。行政の壁をうち破り、楽しい活動を展開する

ためには、まず学芸員が楽しみつつ、博物館への理解者と協力者を増やすことが必須である。

町おこしへ──シャッター通りに博物館を──

　博物館は都市の真ん中にこそ、存在するべきである。多くの市民が博物館に行ってみたいと思っているのだ。現在、中小地方都市の中心部では商店街のシャッター通り化が進み、郊外のショッピングセンターだけが賑わいを見せているが、今こそ都市の中心部に博物館を設置し、街の活性化に役立てるべきだと思う。きちんとしたポリシーを持った博物館を作るなら、そこは必ずや継続して多くの人々が集まるスポットとなる。都市的な人間が人間らしく住む街に博物館は必要なアイテムである。

　これからは郊外の開発の中でも、居住エリアや商業施設、娯楽施設と共に博物館が作られることも多くなるだろうし、これからの生活文化の中で博物館は不可欠な要素となっていくはずである。その際、十分な条件をクリアする博物館を都市の中に建てることは、町の活性化につながる。魅力ある施設であれば、町に住む人々も利用するし、当然、ほかの市町村や県からの来館者も増える。博物館が収益をもたらすだけでなく、博物館が支出するお金も地域の活性化につながる。また来館者がその地域を回遊すれば、その経済的波及効果も大きい。前章で触れた「ぐるっとパス」のような地域周遊を促す仕掛けを、さまざまな機関と連携して作っていくことが大切である。

　また第Ⅱ章でもふれたように、都市の中の遺跡も町おこしに活用すべきである。これまでは都市の中で発見された埋蔵文化財は、新しい町づくりの障害とみなされることが多かった。しかし出土した遺構・遺物は町づくりの妨げになるのではなく、活用すべき資産なのである。開発か保存かという二項対立的な発想はやめにして、都市の中で発見された遺跡や遺構・遺物を都市の再生の中に取り込み、新しい町づくりに具体的に利用すべきである。その際は開発の原因者である企業にも協力してもらい、新しいビルの一画に保存した遺構を入れてもらったり、ときには展示コーナーを設けてもらう。そのように、遺構や遺物を保存・活用している企業は社会的活動に積極的だとして、多くの市民に印象付けられるだろうし、比較的わずかな費用で社会貢献ができるのである。

そのためには博物館や地方自治体（教育委員会）は、そうした遺跡の紹介やツアーを積極的に行うべきである。こうした普及事業を怠ると、せっかく企業の協力を得て遺構などを保存しても、やがては人が来ないという理由で閉鎖されてしまう。

> **コラム6　よみがえれ江戸遺跡**
>
> 　住宅総合研究財団が主体となり、江戸東京博物館との共催で、「よみがえれ江戸遺跡」というシンポジウムが2004年12月に実施された。江戸遺跡から出土した遺構・遺物を保存するだけでなく、どのように活用すればいいのかを考える趣旨で、海外、長崎、大阪、そして江戸での遺構・遺物の保存と活用に関する事例報告と議論が行われた。
>
> 　この発表で示された大阪での取り組みには傾聴すべきものがあった。遺跡の発掘後、開発を行った企業のビルの一角に展示コーナーを設けてもらい、そこに遺構や遺物を展示する事例が多く報告された。たとえば大阪城の近くにあるNHKビルの地下には、古代の難波宮跡の遺構が保存されており、そこでは一般の人々もその遺構を見ることができる。また近くを通る高速道路も、この遺跡の保存のために設計変更して高い場所を通すようにしたという。
>
> 　長崎では桜町小学校を建て替える際に、16世紀後半〜17世紀初頭頃のポルトガル教会の跡が発見されたが、この遺構はそのまま保存されることとなり、建物は設計変更されて、その中に取り込まれることになった。これは「サント・ドミンゴ教会跡資料館」として整備され、一般の人々もこの日本の最初期のキリスト教会遺構を見ることができる。資料館の入口は、小学校の入口の反対側に設置され、学校とは切り離されている。保存された遺構の周囲には一段高い通路が設置され、その壁面は展示コーナーになっていて、出土資料を展示・解説している。これも遺構の保存と活用の好例といえよう。
>
> 　東京にもいくつかの事例があるが、地下鉄市ヶ谷駅には、ここで出土した遺構や遺物が「江戸歴史散歩コーナー」という休憩エリアに展示されている。千代田区では江戸城周辺の運河や川を、舟で巡るツアーを行っているが、これは何倍もの応募があるほどの人気だという。
>
> 　海外では、アメリカのシアトルやカナダのモントリオールの事例が報告された。シアトルでは現在の都市の下に200年ほど前の町がそのまま残っており、ほとんど忘れ去られていたが、調査・整備され、地下都市ツアーをボランティアが行うようになった。

発掘されることによって現代によみがえった遺構や遺物は、整理され報告書が作られると、ほんの一握りの優品が博物館で時折展示されるだけであるが、せっかく発掘したものは、新しい町づくりに活用するべきである。江戸時代の石垣を新しい町の石垣に利用してもよいし、陶磁器の小破片を壁に埋め込んで多くの通行人に楽しんでもらうことも一案であろう。その壁を見て、古い陶磁器に興味を持つ人もいるかもしれない。何よりも出土した資料を、出土した場所で生かし、よみがえらせることが大切で、土地の記憶である考古資料をもっとその場所で再利用するべきだと思う。

　ロンドンやローマなどでは、都市の遺跡、遺構が保存され、街のいたる所で見ることができる。ロンドンではローマ時代の都市・ロンドニュウムの城壁や住居の一部がバービカン地区のいたる所に保存されている。これらを回るためのガイドブックが用意され、ときどきボランティアによるガイドツアーも行われている。地下鉄の駅にもそこで発見された遺構が展示され、迫力ある城壁の跡を見学できるようになっている。

　そのように遺構や遺物が保存された後、博物館には大事な仕事がある。それは、よみがえった遺構や遺物のマップを作り、ツアーを企画し、市民と共に歩くことである。そうすれば、企業にとっても、出資金をわずかに増額するだけで自分たちが文化を守り活用しようとしている姿勢を一般の市民にアピールできるからである。

図29　ロンドン、バービカン再開発地区に残るローマ時代の遺跡

第Ⅵ章　これからの博物館——運営から経営へ——

第1節　博物館の経営

博物館経営論の必要性

　経営という言葉は、企業経営とか学校経営という使われ方が普通で、博物館に対して経営という用法は近年までほとんどなかった。出版された博物館経営に関するいくつかの本を読んでみても、具体的に博物館経営について詳述したものは少ない。またマネージメントの専門家が博物館経営について記した本があり、それなりに参考にはなるのだが、どちらかといえば美術館向けであり、博物館と関連の深い文化財の指定・保護や活用については、具体的な提言には無理があるように思われる。

　博物館は現代社会と共にある。したがって時代や社会状況に大きく規定され、その方向も変化していくことになる。これは望むと望まざるとに関わらず、社会的施設である博物館の宿命ともいえる。現代社会もその姿を大きく変えつつあり、科学技術の進歩で地球はどんどん狭くなり、世界の一体化＝グローバリゼーションが進行している。とりわけインターネットの発展により、地球の裏側にいる人々と瞬時に連絡が取れるような状況が現実化されており、情報の共有化が進んでいる。

　一方、世界の大半の地域で貧困が広がり、疫病が蔓延し、エイズやサーズなど新しい伝染病も次々に発生・流行している。自然環境は破壊され、地球温暖化が進み、地域の生活習慣や伝統文化、少数言語などの消滅が進んでいる。卑近な例でいえば、東京から電車に乗って地方都市に出かけても、同じような駅ビルばかりが建っていて、自分がどこに来たのか戸惑うこともある。

　たしかに世界の共通化、グローバリゼーションの流れは必然であろうし、疫病に対する予防の進化や、交通・通信の高速化は意義のあることである。しかしすべてを市場原理に従わせ、大規模資本だけが勝利し、画一化していってよ

いはずがない。結果として世界中で画一的な品物だけが流布し、地域の伝統や産業、文化が失われてしまう。やはり地域や地方に固有のものを大切に保存し、活用していく姿勢が大切であり、伝統文化や固有の言語・生活習俗などは、地域の個性を発揮していくうえで必要である。

そうした意味で、博物館の使命は重大である。地域と共にある博物館には、消えつつある地域文化の保存・活用のセンターとしての機能が求められている。反面、現代社会がダイナミックに変容していく21世紀の現実世界の中で、ただ旧態依然として古い物を保管し守っていくだけでは、博物館も消えゆく運命を共にするだけである。現代社会が刻々と変化していくように、博物館も変わっていく必要がある。

変わらず守っていく部分を持つことと、変わっていくということ、この兼ね合いのバランスがこれからの博物館にとって最も重要なポイントであろう。では変えてはいけない部分とはどこで、変えていくべきところはどこなのか、それはどのように変えていくのか、理論と戦略が必要となる。

博物館の運営とは

なぜ博物館は飽きられるのだろうか。図書館は少々古くなり、建物が老朽化しても、それが原因で来館者が減り、貸出冊数が減ったり、飽きられたりすることはない。体育館や市営プールも少し古くなったからといって、それだけで来館者が極端に減ることはない。しかし博物館の中には、開館後数年経つと飽きられ、入館者は減少したままという館が多く存在する。それは企画展もほとんどなく、常設展示が開館時と同じ状態であったりした場合に顕著である。これを突き詰めて考えると、どういうことであろうか。

博物館の運営は、基本的には博物館法により規定され、さらに多くが自治体の条例により規定され、一度決まったことは議会にかけないと改正できない。地方自治体にとって博物館とは、図書館や体育館、社会教育会館と同じ性格の社会教育施設であり公共サービス施設として認識されている。そして公共サービス施設は、変わらないサービスを広く公平に、市民に提供するのが務めとされる。体育館やプールは変わらなくても、それらに対する需要は必ずコンスタントに存在する。施設が古くなり、サービスが変わらなくても、市民は新刊本

や雑誌を探しに図書館を訪れる。コンピューターで自宅から検索できるようになったり、開館時間が延びたり、子ども向けの朗読サービスができたり、サービスの提供方法は少しずつ変化しているが、施設に付随する基本的なサービスは変化することがない。

しかし図書館の扱う本というコンテンツは絶えず新しく生産され、増殖し、その結果として絶えず新しいサービス（コンテンツ）が提供されており、それに対する市民の需要はコンスタントに存在する。図書館は新刊本やCD、DVDを、体育館やプールなどは運動ができる場所と設備を提供する。しかし博物館は住民にとって、個人的に必要性の高いものを提供する施設ではない。地方自治体や博物館関係者の多くが、博物館を図書館や体育館と同じ公共サービス施設と考えているが、それは果たして正しいのだろうか。たしかに博物館とは公共サービス施設であり、社会教育施設として変わらないサービスを提供する必要がある。ただ、図書館に絶えず新刊本が入るように、博物館でも提供するサービスの内容は変わる必要があるし、新しい内容、新しいサービスが必要なのである。

デパートはいつも変わらない品揃えをしているように思われる。しかしデパートはディスプレイを新しくして、絶えず新しい商品を仕入れている。そうした中で売れ筋の商品は長く残り、売れ残る商品は取り払われ、だんだんと変わっていく。多くの場合、去年と見比べればほとんど変わらないデパートの商品であるが、10年前と比べたらどうであろうか。さらに30年前と比べれば並んだ商品もディスプレイも売り場の仕立ても、全く違っていよう。つまり、建物など変わらない部分はそのままに、商品やディスプレイは、少しずつではあるが確実に変えているのである。食べ物屋も、いくら一時的に一つの食品やメニューがヒットしたからといってその商品やメニューだけに頼っていては、会社として長く存続していくことは難しいであろう。長く続いている企業の多くは、絶えず新しい商品を開発し、店舗を増やし改修し、時代の変化に合わせて変化してきているのである。

人間を含めすべての生物も、見た目は変わらないが、体内の細胞レベルでは常に新しくなっており、全体としても長い目で見れば変化している。

博物館も公共サービス施設ではあるが、十年一日のごとく同じ展示（ディス

プレイ・設え)で同じサービス(展示資料)のみを提供していたのでは、飽きられて当然である。類似施設の図書館は新刊本を絶えず供給し、学習の場としても絶えず必要とされているのである。プールも絶えず水泳が好きな人や、水泳教室、学生の利用などによって継続されているのである。そうした施設と同一のサービス提供でよいと考え、その結果、博物館が市民に飽きられ、うまく機能しなくなってしまったのは、学芸員と地方自治体職員の変わらない古い考え方が原因である。博物館も公立施設の民営化の流れに乗せるべきだという議論をよく聞くが、まず地方自治体職員や学芸員の考え方こそ民営化すべきであろう。博物館でも絶えず新しいサービスを提供・発信し、時代にあった需要を作り出していく必要がある。そのためには学芸員の継続的な調査・研究が不可欠である。

　筆者は博物館において決められたサービスを実施・提供すること、それを博物館の基本的な運営として理解したい。こうした運営が必要ないといっているのではないのだ。博物館にとって調査・研究・収集・展示・教育普及という環をなす活動は基本であり、博物館を博物館たらしめている特徴であり、変わらずに継続していくことが大切である。博物館では変わらないサービスの提供と、それに加えて不変的資源を利用した新しい内容のサービスを提供・発信していくこと、その二面性が肝要だということだ。基本的な博物館の事業については、原則的には組織の体制も内容も変えてはいけない。それに付加して新しいサービスを提供していくこと、それが飽きられないために必要なことである。その提供方法としては、博物館の特長を出しつつ、時代に合ったものを検討して構築し、博物館は見て、学んで、楽しんで、体験し、そのうえで買い物や食事ができる施設を目指すべきだと思う。

　基本的事業に付加するもの、つまり基礎ベースの上に立ったサービスも、思いつきや行き当たりばったりで決めてはいけない。いくら新しいサービスを模索するにしても、毎年のように組織体制を変え、担当者を変えるようではいけない。決められたサービスについては、各担当者にきちんと理解してもらい、プロとして習熟し、自信を持って来館者にサービスを提供すべきである。そのためにはなるべくスタッフも長く同じ業務を担当する。そして担当者が自分の担当業務をプロとして確実にこなすことが、きちんとしたサービス、来館者に

好感を持たれるサービスの第一歩であろう。

　写真美術館の館長は業務の細部にきちんと目配りし、担当者がきちんと仕事をすることが第一だと言っていた。目標とする大きな方向性は曲げずに、毎年の目標を立てて、それを達成・クリアしていくのである。ちなみに写真美術館では毎年の定性目標を次のように決めて実施していた。

　2001年度「静かなにぎわい」、02年度「写真（映像）とは何かを伝える」、03年度「感動を与える」、04年度「明るく迎える美術館」、05年度「信頼される美術館」、06年度「判りやすく説明する美術館」。

博物館の経営

　博物館は変わらない部分を保持し、資料や作品をしっかり管理継承したうえで、新しいサービスを基本的サービスに付加していくことが大切である。それこそが博物館経営の本質といえる。これまで縷々と述べてきたように博物館は、民間企業が単独で経営しても成り立たないし、だからといって、10年〜20年と変わらない展示を公開していたのでは、人々に飽きられてしまう。地方自治体からの委託料（補助金）を消化するだけではなく、入場料収入を中心に、ショップやレストランなどからの収入、企業や団体、個人からの寄付金を加えて、時代に合致した魅力的な新しい事業を展開してこそ、広く市民に理解され、利用客も増加する。

　要するに、狭義の博物館経営とは、基礎的な博物館運営の上に立ち、収益性を見すえた新しい事業の展開を示す概念と捉えるべきだ、ということである。そのうえで博物館という一つの組織をどの方向にどうやって進めていけばいいのか導き、組織体制、運営まで管理しながら新しい事業展開を進めていくことが、広い意味の博物館経営といえよう。その基本になるのは、学芸員などのスタッフと資料（作品）と敷地や建物であり、基本的な博物館活動のノウハウ、そして志（こころざし）とミッション（進むべき指針）である。これなくして狭義の経営も、高度な市民サービスも砂上の楼閣になる。近年は、こうした広い意味での博物館経営を「ミュージアム・マネージメント」と呼ぶことが多くなってきている。

ミュージアム・マネージメント

　ミュージアム・マネージメントといっても、内容的には新しい概念ではなく、各地の博物館で実践されつつある博物館の活性化や積極的経営がそれに当たると筆者は考えている。それをより理論的、合理的に進める手段といえよう。大堀哲氏は、ミュージアム・マネージメントとは「博物館と利用者の関係性に着目し、博物館の運営を経営の視点、経営感覚をもってとらえ直すもの」「博物館利用者を感動させる運営手法」であり、さらに博物館は「博物館に対する強い関心、利用意欲をかきたてる、いわば博物館需要の創出に努めなければならない。そのためには、博物館を利用する人びとに楽しさと感動を与える手法が大切である」としている。こうした概念を館長をはじめとした管理職から委託業者の職員まで、博物館で働くスタッフ全員が、意識的に共有し、行動していくことが求められているのではないだろうか。そのうえで博物館を管理監督する自治体の職員も同一の認識を共有する必要がある。

　ミュージアム・マネージメントの必要性は、多くの学芸員が認識しており、大切だと考えている。現在の問題点は、ミュージアム・マネージメントを推進していくと、行政的公平性の指向や公益法人の限界を杓子定規に考えている人々と意見が対立することである。博物館のトップが推進すれば、博物館の活性化は進むと認識している経済学者や文化人も多いようだが、ここにも一つの問題がある。多くの博物館は自治体か、自治体が設立した公益法人によって運営されている。そうした組織体制では、幹部職員は自治体から派遣され、2～3年で異動してしまう。自治体の中の幹部職員もやはり数年で異動する場合が多い。そうしたとき自治体の中で許認可行政になじんだ職員は、法律、条例、予算により定められた仕事をし、予算にない仕事はすべきではないという意識も強い。さらに収益事業の新規展開という博物館の活性化策に対して、公益性を重視すべきだという考えから異議を唱えたり、反対する場合もある。特に会計担当者は、事業での予算執行をチェックするという意識が強い。会計の独立性が必要なのは当然だが、そのチェックはあくまでも公益法人としてのものであり、地方自治体の会計とは自ずと別物であるはずである。

　博物館のトップがミュージアム・マネージメントを実施したとしても、異動の結果、次に来たトップが消極的な人だったりすると、途端にすべて振り出し

に戻ってしまったり、悪くすると前任のトップと共にミュージアム・マネージメントを熱心に行った学芸員までが全く関係ない部署に異動させられてしまったりする。そうした危惧があるため、学芸員によっては、積極的にミュージアム・マネージメントを進めるより、自分の研究を地道に行い、様子を見たほうがよいと考える者もいる。やはり公益法人法、そして博物館法を現状に合うように変え、地方自治体がミュージアム・マネージメントを推し進める枠組みを作らなければ、ちぐはぐに迷走する博物館が多く出てくるだろう。

そうした中で、成功している事例として、写真美術館をあげたい。この美術館が成功している理由は、ひとえにトップの方針が変わらずに続いているからといえよう。館長は毎年の目標を定めるが、それは組織体制を変えたりせず、さまざまな職員が自分のポジションで精一杯自分の仕事を行うことを前提にしたものである。そうやって毎年の目標を一つずつクリアしていく。そこには方針が180度変わるといった不安定さはなく、働くスタッフにとっても、ある一定の方向に向かって毎年一歩一歩、課題をクリアしていくことにより、成果が徐々に達成されていくという安心感がある。基本的には翌年もまた同じように業務は継続するのである。今年少し失敗したことは来年修正する。今年成功したことは来年もっと拡大し、より成功させる。そうした継続性は館職員が安心して働ける環境を作り、ミュージアム・マネージメントを実施していこうという下地を作っている。東京都から派遣される幹部職員も、館長の意向を現実化するように業務を進め、2〜3年で異動しても、館として方針や組織、手段が変わることはない。それがこの美術館の強みであると思われる。

ミュージアム・マネージメントで重要な点は、行政、博物館のトップ、博物館の事務スタッフが共通認識を持ち、組織として決めた一つの方向に向かってぶれることなく継続して努力し進むことであり、そうした環境と体制を整備することが、館長以下の管理職の使命である。

ミュージアム・マーケティング

マーケティングとは、来館者等を把握・分析して、博物館経営に効率的に生かす方法である。具体的には、来館者へのアンケートや聞き取り調査を実施し、来館者や潜在的来館者の博物館に対するニーズを把握し、それを事業展開に生

かし、資金調達、評価などを行っていくことである。特に来館者に対して聞き取り調査やさまざまな調査を実施し、分析することがミュージアム・マーケティングの第一歩となる。

　前述のように、江戸東京博物館では対面式調査やアンケート調査の結果に基づいて、さまざまな事業展開を企画した。例えば、張り出した建物の2階には洋食レストランがあったが、その1階は喫煙スペースとして空いていたため、ここを改造してカジュアルで少しレトロな洋食のレストランを設置した。

　ほかにも、オリジナルグッズの開発や、1階総合受付とミュージアム・ショップの位置交換など、そうした事業の多くが来館者への調査に基づくものであった。そして大規模なものだけではなく、マニュアルや展示室内の改善など、小規模な改善を多数実施している。ただ改善するだけではなく、こうした事柄について効果的な広報を行い、そのうえで売り上げや状況を分析して、自己評価し、評価点や改善点を明らかにしていき、こうした改善が結果としてどうだったのか、担当者が分析し、そして組織としてきちんと総括して、次の事業展開に生かしていくことがミュージアム・マーケティングの基本である。そこでは、日報、月報を取りまとめ、そのデータを過去の実績や他の類似施設のデータと比較し、評価しつつ対策を立てて、実行することが必須である。

　評価の項でも述べたが、業務の品質管理・PDCAサイクルという考え方が大切である。つまり、計画し（PLAN）、実施し（DO）、自己評価、内部・外部評価を行う（CHECK）、評価を公開し、改善・修正を行う（ACTION）、それを踏まえて計画を行う。すべての業務に対して必ずこのサイクルを実施する。

　実は、ミュージアム・マネージメントが効率よく実施され、収益も上がるようになったときこそが問題なのである。行政から委託料をもらっている公益法人である博物館が、収益が多くなり、内部留保金がどんどん積まれるようになったらどうなるか。これまでに、さまざまな自治体の外郭団体の事例を見聞きしてきたが、正規職員は少ないギリギリの人数で非常勤や派遣・契約職員が多く、しかも彼らの一人あたりの業務量は正規職員並みで、なおかつ残業代もあまりつかないような職場が多くある。こうした悲惨な職場で、職員の家庭崩壊さえも招きかねないようなハードワークにより、博物館が収益を上げたとすると、逆に自治体からの委託料は減額され、人員査定も減員される例もある。これで

は博物館のスタッフに、やれマネージメントだのマーケティングだのといっても、誰もついてこない。いや、ついていけないといったほうがよい。これが現在、日本の多くの博物館が置かれた矛盾する状況である。博物館の未来を考えると、危機的な状況といえよう。

　ただ、チャンスはピンチのすぐ傍にあるという。さまざまな識者が博物館問題に着目、発言している状況で、法律も制度も変わろうとする今こそ、現場で働く学芸員が声を上げて、よりよい博物館を作るために、努力すべきである。

第2節　フォーメーション──動ける組織を作る──

館長と副館長

　東京都の設立した江戸東京博物館や写真美術館、東京都現代美術館の場合、開館からしばらくは、館長は専門家で非常勤、副館長は東京都から派遣された部長級職員という状況であった。その後、現代美術館や写真美術館の館長には企業人が就任している。江戸東京博物館では、開館時から歴史学者が館長に就任し、副館長は東京都からの派遣であった。

　副館長が地方自治体の部長級という博物館は、地方自治体の中で比較的高い評価を受けているといえる。ある地方自治体の歴史系博物館では、館長が自治体の係長級であった。これでは決定権がなく、何をやるにも役所まで出向いて、そこで課長の決裁を取らねばならない。それでは、博物館の積極的な攻めの活動はできない。館長や副館長が地方自治体の職員である場合は、決定権のある幹部にしてほしいものである。

　近年、中国では博物館が次々と作られ、また改修されリニューアルオープンしているが、有力な博物館の中には、副館長が何人もいる館がある。営業担当の副館長、展覧会担当の副館長、広報担当の副館長というように、業務ごとに数人の副館長がいたが、これも参考になるスタイルである。博物館の館長には、地方自治体首長の知り合いの企業人が任命される場合があるが、首長と直接話ができる人が館長となるのは重要である。地方自治体が作る博物館は、本来、首長がその責任を取るべきであり、その館長が直接首長と話ができるのは意味のあることである。企業人を名誉館長や副館長として処遇することもあってよ

いと思うが、あまりにも多忙な人では、なかなか館長業務は務まらないし、首長が変わると辞めてしまうことには問題があろう。しかし寄付金や賛助会費を集めたりする業務も重要なので、首長と話ができて、地元の財界人とも親しい企業人に博物館のある役職を担ってもらうことは、収益を上げたり、民間資金を導入するためには効果的な手段といえる。今後、こうした事例は増えていくことと思われる。

しかしこれからは、真の博物館の専門家が副館長、館長になるべきである。博物館の歴史が浅い日本では、現在、大規模博物館の館長で、博物館叩き上げの学芸員出身者はあまり多くはいない。有名な館長の専門は考古学だったり、社会教育、美術史、歴史学だったりするが、大学でそうした専門分野を教えていた人が多く、博物館で働いた経験はない人が多い。本来的には博物館で勤めた学芸員が館長や副館長になっていくべきである。むろん当然ミュージアム・マネージメントや広報、教育普及などの専門家が出てくれば、そうした人たちも館長候補となる。要は博物館で働き、博物館実務に精通し、博物館を愛する人材を育成していかなければならないということである。

そうした意味でも、学芸員はもっと広く顔を売るべきである。一般の人々に対して、あまりにも学芸員は知られていない。学芸員の「スター誕生」を進め、ゆくゆくは学問的実績からしても、世間の周知度からしても、原則的には博物館の専門家集団の中から館長を出していくようにしたいものである。

学芸員

日本の学芸員は、実にさまざまである。よくいえば多様であり、悪くいえばあまりにも雑多で収拾がつかない。よってここでは、狭義の歴史系博物館の学芸員を主な対象として話を進めたい。

学芸員は、多くの場合、各々学問的専門性を持ち、それに基づいて博物館に就職する。日本歴史学を専攻した研究者は、通常、古文書を読み、それを解読し分析するプロであることを意味するが、歴史系博物館にとって、優秀な歴史学研究者が必ずしも最適な学芸員とは限らない。博物館では、バラエティに富んだ多くのモノを扱う必要があるため、学芸員はモノに興味を持ち、モノをよく知る必要がある。モノ（博物館資料）とは、人間活動により生じた、あるい

は関係したあらゆる立体物であり、博物館にはモノの内容や歴史がわかる、モノに関するプロの学芸員が必要である。これはいわゆる物質文化研究者ということになろうが、そうした特性を持つ学問的専門性は多くはなく、考古学、民具学、美術史学などは、こうしたモノを主な研究対象とする学問である。したがって考古学などを含む広義の歴史学の専門性を持ったうえで、モノが大切であるという認識があり、モノを扱うことに抵抗がない研究者が学芸員に向いている。

　個別の博物館で、その館の目的に合致しているのであれば、学芸員の専門性はさまざまであってよい。ただし、自分の専門分野の研究を伸ばしていこうという意欲があり、それを博物館の業務にも生かしていこうとする人でないと学芸員にはふさわしくないだろう。

　そうした学芸員の専門研究分野は、少しずつでもよいので、他の学問分野にまで横断的に拡大していくべきである。それには時代的にも地域的にも、広く、そして深く、そして隣接の研究テーマや分野にまで踏み込んでいく意欲が必要である。さらにこのような専門分野に加えて、資料の修復や保存、教育普及、広報、資料の管理といった博物館に特有な業務の中で得意とする専門的領域を持つべきである。こうした業務は博物館の基幹的業務であるので、学芸員は全般に熟知し、実際に自分でも実務ができなくてはならないことはいうまでもない。

　学芸員は可能な限り適材適所に配置すべきである。業務の流れをもとに課・係を設置した場合、専門分野別のグループを作る必要がある。博物館と他施設との大きな違いは、専門性の高さである。そのため専門性が欠如した事業体制・組織設計では、学芸員の専門性は確保できず、博物館的な能力、魅力がしだいに失われていく。逆に専門性で、考古、文献、民俗など基本的業務のセクションを分けた場合は、基幹業務の流れに即したグループを別に作る必要がある。専門性に基づくグループ分けのデメリットは、研究がタコツボ化し、事業がしだいにマンネリ化し、一般の来館者から見て魅力のない、古びた事業が多くなる傾向があることである。どちらがよいかと問われれば、一長一短であるが、肝心なのは二重の組織を作る必要があるという点である。そして個人的な意見をいえば、基本的グループは専門性で分かれていて、業務ごとに毎年担当者を

決め、プロジェクトチーム的に業務を回したほうがよいと思う。現在、多くの大規模博物館でこうした組織体制が採用されているが、特に都道府県立博物館は、専門性でグループを分けているところが多い。

学芸員はミュージアム・マネージメントや博物館経営的な業務も熟知し、機会があれば携わるべきだと、筆者は考えている。本来的には、マネージメント専門のスタッフを雇うべきであり、これは教育普及事業に対しても同様であるが、現実として、そうした人材がいない状況では、学芸員がその分野を担当せざるを得ない。また、学芸員が管理職となり、いずれ副館長、館長となるためには、博物館での基盤的業務のほか、こうしたマネージメントや教育普及についても深い理解と経験が必要である。

現実問題として、博物館のマネージメントができるのは、どのような人材なのだろうか。経済学者、会社の経営者、それとも地方自治体の管理職……、どちらも一長一短である。会社の経営者で文化事業に理解が深い人や、専門分野に精通している人、経済学者で博物館に関心のある人がいたとしても、博物館に関わることができる人はあまり多くはないだろう。もちろん地方自治体職員の中にも、少しはマネージメント向きの人材はいるだろうが、この場合は数年での異動がネックとなる。学芸員ならば、前述のような二重構造にすれば、異動の問題は克服できる。ただ、トップや管理職が変わることで、博物館の方針や組織体制・事業が変わるようでは、実務を行うスタッフは安心して働けない。それゆえ、館の志（こころざし）とミッションとを明確化し、長期で5年・10年と進むべき道筋を明らかにし、それに基づいて事業を実施する。そうした意味でトップは比較的長く在職すべきである。しかし、長期間であればあるほど、トップの選出は慎重に行われなくてはならない。

学芸員の中には、博物館に就職する前から専門分野が決まっている場合と、博物館に入ってから、新たに興味がある分野で専門が形成される場合とがある。しかし博物館の中で毎年のように担当業務が変わってしまうのでは、じっくりと勉強する時間も取れない。業務を通じてスペシャリストは育つのであり、学芸員を異動させる場合は、スペシャリストを育てようという目的のうえでなされなければならない。博物館において学芸員はスターであってほしい。人材育成にあたっては、そのスターにより輝いてもらうために修業してもらうという

視点が欠かせない。

学芸員以外の専門スタッフ

これまで博物館のスタッフというと、学芸員か自治体から出向している事務職員、技術職員というケースが多かった。自治体の事務職員の大多数は優秀であり、また公務員としての倫理観を強く持っている人が多い。しかしこれからの博物館には、こうしたスタッフだけでは不十分である。

やはり博物館には、広報に精通した職員、教育普及の専門家、ショップやレストランの企画・経営が得意な職員、企業の賛助会員や大学パートナーシップの勧誘などドネイションを専門とする職員、イベント実施の得意な職員など、バラエティに富み、一芸に秀でた特徴あるスタッフが必要である。こうした人材は地方自治体の中には少なく、滅多に博物館には回ってこない。もちろん博物館で中心となるスタッフは学芸員であるが、同時にこうした人材も必要なのである。例えば今後の高齢化社会の中では、企業の営業職をリタイヤした人に、比較的安価な基本給のもと、賛助会員やパートナーシップ会員の獲得数に合わせて報酬を支払う歩合制の給与体制で働いてもらうことがあってもよいだろう。

また前章で述べたように、さまざまな企業や団体とタイアップして博物館事業を進める視点も大切である。例えば教育産業系企業や展示制作系企業とタイアップし、その企業の職員に博物館に出向してもらい、机を並べて仕事をすることがあってもよい。江戸東京博物館は高齢者元気プロジェクトでは文化総合研究所と協力し、教育系担当者2名を約2年間派遣してもらった。こうした企業とのタイアップ事業は、今後各地で行われるようになるだろう。企業と協力して事業を実施する際に、その企業から必要な人材を提供してもらうことは、博物館に必要な人材を確保する一つの手段となろう。もちろん理想をいえば、上記のようなさまざまなバラエティに富むタイプの職員が博物館に採用されることがベストである。

繰り返しになるが、博物館の組織体制はいたずらに変更すべきではない。公立の博物館の多くは、地方自治体自らが作成し認めた綿密な基本計画・実施計画のもとに作られる。そのような博物館では、課・係などの組織や人員定数も

よほどのことがないかぎり変更するべきではない。また学芸員もそのほかの職員も、ある程度の期間（4～5年）は一つの担当を続けるべきである。もちろん、スタッフにさまざまな経験を積んでもらうために、館内での異動は必要である。ただしそこには人を育て、個々のスタッフの専門性を高めるという視点がなくてはならない。誤解を怖れずにいうと、あくまでも博物館の業務は、学芸員なりのスタッフ、個人が行うものなのである。

第3節　これからの博物館

学芸員の専門性と異動

　学芸員の専門性を理解してもらおうとするとき、よく引き合いに出すのが学校の教員である。学校の教員には「教える」という特殊な技術的専門性と、固有の学問の専門性が必要である。それは美術だったり、英語、音楽だったりする。学芸員の専門性も同様で、博物館に固有の技術的専門性とその博物館で求められる学問的専門性が必要とされる。

　「学芸員も異動すべきである」という意見を聞くことがあるが、ある面では同意できる。専門性を発揮できる部署や職場から性格の違う所に異動し、外部からの視点で、それまで働いてきた職場を見ることもときには必要である。ただし歴史系博物館に勤める学芸員は、その館がどんなに大規模なものであっても、地域研究と密着しているため、その地域研究が継続できるような異動でなくてはならない。もしくはどうしても定数などの関係で、専門外の職場に異動させることがあっても、必ず比較公平に行い、あらかじめ外部にいる年限を決めておき、数年でもとの博物館に戻すべきである。専門性の高さで学芸員として採用しておきながら、あたかもジェネラリストを育てるような異動を行うことは、人的資源の無駄遣いでしかない。

　歴史系博物館の学芸員にとって、文化財保護行政部署への異動は自然な姿であるし、考古学専攻の学芸員にとっては、埋蔵文化財の調査部局も異動が無理のないセクションである。文献史学を専門とする学芸員ならば、文化財の部署のほかに、自治体史編纂室や公文書館への異動もある。

　実は、歴史系博物館の学芸員のほうが、美術系博物館（美術館）の学芸員よ

りも都道府県を越えた転職が少ない。この原因は、歴史系博物館の学芸員が地域に根ざした研究者であるという性格によると考えられる。逆に美術系の学芸員が専門とする分野は、地域と関係がない場合が多い。そのため北海道から神奈川県の美術館に移ったり、首都圏から関西の美術館に移ったりする学芸員の例もある。こうした違いを、博物館の設置者である自治体はよく認識し、学芸員のモチベーションを高めるために、異動はルールを定め適切に行う必要がある。地方公務員である学芸員が長く同じ博物館にいるからといって、同じ自治体の下水道局に異動させられたりすることは、基本的にはあってはならないことである。

都道府県立博物館の学芸員と区市町村立博物館の学芸員、さまざまな公益法人の学芸員を相互に人事交流させ、派遣しあうことは意味がある。学芸員の専門性は大切だが、かつての大規模な博物館で見られた、専門別の部屋に「埋没」し、重箱の隅をつついたような調査・研究しか行わないような学芸員は、もはや必要ないと筆者は思っている。学芸員の専門性を無視した異動は問題だが、一つの専門分野に埋没して、幅広い学芸的業務を行わない学芸員はもっと問題なのである。大きな行政の枠を超えた異動や相互派遣は、学芸員のモチベーションを高める意味では効果的である。余裕のある博物館ならば、長期研修や相互派遣も実施したらよいと思う。

学芸員も上司により業績が評価され、それが給与に反映されるケースが多くなっている。学芸員の評価は、業務経歴書を作成し、その学芸員の専門性とそれまで歩んできた道と、これからの目指す方向を確認し、本人の希望を確認したうえで行う必要があろう。

自治体と学芸員

近年、博物館を地方自治体の首長部局が所管し、教育委員会が所管しない事例が増えつつある。博物館法の定義によれば、教育委員会が所管しない博物館は登録博物館ではなく博物館相当施設ということになるが、現状ではそうした博物館相当施設・類似施設が8割にも達し、博物館法自体が現実とつりあわず、おかしな状態になっている。

首長部局が所管する場合も、教育委員会が所管する場合も、それぞれメリッ

トとデメリットがあるが、個人的にはやはり博物館は教育委員会に所属すべきだと思う。たしかに首長部局の所管のほうがより柔軟に博物館経営ができるとか、予算も取りやすいなどといったことがいわれており、開館時や自治体の財政状況がよいときはたしかにその通りであるが、財政状況が悪化したり、新しい首長がその博物館にマイナスのイメージを持ったりすると、事態は急激に悪化する。地方自治体の行う公共サービス全体の見直しという大きな流れの中で、時に設立時の方針と逆向したり、博物館の運営ができないほど人員と予算を削減されたりすることがある。法律に則っていない分、よいときはよいが、悪いときは歯止めが利かない。条例で規定されているとはいっても、そこには定数などは出てこない。

　これは行政サイドから見れば、さまざまな公共サービスをどのように長期的に運営していくかという中での選択であり、博物館の廃止という選択肢も現実に存在する。東京都では主に収支の面から見た監理団体評価がなされ、東京都高尾自然科学博物館と東京都近代文学博物館がE評価となり廃止された。江戸東京博物館もこの評価でD評価となり、経営努力が必要とされた。これは限りある税収を使う地方自治体の公共サービスの中で、単純にどれを切ってどれを残すかという選択の中での議論であるが、専門性が命の博物館としてはたまったものではない。

　また歴史系博物館の場合、地方自治体、教育委員会の行う文化財保護行政と、恒常的かつ密接な関係が必要である。自治体の範囲内で、どのような文化財がどこにどのような状況で存在するのかを把握し保護・公開を行う部局と、地域の歴史や生活を語る博物館は強く結びついている必要がある。学芸員は専門分野をクロスオーバーして総合化したネットワークを作り、地域の調査・研究を進めないと、その地域の歴史や生活文化は明らかにできないし語れない。そうでないと博物館の活動は、地域から乖離した一般論的なものとなってしまう。また文化財保護行政に携わる専門職員も、せっかく把握している文化財を公開し教育普及に役立てる手段が限られてしまう。

　地域の文化財を調査・研究し保護することと、展示・公開し教育普及に役立てることは一つのサークルを描く活動である。しかし博物館が首長部局にあり、文化財保護行政が教育委員会にあると、そこが分断されてしまう。博物館の学

芸員は、分断された状況が長いと、地域の調査・研究から発想すること自体ができなくなってしまう。

博物館内の組織も、専門性を考慮せず、業務の流れ（収集・管理・展示・教育普及）だけで区分しては、うまく機能しない。その場合は専門分野別のグループを形成する必要がある。個人的には専門分野を無視した組織は博物館としてふさわしくないと考えているが、これも博物館の規模にもよる。1～2人の学芸員しかいない場合、学芸員は地域の研究者、地域に根ざした博物館職員として、専門分野のタコツボに入り込んでいることは許されない。しかしそうした小規模館でも、その博物館の目的に合致した専門性は、強く考慮されてしかるべきであるし、自分で専門性を追求しない学芸員は必要ない。

地域に根ざす、アクティブな文化施設

博物館は変わらない部分を残しつつも、変わっていかなくてはならない。現在と20年後で展示が変わらないようでは、閑古鳥さえ来ないだろう。博物館とは、生物と同じで、変わらないものを持ちつつ、少しずつ変わっていくべき施設である。そうした観点で、現代社会の中で人々の博物館に対するニーズとは何かを分析し、さらにニーズを作り出していく必要がある。筆者にとっては市民が利用しやすく、かつアクティブな事業を展開できる博物館が目標である。

博物館とは、国立博物館も都道府県立博物館も、基本的に地域に根ざすべきものである。ただ、希望する多くの地域住人に、参加型や体験型、博物館と一体となった調査・研究へ参加してもらうことは、大規模館では無理である。そうした場合、付加価値のある事業については有料として、受益者負担の原則で進めるべきであろう。

収入は、地方自治体からの委託料と、企業や個人などからの寄付金、そして入場料やショップ、レストランなどからの収入がバランスよく、1：1：1の割合になるのが理想であり、それに近づける努力を行う。内部留保金については、ある程度は積み立てておくべきであるが、限度額を決めておき、それ以上については、人件費や収益事業だけでなく、館の使命達成のための事業、さらには社会貢献的事業に使うべきである。例えばさまざまな人々が無料で入館できる機会を増やす。自分たちの館の展示を海外や別の都市で公開し、館の知名度を

上げ、広報の一助とする。移動展示カーやミュージアムボートを使って、資料に直接触れたことがない地域の人々を対象に巡回展示、解説会、体験会を開くなど、さまざまな新しい事業が想定される。

　現在日本の博物館業界は不況から抜け出せない状況であり、どんなに入場者数を増やしても、自治体から定数をカットされ、職員を増やせない状態でもある。そこで、非常勤職員や単年度契約職員という形で、生活できないような低賃金で働かされている若い学芸員が大勢いる。公益法人の内部留保金は第一にこうした若手の学芸員を、きちんと処遇するためにも使うべきである。地方自治体から派遣されている幹部職員1名分の給料で、そうした若手職員数名が人並みな生活を送れるようになる。内部留保金が生じたということは、それだけ内部の職員が頑張った結果であり、現場に還元すべきである。

博物館・学芸員の目指す姿

① 博物館にマネージメントを

　筆者は、博物館にミュージアム・マネージメントを導入すべきだと考えている。ただ、そこには、さまざまな識者がいうようなレベルではない問題点が存在している。それは端的にいえば行政との関係といえよう。

　これまで述べてきたように課題は山積しているが、これからの博物館にとってミュージアム・マネージメントはやはり必要である。では、どのようにすれば、ミュージアム・マネージメントは博物館に根づくのだろうか。以下に、これまでの論点をまとめてみた。

A　館長などトップが、リーダーシップを発揮し、博物館の目指す志（こころざし）、目標（ビジョン）を明確な形で提示する。

B　評議委員会、理事会を実質的な議論をする場とし、実質的審議・決定機関とする。そこには徐々に住民代表、ボランティア、友の会代表、企業代表、職員代表も参加させる。

C　外部評価委員会、企画審議委員会など外部からのチェック機能を有する委員会を作る。

D　館長、副館長といった館のトップは地方自治体の異動年限から外れ、問題がなければ、最低5年は務める。可能ならば、自治体からの出向では

なく、公益法人に骨を埋めに来る覚悟のある人にやってもらう。その際は、誰もが納得するキャリアを持つ人を、広く職員等の意見も聞いて慎重に選ぶ。

E 学芸員の異動については、基本的には館外への異動は行わない。館内では、学芸員の専門性が保証できる形の組織体制とする。大きい組織だとしても、専門性と関係のない職場へは異動させない。

F やむを得ず学芸員を専門性と関係のない職場に異動させる場合は、何年で戻すかを明確にし、公平に人事異動を行う。

G マネージメントや教育普及等については、可能な限り、その分野の専門家を雇用する。

H 公益法人の管理する博物館で成果を上げたときの内部留保金は、博物館のために使い、館内の職員に還元する。

I 少ない人数で多くの成果を上げたとしても、予算の削減、定数の削減は行わないという地方自治体の方針を定めておく。

J 学芸員がミュージアム・マネージメント分野で成果を上げたとしても、本人が希望しない、その本人の専門性を無視したような配置転換や異動は行わない。

② 学芸員

筆者が考える学芸員とは博物館のマルチプレーヤーである。本書の各章で繰り返し述べてきたことであるが、学芸員の要点について以下まとめてみた。

A 専門研究分野を持つ研究者であること

学芸員は、大学の研究者と同様に、専門の研究分野を持ち、自立して研究を継続していく研究者という性格を持たねばならない。そのためには、研究会などに所属し論文を書き、第一線の研究者であるべく絶えず努力すべきである。そうした学芸員個人の研究分野は、所属する博物館の設置目的に合致していることが望ましい。博物館も組織であり、組織目標を持ち事業展開していくのであるから、その目的にあった調査・研究活動は業務と認められる。しかし博物館の目的から全く外れた研究を業務とすることはできない。例えば、歴史系の博物館に、植物学が専門だという学芸員が就職したとしても、

その専門分野は生かせない。そもそも博物館の設置者も、そうした館の設置目的と合致しない専門分野を持つ学芸員を採用してはいけない。学校で美術の教員を採用する必要があるのに、国語を専門とする学生を採用したら大問題である。

学芸員は自分の専門分野をより深く掘り進めていくと同時に、広く横に拡大していく必要がある。現代の学問分野は細分化され、隣接分野が見えにくくなってきているが、博物館ではさまざまな資料を扱う必要があるし、多面的なものの見方が必要とされる。たとえば歴史学（文献史学）でも中世荘園史が専門だとか、江戸時代の漁村史が専門だということは、博物館では通用しない（それだけを行ってはいられない）。自治体が設置した歴史系博物館では、その地域の歴史を原始・古代から現代まで扱う必要がある。

また狭い意味での歴史学は、書かれた文書を主な研究対象とするが、博物館は文書ばかりでなく各種のモノを扱う。陶磁器や着物や木製品など生活の道具をはじめ、生産の道具も各種存在する。学芸員は、そうしたさまざまな資料を研究対象としていく必要がある。自分の専門分野をエリア的にも時代的にも広げ、隣接する学問分野やモノの研究にも視野を広げていかなくてはならない。

B　地域・資料に根ざした調査・研究を行い、ネットワークを構築すること

学芸員は、対象とする地域に根ざした調査・研究を行い、その地域に関連した資料から研究を構築していく必要がある。地域に所在する資料を調査・研究し、ときには博物館に収蔵した地域の資料を収蔵庫で調査・研究し、そこから考えるべきである。しかし、そうした地域の調査・研究は一人で進めるだけでなく、研究者や近隣博物館の学芸員、そして対象となる地域社会の人々や職人たちとのネットワークを構築していくノウハウが必要である。そうしたネットワーク構築能力こそ、学芸員に要求される重要な資質である。

C　博物館に関連する事業のディレクター、コーディネーターであること

学芸員は展示はもとより、教育普及事業等さまざまな事業について企画し、予算を立て実行することも要求される。また、助成金や企業からの協賛金などの獲得も必要となる。学芸員はその専門性に根ざした事業の企画を実施するプロデューサーであり、コーディネーターとしての役割が要求される。

D　博物館において、自分のもう一つの売りを作ること

　学問的な専門分野のほかに、博物館業務で何か得意な分野を作る。例えば資料の保存、修復、管理、オリジナルグッズ作り、市民への教育普及事業など、何でもよいので博物館業務に関連した、「これは」という得意な分野を作ることが大切である。

　ほかにも博物館経営能力が今後の学芸員には求められるが、これももう一つの専門として捉えたい。これからはバランスシートが読め、収支についても考えられる学芸員が必要とされるだろう。しかし、学芸員は博物館における専門的業務の担い手であり、そこから乖離した形で経理業務や庶務だけをやらせるべきではない。ただし、博物館経営を考えるうえでは、学芸員も経理業務や庶務がどういう性質で、どのようなフローで動いているのか知っておく必要はある。

③　博物館の進む道

　これからの博物館に必要な人材は、学芸員だけではない。もちろん博物館の基本は学芸的業務であり、そのため学芸員には専門性の高い人材が要求されるが、それと同様に、広報やドネイション、教育普及、経営的業務など多様な職種のスタッフが現在博物館では必要とされている。そうした多様なスタッフが集まって、初めて攻めの博物館経営の体制ができる。

　現在、各地で博物館を運営する公益法人は、指定管理者制度の導入もあり、制度のあり方を含め揺れ動いている。そうした中で、公益法人へ派遣されていた地方自治体職員を引き上げるため、専門職である学芸員に事務や経理を担当させている事例も各地で見受けられる。たしかに学芸員の中には、そのような実務に秀でた人材もいて、そうした要望に対応してより柔軟に業務をこなしている例もある。しかしその逆で、専門職としての学芸的業務から外されたことで、辞めてしまう例も存在する。

　公益法人はより自立的な経営を行う必要がある、というのであれば、その設立母体である地方自治体は定数管理をやめるべきであろう。そうではなくてやはり自治体の監理団体だというのであれば、公益法人の事務職や管理職は自治

体から派遣される職員が行うべきである。現在は、指定管理者制度の導入もあり、過渡的な時期ということもあって、全国の博物館の現場はそうしたことで大きく揺れ動いている。

　博物館のスタッフは、個人のネットワークを作っていく。学芸員は当然であるが、他の専門的職員もそうである。しかし地方自治体は組織で仕事を行い、できる限り個人の顔が見えないようにする。それが役所の常識なのかもしれないが、博物館の常識は違っている。何よりも学芸員とは個人プレーヤーであり、その「顔」が大切である。個性ある学芸員を育て、スタープレーヤーを作り、学芸員の顔の見える博物館を作っていこうという前提のうえで、新しい博物館経営にあたるべきである。そうした認識なしに、やれ改革だ、入館者増加だ、収入を上げろといわれても、アンバランスなことになってしまう。

　一方、学芸員も認識を変える必要がある。学芸員には多様性が重要であり、さまざまなタイプの学芸員がいてよいと思うが、博物館が人々に求められる施設となっていくためには、学芸員の意識改革も必要である。

④　博物館経営のバランスと前衛、後衛論

　博物館経営をうまく進めるためには、いくつかの条件がある。大前提として博物館経営のためには、資料（作品）と博物館施設があり、学芸員などの専門スタッフがいること、そして館長のリーダーシップ、行政の理解と協力があること、それで初めて経営が成り立ち、進められるのだと思う。では、組織としては、どのような形が理想であろうか。

　写真美術館は、毎年入場者数が増加しており、経営面での努力が実り賛助会費も増え、日本経済新聞の評価がＡＡＡであったように、一般的にも高い評価を受けている。学芸員も大多数が写真の専門家であり、毎年多くの企画展示を立案・実行している。展示を担当する学芸員は自分たちでさまざまな外部資金を獲得し、全体が写真としての専門を目指し、学芸員の専門性も尊重されている。

　写真美術館については、筆者も高く評価しているが、実際に勤務してみて、一つ弱点も見えてきた。同館は東京都により人員の定数が管理されている中で、経営の成果を上げるため、いくつかのポストを広報や賛助会員獲得、展覧会部門に回しており、博物館の基礎的業務である資料の管理やデータ整理などの分

野が手薄になっていると感じた。これは、他の評価の高い博物館でも同様の傾向が認められ、自治体の監理団体として定数が縛られている状況で、魅力的な展示を作り、集客を増やしていくには、致し方ない選択ではあったのだろう。

一方、川崎市民ミュージアムは、発足時から各専門分野別に区分された組織体制をとっている。これにより学芸員の専門性は保証され、かつさまざまな事業をこの専門性の区分を乗り越えた体制で実施してきている。市民ミュージアム不用論が起こったときには学芸員がみんなで検討して「マニフェスト」を作成・公表し、その達成に向けて一丸となって事業を実施し、今もその努力は続いている。いわば全員が博物館の目標を認識し、それに向かって努力しているのである。

江戸東京博物館は、東京都からD評価を受けた後、2000年頃から経営的・営業的努力を開始した。この時点では、数年間、学芸員も営業を頑張ろうということが一つの合い言葉になっていた。これにより、入館者数も収益も増加したが、それは多くの学芸員が調査・研究を犠牲にして営業的業務に集中した結果であった。ちょうどその数年前に、江戸東京博物館で二重組織を目指し設置していた専門研究グループは解散し、同じように専門性を持つグループとして、展示改善のために立ちあげられたリニューアルグループもその活動を停止した。こうした状況下で、定数が少しずつ減らされる中、入場者数が大きく増加したのであるが、全学芸員の調査・研究業務が定数査定に反映されていない状況では、表面上は定数過多と判断されたのであろうか、その後、大きな定数削減が行われた。

博物館経営のポイントはバランスである。それは基礎的業務と経営的業務についてもいえよう。両者をバランスよく実施していくことが欠かせない。10年以上前に開館した博物館が、開館にあたって人員定数を査定をしたときには、現在のような積極的経営的事業の展開は想定されていなかったはずである。その時点での定数のままで経営業務を押し進めようとすると、バランスを崩すし、さらにその時点以上の定数減は博物館の存在自体を難しくする。仮に基礎的業務に必要な人数を剥がして経営的業務に持ってきて一時的に成功しても、基礎的な業務を行うべき土台がしだいに崩れてきてしまう。さらに開館時点の人員定数を削って想定されていなかった経営的業務を行うとすれば、基礎的業務は

より一層、手薄にならざるを得ない。この基礎的業務こそが、博物館を博物館たらしめているのにである。

　地方自治体が監理団体への支出を減らすために、博物館が自主的な経営努力をし、また外部資金を導入することは大いに行うべきことであると、筆者は考えているが、そうして増加した収益は、収益事業に再投資すべきであるし、税金である地方自治体からの補助金が減らせた分、基礎的業務の人員を増やすべきである。この収益の増加が、もし定数管理された中で、調査・研究業務やそのほかの基盤的業務を犠牲にした不安定な状態で成り立っている一時的なプラスであれば体制の充実が急務である。これを恒常的なプラスの回転に持っていくためには、犠牲となっている基礎的業務にスタッフを復活させ、収益を上げた費用の一部で、経営的業務のスタッフを雇用するべきである。そうしないと犠牲にしている基礎的業務の目立たない部分から、博物館の崩壊が始まる。

　つまり21世紀を迎えた博物館の危機とは、博物館が経営的努力を開始したものの、以前と同じ程度かそれ以下のスタッフでまかなっている状態で、基盤的業務を行うべきスタッフが金を稼ぐために力を尽くし、何とか見せかけの成果を出しているアンバランスな状況があるということである。バレーボールにたとえれば、攻撃を行う前衛に選手を集め、守りのための後衛が手薄になっている状態といえよう。

⑤　博物館と公益法人

　以上見てきたように、今後の博物館の活性化のためには、関係機関が一体となった意識の改革と経営的努力が求められている。現状では、ある一定程度の公立博物館が公益法人によって経営されており、公益法人はいくつかの博物館のほかホールや劇場などを同時に管理しているケースも多い。このような複数の施設を管理している公益法人には、個々の博物館以上に経営的努力が必要とされよう。

　このような、複数の施設を管理する公益法人の場合、地方自治体・公益法人事務局・博物館の三極構造となる。博物館に対して経営的努力が求められる以上に、公益法人に経営努力が求められるのは当然のことである。そうした場合、公益法人のミッションと志（こころざし）と各博物館のそれをどのように整合

性を持たせ、法人全体としての目標を意識させ、モチベーションを作りあげていくかということが重要になる。

　法人事務局の性格付けについては、二つの方向性が考えられる。一つは事務局にホールディング機能を持たせ強く各館を引っ張る方向、もう一つは各館の自主性を尊重し、ある範囲内における主体性を容認し、自治体との調整を行っていく方向である。

　しかし各博物館に対して特色ある経営努力が求められている以上、公益法人はどちらの方向性をとるとしても、各博物館の専門性に基づく特色を伸ばしていく方向は譲れない。それは自治体が公益法人の主体性を強めさせ、各博物館など施設への税金の投与を減少させ、そのため外部資金を導入し、民間的手法を取り入れようという流れにおいて、組織・制度両面において必要とされる。

　資金的には、博物館の経営努力により余剰金が発生すれば、公益法人の内部留保金となるようにしよう。稼ぐ博物館と、稼げない博物館、そして各館の経営努力により生み出された資金による内部留保金をどのように割り振って使っていくのか、各館のスタッフ定数をどのように考え、今後の戦略を立てていくのか。民間企業との協力はどのようなものとするのか、公益法人の経営を自立的に行うために、大きな政策を長期的スパンで定める必要がある。

　こうした状況を考えると、公益法人事務局にこそ、民間企業人に参画してもらう必要があるのではないだろうか。各博物館が経営努力をして資金を生み出しても、それを各館が自由に使うのか、それとも事務局が一括管理するのか、という割合を考えるのは公益法人であり、法人としてどのように博物館を利用していくのか、将来のことを見据えて各館との調整をしていくためにも、事務局にこそ、民間の活力を入れるべきである。法人格を有するのは各博物館ではなく、法人事務局だけなのである。もっとも、公益法人事務局は、地方自治体との調整も大切な機能であり、自治体からの出向職員と民間企業的経営ポリシーを持った職員、公益法人の職員がバランスよく配属されるべきであろう。

　このように考えるとき、現在の博物館の問題は、博物館だけでなく、公益法人、地方自治体の三者の問題なのである。そして、学芸員・博物館も意識改革が必要であるが、同時にその経営主体である公益法人、そしておおもとの自治体職員の意識改革が、今同時に求められているのである。

参考・引用文献

安藤優一郎　2005『観光都市江戸の誕生』新潮新書122、新潮社
井関利明　2005「連載ミュージアム・マーケティング講座」『Cultivate』Vol.22,23, 26、文化環境研究所
伊藤寿朗　1991『ひらけ、博物館』岩波ブックレット No.188、岩波書店
伊藤寿朗　1993『市民のなかの博物館』吉川弘文館
江戸開府400年事業推進協議会　2004『江戸開府400年事業報告書』
江戸四宿展実行委員会編　1994『特別展 江戸四宿』図録、品川区立品川歴史館、板橋区立郷土資料館、足立区立郷土博物館、新宿区立新宿歴史博物館
江戸東京フォーラム委員会編　2005『よみがえれ江戸遺跡―都市遺構の保存と活用に向けて』第165回江戸東京拡大フォーラム
大堀　哲　1997『博物館学教程』東京堂出版
大堀　哲ほか　1999『博物館経営論』樹村房
小木新造　1998「博物館に学際研究を」『博物館研究』33-11、日本博物館協会
葛飾区郷土と天文の博物館　2007『鬼塚・鬼塚遺跡Ⅶ』考古学調査報告第16集
菊竹清訓ほか　1989『江戸東京博物館』鹿島出版会
熊野正也・谷口　栄・五十嵐聡江　2008「葛飾区郷土と天文の博物館の活動における地域・住民・遺跡の連携―博物館考古学ボランティア｛葛飾考古学クラブ｝の実践活動より―」『日本考古学協会第74回総会 研究発表趣旨』
小泉弓子　1991「なぜ江戸東京博物館なのか」『歴史評論』No.490
NPO法人高麗博物館　2007「市民がつくる日本・コリア交流の歴史博物館 高麗博物館」活動案内パンフレット
コトラー、フィリップ・コトラー、ニコル（井関利明・石田和晴訳）　2006『ミュージアム・マーケティング』第一法規
小林　克　1992「今戸焼の調査・研究」『民具マンスリー』第288号、神奈川大学日本常民文化研究所
小林　克　1997『今戸焼』東京都江戸東京博物館調査報告書第4集、館蔵資料報告1
小林　克　1999「海外の事例から見た考古学・学芸員・博物館」『千葉経済大学学芸員課程紀要』第4号、千葉経済大学
小林　克　2005「東京都江戸東京博物館における高齢者事業の経緯・現状・展開 東京都江戸東京博物館での｛高齢者元気プロジェクト｝の取り組み」『誰にもやさしい博

物館づくり事業高齢者プログラム』[博物館の望ましい姿シリーズ5](財)日本博物館協会
小林　克　2007「オランダから日本へのレンガ・桟瓦の伝播について―ＶＯＣ関連遺跡出土資料の胎土分析を通じて―」『海域物質文化交流：十六至十八世紀欧州興東亜、東南亜的文化互動国際学術研討会』(シンポジウム資料)台北中央研究院人文社会科学研究中心考古学研究専題中心
小林　克ほか　1994『ヤミ市模型の調査と展示』東京都江戸東京博物館調査報告書第1集
小林　克ほか　1997『建造物移築調査報告　村上精華堂』東京都江戸東京たてもの園
小林　克ほか　2002『掘り出された都市―日蘭出土資料の比較から』日外アソシエーツ
小林　克・阿部由紀洋・両角まり・浅川範之・斉藤あや　2004『中世、埋められたモノたち～銭の力、石の力、地の力』(展示解説シート)東京都江戸東京たてもの園
小林　克・松崎亜砂子　1999『江戸東京たてもの園考古資料一覧―旧武蔵野郷土館収蔵資料―』東京都江戸東京たてもの園資料目録1、東京都江戸東京たてもの園
小林　克・松崎亜砂子　2000『江戸東京博物館考古資料目録』東京都江戸東京博物館
椎名仙卓　2000『日本博物館成立史』雄山閣
自治労出版局　2002「財団法人アイヌ民族博物館労働組合」『自治労通信』697号
(財)助成財団センター　2006『助成団体要覧』(財)助成財団センター
全国博物館における地域子ども教室推進事業運営協議会　2005『子どもの居場所づくり新プラン　地域子ども教室推進事業報告書』
谷　直樹　2005『町に住まう知恵―上方三都のライフスタイル―』平凡社
東京エコシティ展実行委員会ほか編　2006『東京エコシティ―新たなる水の都市へ』図録、鹿島出版会
東京国立博物館編　2005『唐招提寺展』図録
「東京人」編集部　2007「「杉田玄白と小塚原の仕置場」を歩く」『東京人』240号
東京都生活文化局コミュニティ文化部振興計画課　2000『当面の東京都文化政策手法の転換と取組』
東京都総務局　2001「平成12年度行政評価制度の試行における評価結果報告書」
東京都江戸東京たてもの園編　2004『水木しげるの妖怪五十三次―妖怪と遊ぼう展』図録
東京都江戸東京博物館編　1993『博覧都市江戸東京展―ひとは都市になにを見たか』図録
東京都江戸東京博物館編　1994～2005『江戸東京博物館要覧』(毎年度年1回刊行)
東京都江戸東京博物館編　1995『あかりの今昔展―光と人の江戸東京史』図録
東京都江戸東京博物館編　1996『掘り出された都市―江戸・長崎・アムステルダム・ロンドン・ニューヨーク』図録
東京都江戸東京博物館編　1997『江戸東京博物館　建設のあゆみ　建築と開設の記録』

東京都江戸東京博物館編　1998『江戸東京たてもの園 建設のあゆみ』
東京都江戸東京博物館編　2002〜2007『江戸東京博物館 NEWS』Vol.40〜Vol.60（毎年度年4回刊行）
東京都江戸東京博物館編　2008『江戸東京博物館 15年のあゆみ』
東京都写真美術館編　2005〜2007『東京都写真美術館年報』（毎年度年1回刊行）
東京都歴史文化財団編　2004「江戸東京博物館 付帯事業」『平成15年度 事業実績報告及び収支決算書』
東京都歴史文化財団編　2006『財団法人東京都歴史文化財団 事業のご案内 2006』
中村　齋　2005「私立アイヌ民族博物館の必死」『博物館研究』40-8、(財）日本博物館協会
日本経済新聞社　1999「都の文化芸術施設 迫られる自助努力 入館じり貧 補助金もカット」『日本経済新聞』1999年12月25日朝刊
日本経済新聞社　2006「横浜美術館など最高ランク6館」『日本経済新聞』2006年10月14日朝刊
(財）日本博物館協会編　1995『博物館ボランティア活性化のための調査報告書』
(財）日本博物館協会編　2005『博物館総合調査報告書』
(財）日本博物館協会編　2007『博物館の評価基準に関する調査研究』
布谷知夫　2005『博物館の理念と運営—利用者主体の博物館学』雄山閣
橋本由起子ほか　2007『高齢者げんきプロジェクト報告書 博物館で高齢者のげんきをつくる〜地図づくりプログラムができるまで〜』東京都江戸東京博物館・東京都老人総合研究所・株式会社トータルメディア開発研究所・株式会社文化総合研究所
初田　享　1981『東京都市の明治』筑摩書房
深川雅文・望月一樹　2004「川崎市民ミュージアム マニフェストを掲げてミュージアム改革を推進する」『Cultivate』Vol.22、文化環境研究所
福原義春　2007「マーケティングと企画力でビジョンを実現する」『Cultivate』Vol.28、文化環境研究所
藤　泉　2005「文化政策を組み込んだ地域経済モデルづくりが、新しい都市像を創る」『Cultivate』Vol.26、文化環境研究所
文京ふるさと歴史館編　2005『徳川御三家 江戸屋敷発掘物語—水戸黄門邸を探る』平成18年度特別展図録
松井かおる・小林　克ほか　2002『隅田川をめぐる生活と文化』東京都江戸東京博物館調査報告書第13集
宮代栄一　1996「歴史旅行を疑似体験 博物館は遊園地気分」『朝日新聞』1996年9月12日朝刊
「ミュゼ」編集部　2004「変えた視点、変わった視線 東京都写真美術館、この3年」
「ミュージアムグッズもカフェも語れる江戸博の学芸員たち」『ミュゼ』vol.65、アム・プロモーション

「ミュゼ」編集部　2004「リピーターを呼ぶミュージアムショップ＆カフェ、レストラン　江戸東京博物館」『ミュゼ』vol.66、アム・プロモーション

「ミュゼ」編集部　2005「第2回文化財・博物館関係団体交流会　ミュージアムは今」『ミュゼ』vol.69、アム・プロモーション

村井良子編　2002『入門　ミュージアムの評価と改善』アム・プロモーション

山本武利・西沢 保編　1999『百貨店の文化史―日本の消費革命―』世界思想社

湯浅　隆　1990「歴史系博物館の研究と展示―既存の文献史学との関連で―」『Museum』466号

吉田孝之　1994「江戸東京博物館の開館一周年」『都政研究』305号

吉田光邦編　1986『万国博覧会の研究』思文閣出版

海外の博物館のガイドブック

Jorvik Viking centre
Themapark Archeon
Tower Hill Pageant
York Minster

ホームページ

これからの博物館の在り方に関する検討協力者会議　2007『新しい時代の博物館制度の在り方について』文部科学省
　http://www.mext.go.jp/b_menu/shingi/chousa/shougai/014/index.htm

東京都総務局　2000『監理団体改革実施計画―監理団体総点検結果』
　http://www.soumu.metro.tokyo.jp/02gyokaku/dantai/soutenken/tenken.htm

あとがき

　私は博物館でさまざまな経営的新規事業を実施する機会に恵まれた。しかしその数年間、自分の専門分野の調査・研究については、ほとんど時間を割くことができないでいた。そうした反省もあり、江戸東京博物館から写真美術館に異動してからは、自分の中の経営的部分への興味関心は封印するつもりでいた。しかし2006年の夏、大学の先輩である橋口尚武氏に強く勧められ、本書を執筆することとなった。

　本書では、私が勤務した江戸東京博物館をはじめとする、さまざまな博物館等で体験したことを中心に述べた。自分の記憶違いがないよう、できる限り出典がある事象を取りあげ、文献を確認した。しかし私は江戸東京博物館を離れて数年が経っており、本書の内容が現時点での同博物館の実態とは乖離していることも多くあると思う。その点はお許しいただきたい。また、2008年7月に脱稿した後も、筆者の校正が大幅に遅れてしまい、そのため現状とは合致しない点も一部に存在するが、2008年時点のものとしてご理解いただきたい。

　本書で一番いいたかったことは、博物館経営で最も重要な点はバランスであるということである。指定管理者制度や公益法人改革等で揺れ動く博物館にあっては、専門性と収益性の関係をはじめとして、さまざまな点でバランスを取って経営を進めていく必要がある。私は日本の博物館と学芸員がより良い方向に進むことを心から願っている。

　橋口尚武氏、同成社の山脇洋亮氏には本書をまとめるにあたって、さまざまな点で、大変お世話になった。他にも、東京都江戸東京博物館や東京都写真美術館の元同僚の方々、鈴木保彦氏にもいろいろとお世話になっている。記して謝意を表したい。また日頃より、妻照子には、さまざまな点で協力してもらっているが、この場を借りて感謝の意を表したい。

　　　2009年9月

　　　　　　　　　　　　　　　　　　　　　　　　　　　小林　克

新博物館学
——これからの博物館経営——

■著者紹介

小林　克（こばやし　かつ）

1959年　新潟県生まれ
日本大学大学院修士課程（史学）専攻修了
現　在　東京都歴史文化財団学芸員
　　　　日本大学芸術学部、千葉大学非常勤講師

主要著作・論文
『続 美術館・博物館は「いま」』日外アソシエーツ、1995年（共著）
「近世考古学から見る歴史と博物館」『地方史研究』第263号、1996年
「海外の事例から見た考古学・学芸員・博物館」『千葉経済大学学芸員課程紀要』第4号、1999年
『掘り出された都市——日蘭出土資料の比較から——』日外アソシエーツ、2002年（共著）

2009年10月5日　初版発行
2023年2月28日　第4刷

著　者　小　林　　　克
発行者　山　脇　由紀子
組　版　㈱富士デザイン
印　刷　モリモト印刷㈱
製　本　協栄製本㈱

発行所　東京都千代田区平河町1-8-2
　　　　山京半蔵門パレス（〒102-0093）　㈱同成社
　　　　TEL 03-3239-1467　振替 00140-0-20618

©Kobayashi Katsu 2009. Printed in Japan
ISBN978-4-88621-488-1 C3030